Barbara Heinecke
Gestutzte Flügel

Barbara Heinecke

Gestutzte Flügel

Geschichten aus der DDR

mit einem Vorwort von Arnold Vaatz

KRÄMER

Die deutsche Bibliothek - CIP-Einheitsaufnahme

Heinecke, Barbara
Gestutzte Flügel: Geschichten aus der DDR
Mit einem Vorwort von Arnold Vaatz
Barbara Heinecke - Hamburg : Krämer 2000
ISBN 3-89622-038-1

© Reinhold Krämer Verlag, Hamburg 2000
www.kraemer-verlag.de
Alle Rechte vorbehalten.
Umschlaggestaltung: Reinhold Krämer Verlag unter
Verwendung eines Farbholzschnittes von Uta Heinecke.
Druck: WB-Druck GmbH, Rieden am Forggensee
Printed in Germany
ISBN 3-89622-038-1

Vorwort von Arnold Vaatz (MdB)

Barbara Heinecke hat Tagebuch geführt – über ihre Erlebnisse in der DDR etwa in der Zeit zwischen 1980 und 1987. Sie legt nun das aus diesem Tagebuch entstandene Buch vor – vom Termin her gerade passend zu dem, was landauf landab zum zehnten Jahrestag der deutschen Vereinigung veranstaltet wird. Das Buch ist authentisch, geradlinig, nüchtern, und es ist packende Literatur zugleich.

Das erste Kapitel ähnelt einer Dokumentation. "Das Disziplinarverfahren" gibt einen Einblick in das Hochschulwesen der DDR. So absurd ging es wirklich zu im Osten – und zwar so ziemlich an jeder Hochschule. Auch die dickste rosa Brille, durch die man die DDR-Geschichte neuerdings vielfach entschlossen ist, zu sehen, ändert daran nichts. Barbara Heineckes Bericht ist entwaffnend klar und schlüssig, er badet nicht im Schwulst von Befindlichkeiten und Selbstverteidigungsorgien. Alle staatlichen Hochschulen wurden von der Partei gesteuert.

Im "Disziplinarverfahren" wird das Leben einer wissenschaftlichen Mitarbeiterin an einem Hochschulinstitut geschildert. Da sowohl ihre dienstlichen als auch ihre privaten Sorgen erzählt werden, gibt die Geschichte gleichzeitig Einblick in die Arbeits- und Alltagswelt der DDR-Frauen, die fast alle im Berufsleben standen. Die Frauen hatten nicht nur die beruflichen und politischen allgegenwärtigen Repressionen zu ertragen, sondern auch die allgemeinen Sorgen um das tägliche Leben und die Probleme mit der Kinderbetreuung in Kindergärten und Schulen. Am Beispiel Franziskas zeigt sich das: Ihre gesellschaftlichen und privaten Zwänge wurden zur Zwangslage. In der Person der Franziska zeigt sich aber auch, daß es Personen gab, die sich unter diesem Zwang nicht verbiegen ließen. Franziska, erfüllt von dem unbändigen Glauben an das Leben und die Wahrheit, steht für Personen, die Systeme der Unterdrückung zu Fall bringen. In der DDR gab es weit mehr solcher Franziskas, als man heute vielfach vermutet.

Barbara Heinecke schildert das Alltagsleben an einer Hochschule: ML-Abendschule, Kampfgruppe, Verteidigung der Brigadetitel. Genossen und Nichtgenossen werden gegenübergestellt, die Durchdringung aller Lebensbereiche durch die allgegenwärtige Partei wird in all ihrer fatalen Normalität nacherlebbar. Die Partei regierte im Wohnbezirk, im Dienst, im Konsum und in der Polizeidienststelle.

Es gab zu DDR-Zeiten ein geflügeltes Wort: "Ehrlichkeit, Intelligenz und Parteimitgliedschaft schließen einander aus." War man nicht komplett vom Glauben an die Richtigkeit des Sozialismus durchdrungen, legte man sich nicht ein doppeltes Gesicht zu, vermochte man seine eigene Überzeugung nicht zu verbergen – dann wurde das Leben sehr, sehr schwer. Deshalb die vielen Ausreiseanträge, die eigentlich "Hilferufe von drüben" waren und die wohl oft als Flucht in ein besseres Wirtschaftssystem verkannt wurden.

Die Geschichte "Das Disziplinarverfahren" ist aber in erster Linie eine Hochschulgeschichte, eine Dokumentation, locker und einleuchtend erzählt, die jedoch in die Tiefe geht, sich sinngemäß auch in anderen Bereichen ereignet haben könnte, und präzise, ohne Pathos und Emotionalität die Dinge bis zum bitteren Ende verfolgt. Diese Geschichte zeigt auch, daß die Gesetze in der DDR dehnbar waren. Sie wurden "ausgelegt". Unabhängig von der führenden Partei, neutral, ohne festen Klassenstandpunkt zu urteilen, hätte ein Richter in der DDR als schweren Vorwurf gegen sich selbst empfunden. Die Justiz war ein Stück Staat und dieser nicht dem Gemeinwohl verpflichtet, sondern Machtinstrument der herrschenden Klasse. So ist "Das Disziplinarverfahren" letztlich auch ein Kriminalfall.

Das Buch ist nicht vordergründig politisch. Es fasziniert durch das alltäglich Menschliche, das im Mittelpunkt der "Geschichten aus dem Alltag" steht. Gerade deshalb müssen sich die Geschichten immer wieder in die Signaldrähte und Minenfelder der DDR-Politik verlaufen. Es geht um Menschen aus der DDR, die lustige, traurige und eben immer wieder zutiefst politische Episoden erleben. Das einfache menschliche Leben war immer der kafkasche Schlag ans Hoftor – worauf die Politik in dieses Leben trat und es nicht wieder zu verlassen gedachte. Vom ersten Schultag an wurden Schüler in diese Zwiespältigkeit getrieben, das Leben mit der doppelten Meinung begann mit dem ersten Schultag. Besonders jemand, der die DDR nicht kannte, sie aber kennenlernen will, sollte diese Geschichten lesen.

"Ein Engländer in Karl-Marx-Stadt" erzählt sehr humorvoll die Geschichte eines jungen Engländers, der an der Hochschule in Karl-Marx-Stadt unterrichten durfte, und nun als erster Engländer, als

Exot, als Vertreter beinahe einer anderen Gattung Mensch, eine seltsame Überhöhung erfuhr.

Zwei alte Klassenkameraden, die nach dem Abitur völlig gegensätzliche Lebenswege antraten, dienen als Modell, an dem in der Geschichte "Ost-West-Problem" das Pro und Contra DDR dargestellt wird.

Die letzte Geschichte "Das System" vermittelt Einblicke in die "Freiheiten" deutscher Studenten in Rußland. Die Autorin weiß darüber aus eigenem Erleben. Und auch dort brach sich der politische Wille der Partei an einfachsten, aber mächtigen menschlichen Haltungen: Wir lesen von Walja, der KGB-Mitarbeiterin, die über die deutschen Studenten an der Lomonossow-Universität berichten sollte. Sie wurde fristlos entlassen, weil sie ihre Opfer mehr mochte als ihre Arbeitgeber. Das ließ hoffen. Menschen wie Walja untergruben die Macht der Partei und brachten das System schließlich zu Fall.

Das vorliegende Buch ist ein ehrliches Buch, es dokumentiert das Leben in der DDR. Es legt Zeugnis ab von der Drangsal, die die Menschen in der DDR erdulden mußten, und von ihren Fähigkeiten, ihrem Witz und Humor, die es ihnen ermöglichten, in dieser Bedrängnis zu leben. Und es spricht auch von denen, die diese Bedrängnis nicht aushalten konnten.

Deshalb empfehle ich dieses Buch zur Lektüre: Dem einen zur Erinnerung, dem anderen zum Studium. Besonders für den Unterricht an Schulen halte ich es für außerordentlich gut geeignet, weil es klar und einleuchtend, ohne ideologisches Sendungsbewußtsein und dabei in einer präzisen und packenden Sprache geschrieben ist.

Arnold Vaatz

LEIPZIGER LOSUNGEN

auf einer der ersten demos
wir wollen freie wahlen
der staat braucht neue männer
wir sind das volk

kirche wir danken dir
wir fordern freiheit
vierzehn tage nach der wende
geht die diktatur zu ende

reisefreiheit
bildungsreform
wir sind bereit
zum volksentscheid

kein vertrauen zu wahlbetrügern
mindestrente fürs zk
egon schlag die mauer ein
wir brauchen jeden mauerstein...

stasi raus
stasi in die volkswirtschaft...
faultierfarm
wir verdienen euer geld

neues forum zugelassen
ziviler ersatzdienst
keine vormilitärische ausbildung
in unseren schulen und auf unseren universitäten

aufgeschrieben von Pfarrer Steiger,
Montagsdemonstrant von Leipzig

Wenn du etwas denkst, sage es nicht.
Wenn du etwas sagst, schreibe es nicht.
Wenn du etwas schreibst, veröffentliche es nicht.
Wenn du etwas veröffentlichst, wundere dich nicht.

(aufgeschrieben von György Dalos)

Die Geschichte des Buches

"Mein Tagebuch war in diesen Jahren immer wieder meine Balancierstange, ohne die ich hundertmal abgestürzt wäre." (Victor Klemperer: "LTI")

Die vorliegenden Geschichten wurden in der DDR mit Schreibmaschine aufgeschrieben. Sie entsprechen Tagebuchaufzeichnungen und liegen etwa 15 Jahre zurück.

Die Mühen, über die Victor Klemperer bei seinen Tagebuchaufzeichnungen berichtet, erinnerten mich auch ein wenig an meine Ängste. Auch in der DDR war es nicht ungefährlich, ein Tagebuch zu führen. Die Wahrheit, einfach aufgezeichnet, konnte leicht als Verleumdung des Staates verurteilt werden. Mit DDR-Gefängnissen wollte ich keine Bekanntschaft machen. Immer mußte ich aufpassen, daß die Geschichten verschlossen aufbewahrt wurden, daß sie keine Unbefugter zufällig entdecken konnte. Sie wurden versteckt vor Besuchern, auch vor Freunden. Wie sich später herausstellte, war das auch gut so. Sogenannte Freunde entpuppten sich als Stasiinformanden. Ich denke dabei unter anderen an eine Schriftstellerin der DDR, die - aus einfachen bäuerlichen Verhältnissen (LPG) stammend - sehr vom Staat gefördert worden war. Entsprechend erwartete man Gegenleistungen von ihr. Obwohl sie ein IM war, wie sie später eingestand, hat sie uns doch nicht verraten, auch nicht unsere Pläne, die sie hätte erraten können. Mit ihr hatten wir Glück.

Auch meine Balancierstange war das Schreiben. Durch Aufschreiben wurden die Schwierigkeiten, die Ungerechtigkeiten verarbeitet und teilweise auch überwunden. Überleben durch Schreiben. Schreiben als einzige Möglichkeit der straffreien Äußerung, solange die Geschichten unter Verschluß blieben. Sich erheben über die Misere durch Aufschreiben. Dokumentation der Ereignisse.

"Was ist uns widerfahren in der DDR-Zeit?" Das Buch soll mit der Beschreibung und Aufzählung der alltäglichen Einzelheiten des DDR-Lebens die Situation der Menschen in der DDR schildern, vor allem das der Nicht-Genossen. Die meisten DDR-Bürger waren Nicht-Genossen (das heißt, sie waren nicht Mitglied der SED) und somit das leidtragende VOLK, das schließlich auch die "Wende" herbeiführte. Indem wir uns erinnern, erlangen wir Verständnis, auf daß Ost- und Westdeutsche sich besser tolerieren und mehr aufeinander zugehen. Das Buch ist kein Buch des Hasses, sondern ein Buch des Verstehens, ein Buch, das um Verständnis für das Leben in der DDR ringt.

Schon als Kind bekam ich von meinem Vater gelehrt: "Man muß zu seiner Überzeugung stehen." Das war aber keine brauchbare Hilfe zum Überleben in der DDR, in der Doppeldenken eine grundlegende Verhaltensweise war. Zu seiner Überzeugung stehen, führte dazu, daß man daran dachte, die DDR zu verlassen. Diesen Weg gingen vor dem Mauerbau viele Millionen Deutsche, man sprach von der "Abstimmung mit den Füßen". Später kam die Periode der Ausreiseanträge und der Besuchsreisen in die Bundesrepublik. Auf diese Periode werde ich ausführlich eingehen.

Als die Zwangslage, in die wir geraten waren, zu einem unlösbaren Problem geworden war, suchten auch wir einen Weg, die DDR zu verlassen, suchten auch wir lebenslangem Eingesperrtsein hinter Mauern, dem Ausgesperrtsein aus der "Welt" zu entkommen. Mein Alptraum in dieser Zeit, das Urteil: "Sie haben lebenslänglich DDR".

Die DDR zu verlassen, war nicht so einfach. Die Partei wachte, und die Stasi war immer einen Schritt voraus. Schließlich fanden wir eine Möglichkeit, nach Ungarn überzusiedeln. Wir wollten später in die Bundesrepublik "weiterreisen". Wir wußten, das würde nicht leicht sein. Wie schwierig es wirklich war, stellte sich für mich und meine Kinder, 11 und 13 Jahre alt, erst in Ungarn heraus.

Als wir die DDR 1984 in Richtung Ungarn verlassen wollten, als unser Hab und Gut genauen Grenzkontrollen unterzogen werden sollte, ergab sich die Frage: Wie könnte man die DDR-Geschichten in den Westen transportieren?

Da kam uns unser Neffe aus München zu Hilfe, das heißt zu Besuch. Er brachte uns auf die Idee, die Seiten einfach zu fotografieren. Bei seinem nächsten Besuch in der DDR erschien er mit Fotolampe und empfindlichen DIA-Filmen, und dann fotografierten wir die Seiten. Die Filmrollen beanstandete niemand an der Grenze. Später bekamen wir Nachricht von ihm: "Die Familienfotos sind ausgezeichnet gelungen".

Als wir endlich nach Ungarn übersiedelten, ließen wir die Originale der Geschichten bei einem Freund in Berlin zurück. Er war nicht zu feige, sie entgegenzunehmen, und wir danken ihm dafür.

Als wir schließlich 4 Jahre später in die Bundesrepublik kamen, schrieben wir die Geschichten mit Hilfe eines alten Computers und eines geborgten Diaprojektors noch einmal ab.

Oftmals wird ein System erst an Details erkannt. Ich erinnere mich dabei wieder an die Tagebuchaufzeichnungen von Viktor Klemperer. Daß Juden im 3. Reich verfolgt wurden, das war mir bekannt. Was sie aber wirklich gelitten haben, das habe ich erst beim Lesen der Einzelheiten, der täglichen Aufzeichnungen, durch Klemperers Tagebuch verstanden.

Als die DDR ihrem Ende entgegenging, kamen die Genossen auf die Idee, unliebsame Bürger in Internierungslagern verschwinden zu lassen. Das beweisen die nun öffentlich vorliegenden Listen aus der DDR-Zeit. Tausende von Bürgern waren DDR-weit für Lager vorgesehen. Auch Pfarrer Steiger (Name nicht geändert) aus Leipzig-Krippehna stand auf der Liste. Als "extrem staatsfeindliches Element" (zu entnehmen aus seiner Stasi-Akte) war er für ein Internierungslager bestimmt. Daß er nicht interniert wurde, lag an dem unvorhergesehenen Ende der DDR, an der "Wende".

Die vorliegenden Geschichten haben wieder selbst eine Geschichte, eine ist eine Biermann-Geschichte, und soll noch erzählt werden: Nicht jeder hatte das Glück - dank Solidaritätsschreiben für Wolf Biermann anläßlich seiner Ausbürgerung aus der DDR - selbst ausgebürgert zu werden. (Wie zum Beispiel Manfred Krug, Armin Mueller-Stahl, ... , eine lange Liste). Solidarität mit Biermann zeigten auch unbekannte Leute in der DDR. Sie wurden deshalb nicht ausgebürgert, sondern hart bestraft. Vor ihnen hatte man keine Angst. Als Beispiel möchte ich an zwei Studenten der Technische Hochschule Karl-Marx-Stadt erinnern. Die kriminelle Tat eines Studenten bestand darin, Biermann-Tonbänder für die Studentengemeinde in seinem Studentenwohnheimzimmer zu überspielen. Bei einer Durchsuchung seines Zimmers fand man auch das Buch "1984" von Orwell. Da wußte man gleich wes Geistes Kind er war, und es wurde ein Disziplinarverfahren gegen ihn eröffnet. Der andere Student hatte nichts verbrochen, er wohnte nur mit ihm im gleichen Zimmer. Er wurde auch zum Disziplinarverfahren gebeten. In diesem Disziplinarverfahren, veranstaltet vom Fachbereich Mathematik der Technischen Hochschule Karl-Marx-Stadt mit großer Besetzung, wurde der Biermanntonbandüberspieler mit völliger Zustimmung seiner Seminargruppe (die gezwungenermaßen mitspielte) exmatrikuliert. Der andere auch, weil er zu wenig getan hatte, er hatte seinen Zimmergenossen nicht angezeigt (verpfiffen), als dieser die Tonbänder überspielte. Das ereignete sich zwei Monate vor ihrem Diplom. Sie wurden in die Praxis (Industrie) geschickt, um sich zu bewähren.

Kommunisten setzen in vollkommen religiöser Weise voraus, daß einem Menschen, der sich der Partei gegenüber etwas hat zuschulden kommen lassen, die Sünden vergeben werden, wenn er eine gewisse Zeit unter Landarbeitern oder Fabrikarbeitern verbringt. (Milan Kundera: "Der Scherz").

Während der erste Student, der "Schuldige", einige Jahre später das Diplom nachholte, konnte sich der andere Student, der "Unschuldige" nicht mehr dazu entschließen, zur Hochschule zurückzukehren. So war er, der gar nichts getan hatte, der sich "nur" wie ein anständiger Mensch verhalten hatte, der am meisten Bestrafte.

Über dieses Verfahren und noch weitere solcher Verfahren wird in der Geschichte "Das Disziplinarverfahren" berichtet.

Die Geschichten sind ein Zeugnis dafür, daß **nicht** alle DDR-Bürger dem Staate hörig waren. Sie sind ein Zeugnis für Anständigkeit und Witz der Leute hinter der Mauer - und auch ein Zeugnis für ihr alltägliches Leiden unter dem DDR-Regime.

Barbara Heinecke

Anmerkung. Die im Buch verwendeten Abkürzungen sind mit Erläuterungen am Schluß des Buches auf den Seiten 232 und 233 zu finden.
Die Namen aller Personen wurden verändert. Es wurden auch Tatsachen variiert und abgeändert. Somit besteht kein direkter Bezug zu existierenden Personen.

INHALTSVERZEICHNIS

Das Disziplinarverfahren

Aus dem DDR-Hochschulalltag

Die Sektion Mathematik an der Hochschule

Unbehagen breitete sich in ihrem Körper schon aus, als sie die Hochschule sah. Dabei waren die Gebäude, in der die Sektion Mathematik saß, ganz ansehnlich. Es waren ehemalige Studentenwohnheime, die aber als Dienstgebäude für Mitarbeiter freigegeben worden waren. Das war zur Zeit des überdimensionalen Anwachsens der Studentenzahlen an der Hochschule, wobei die Sektion Mathematik ihre Kapazität planmäßig um das Fünffache vergrößerte.

Alte Textilfachschule Chemnitz, TH Karl-Marx-Stadt

Die Gebäude der Sektion Mathematik waren moderner und schöner als die anderer Hochschulinstitute, die teilweise in alten verbauten Technikumsgebäuden der ehemaligen Chemnitzer Textilfachschule untergebracht worden waren. In einer übergreifenden Maßnahme waren die Fachschulen in der DDR abgebaut und die

Hochschulen ausgebaut worden. Später fehlten der Wirtschaft dadurch die mittleren Kader, und die Hochschulabsolventen wurden in zweitklassigen Stellen untergebracht, aber zum Zeitpunkt unserer Betrachtung war das Hochschulwesen in einer seiner Blütezeiten, kurz nach der sogenannten Hochschulreform, die manchen ehrwürdigen Professor aus der alten Zeit, der diese Reform in die Praxis umsetzen sollte, in die frühzeitige Pension getrieben hatte.

Vor den Gebäuden der Sektion Mathematik gab es auch eine Rasenfläche und auf dieser ein Kunstwerk: Ein studentisches Liebespaar, auf das man auch hätte verzichten können. Manchmal spazierten Amseln über den Rasen und die Hochschule bot ein Bild vollkommenen Friedens. Büsche am Weg, sogar Rosenrabatten. Aber der Schein trügt.

Nehmen wir zunächst die Rosenrabatten. Diese mußten, ebenso wie die vielen sonstigen Büsche, von den Mitarbeitern der Hochschule, in diesem Falle also von den Mitarbeitern der Sektion Mathematik, gepflegt werden. Da gab es Frühjahrs- und Herbstaktionen, bei denen die Mitarbeiter innerhalb ihrer Dienstzeiten - und möglichst auch noch danach - versuchten, diese Büsche zu bändigen und das Unkraut zu vernichten. Diese Aktionen waren Einsätze der einzelnen Gewerkschaftsgruppen, die miteinander im Wettbewerb standen und auch bei der Rabattenpflege Wettbewerbspunkte sammelten.

In der Sektion Mathematik der Technischen Hochschule, an der Franziska als Oberassistent angestellt war, gab es nämlich verschiedene Lehrstühle (Bereiche - die Bezeichnungen wechselten je nach den großen zentralen Umprofilierungsplänen), deren Mitarbeiter dann auch jeweils eine Gewerkschaftsgruppe bildeten. Jeder Mitarbeiter der Hochschule war selbstverständlich Mitglied der Gewerkschaft FDGB, sonst wäre er nicht Mitarbeiter geworden. Jeder junge Mitarbeiter war auch Mitglied der Partei, nur die Älteren waren noch ohne ausgewiesene Parteimitgliedschaft Assistenten geworden.

Zu der Zeit, als das noch möglich war, war auch noch nicht jeder Professor Genosse, und man hielt überhaupt auch noch die Parteilosen für wertvolle Mitglieder der Gesellschaft, sofern sie das nötige wissenschaftliche Profil besaßen, das dem wissenschaftlichen Mitarbeiter einer Hochschule oder Universität gebührte.

Das hatte sich verändert. Ein parteiloser Professor war selbst nur ein bestenfalls geduldeter Mitarbeiter, der zu keiner Verteidigung eines anderen Parteilosen fähig gewesen wäre, der aber, sozusagen positiv im Sinne der führenden Kräfte, als Sündenbock benützt werden konnte, wenn z.b. die Forschung nicht die Ergebnisse zeigte, die sie sollte, wenn die nötigen Prozentzahlen bei sogenannten freiwilligen Einsätzen aller Art nicht gebracht wurden, und der bei Prämienzahlungen vernachlässigt werden konnte.

Später, dachte Franziska auf ihrem Weg zu ihrem Arbeitszimmer, wenn alle Mitarbeiter Genossen sein werden und die Gewerkschaftsgruppe gleich der Parteigruppe des Institutes sein wird, dann wird alles anders sein. Dann wird es nur noch innerparteiliche Streitigkeiten geben, auszuhandeln auf den montäglichen Parteiversammlungen.

Bislang war man aber noch stolz auf die Gewerkschaft - FDGB (Freier Deutscher Gewerkschaftsbund) - und froh, wenn man noch ein Nichtparteimitglied in der Gewerkschaftsgruppe fand, das Gewerkschaftsgruppenvorsitzender werden konnte. Alles sollte ja seinen Schein bewahren.

Franziska schaute auf die Uhr. Sie hatte sich wieder verspätet. Seit der letzten Dienstbesprechung wußte sie, daß der neue Rektor strikte Dienstzeiteneinhaltung verkündet hatte. Der Rektor hatte die Institutsfenster am frühen Morgen fotografieren lassen, um anhand der erleuchteten Fenster festzustellen, welche Mitarbeiter anwesend waren. Allerdings unterzog er sich nicht der Mühe, die Fenster auch am Abend zu fotografieren, um festzuhalten, welche Mitarbeiter auch noch nach der offiziellen Dienstzeit anwesend waren.

Gleitende Arbeitszeit war unbekannt, Dienstbeginn war 7.15 Uhr. Man wollte den Produktionsbetrieben nicht nachstehen, und der Rektor beabsichtigte, die Arbeitsproduktivität an der Hochschule durch Einhaltung der Arbeitszeit zu erhöhen.

Franziska dachte an ihre Kinder. Sie hätte sie in den Frühhort der Schule schicken können, der bereits eine Stunde vor Schulbeginn, also um 6 Uhr, öffnete. Die Schulhortkinder dösten ab 6 Uhr in dem Zimmer vor sich hin, das ab 7 Uhr als Klassenzimmer fungierte und nachmittags wieder als Schulhortzimmer, in dem es ewig nach Schule, nach ungelüfteten Turnsachen und nach Essen roch. Sogar Putzmittel würden besser riechen, dachte Franziska. Aber mit der Reinigung der Zimmer stand es nicht zum Besten.

Die Schüler der Klasse waren eingeteilt worden, jeweils zu zweit das Klassenzimmer nach Schulende zu fegen, den Papierkorb hinunterzutragen und die Tafel abzuwischen. Wie so etwas vor sich geht, das wußte sie von ihrem Sohn. Da wurde der Staub nur gleichmäßig verteilt. Also, lieber ließ sie sich von ihrem Arbeitsgruppenleiter auf die Einhaltung der Dienstzeiten hinweisen, als daß sie ihrem Sohn und ihrer Tochter den Frühhort antat oder ihren Kindern jemals den Kindergartenweg früh morgens im Dunklen zugemutet hätte.

Trotzdem war Franziska niemals auf die Idee gekommen, als "Hausfrau" zu Hause zu bleiben. Sie war mit Begeisterung Lehrer, und Mathematik faszinierte sie als Forschungsgebiet, obwohl sie sich deutlich ihrer eigenen Schranken bewußt war. Ihr Leben fand nicht nur zu Hause statt. Das Ergebnis war ein ewig schlechtes Gewissen den Kindern gegenüber, wenn sie sie allein lassen mußte, und der Hochschule gegenüber, wenn sie die Kinder in den Vordergrund stellte.

Außer der philosophischen Betrachtungsweise des Problems der arbeitenden Frau gab es auch noch die rein materielle: Franziska hätte es sich, wie fast alle Frauen in der DDR, finanziell gar nicht leisten können, zu Hause zu bleiben. Die Einkommen waren so angelegt, daß eine Ehefrau und Mutter im allgemeinen gezwungen war, ihren finanziellen Beitrag zum Familieneinkommen zu leisten.

Trotzdem zeigten einige Freundinnen von Franziska, das es möglich war, mit wenig Geld auszukommen. Diese Freundinnen wollten aber in erster Linie den widerwärtigen beruflichen Begleitumständen, nicht aber dem Beruf an sich, entfliehen. Das konnte Franziska gut verstehen. Zu einer staatlichen Stelle gab es in der DDR keine private berufliche Alternative.

Das Kindergartenmärchen

Wie schwierig es mitunter sein konnte, mit seinen eigenen Kindern auszukommen, wenn sie vom Krippenalter an vom Staat erzogen worden waren, das hatte Franziska einmal im Urlaub erfahren. Eine Familie mit einem sechsjährigen Mädchen hatte sich eng an sie und ihre Kinder angeschlossen. Die Eltern des Mädchens kamen mit ihrem Kind nicht zurecht und erhofften sich einen positiven Einfluß von Franziskas Kindern. Das Mädchen stand seit frühester Kindheit (seit den ersten Wochen seines Lebens) unter staatlicher "Obhut" und Kontrolle. Sein Verhalten war eine Folge der staatlichen Erziehung vom Krippenalter an, ohne ausreichende Erziehung im Elternhaus. Es führte sein eigenes Leben nach anerzogenen Normen, ließ sich von seinen Eltern in keiner Weise beeinflussen und akzeptierte die Eltern als Erzieher nicht. Die Eltern waren verzweifelt.

Franziska hatte oft beobachtet, wie eine Mutter gegen 6 Uhr früh ihre Kinder zu den staatlichen Aufbewahrungstätten schleppte, ein Kind tragend, eins hinter sich herziehend, eins vor sich herschiebend. Die Kinder waren müde, die Frau überfordert. Sie hatte es eilig, weil sie sowieso schon spät dran war, ihr Ton, mit dem sie die Kinder zum Schnellergehen aufforderte, war gereizt und unfreundlich.

Dabei war es gar nicht so einfach, einen Kindergartenplatz zu bekommen. Gleich nach der Geburt des Kindes mußten die Eltern ihren Anspruch auf einen Kindergartenplatz anmelden. Manche meldeten ihr Kind auch gleich noch für einen Trabbi oder Wartburg an und für alles, was sonst noch Mangelware war. Bis zum Kindergarten, den ein Kind ab drei Jahren besuchen konnte, funktionierte das Babuschka- (Großmutter-)System, das besonders in der Sowjetunion üblich war. Wer keine Großmutter hatte, mußte in den sauren Apfel beißen und sein Kind in die Kinderkrippe bringen. Betriebe und Hochschulen hatten spezielle Kinderkrippen eingerichtet. Der Staat legte Wert auf Nachwuchs. Auf dem Wohnungsamt wurden zuerst die Familien mit Kindern bedient, danach waren die Wohnungen alle. Die DDR hatte ein hohe Geburtenrate. Bei vier Kindern erhielt die Familie den Status "kinderreich", was sich unter anderem in staatlichen Zuwendungen an Bettwäsche und Karten für bunte Veranstaltungen ("Ein Kessel Buntes") auszahlte.

Wenn eine Mutter einen Kindergartenplatz erhalten hatte, weil sie - wie fast alle Mütter - im Berufsleben stand, so tat es ihr meistuns leid, ihr Kind in den Kindergarten zu bringen.

Der Kindergarten ist ein Machtinstrument in den Händen des Staates, so formulierte das Franziska mit leninistischer Grundausbildung in ihren Gedanken. ("Die Gedanken sind frei, wer kann sie erraten..."). Als "Diktatur der Arbeiterklasse" wollte der Staat die Kindern schon möglichst frühzeitig im Sinne des Sozialismus erziehen. Die Eltern hatten sich nicht zu wundern, aber es bereitete ihnen oft erhebliche Kopfzerbrechen, wenn ihre Kinder die neuesten Kampflieder der Partei zu Hause schmetterten. Die Kinderkrippe und der Kindergarten waren Erziehungsgremien des Staates. Je früher die Kinder dort betreut wurden, desto einprägsamer war die Erziehung und intensiver die Auswirkung. Der Staat erzog seine Kinder, und die Kinder waren der Willkür des Staates schutzlos ausgeliefert. Die Kinder waren von 6 Uhr, spätestens 7 Uhr, meistens bis 17 oder 18 Uhr in der Kinderkrippe oder im Kindergarten.

Allerdings war die erzieherische Wirkung nicht bei jedem Kind gleichermaßen ein Erfolg. Das hing von dem Einfluß ab, den die Eltern auf das Kind ausübten.

Franziska erinnerte sich, daß ihre Tochter beleidigt war, als sie in den Neubau-Kindergarten gehen mußte (nach dem dreijährigen Babuschka-System, das ihr sehr gut gefallen hatte). Ein ganzes Jahr lang sprach sie kein Wort im Kindergarten. Die Erzieher dachten, sie wäre ein stilles Kind. Nachmittags, wenn sie wieder zu Hause war, brüllte sie dann in voller Lautstärke vom Apfelbaum. Erst der nächste altmodische Kindergarten in einem unrenovierten Gebäude am Stadtrand, mit einer alten Köchin, die jeden Tag nachfragte, was die Kinder essen wollten, versöhnte sie mit ihrem Kindergartenschicksal. Hier war nicht nur das Gebäude nicht auf dem neuesten Stand, sondern auch mit der sozialistischen Erziehung wurde es nicht so genau genommen.

Jubiläumsfahrt der Eisenbahn im Erzgebirge mit "Babuschka" und Kindern.

22

Ankunft im Dienst

Inzwischen war Franziska die Treppen zum Gebäude hochgestiegen, hatte es betreten und wartete auf den Fahrstuhl. Es gab zwei. Der erste hatte kein Licht. Sie fuhr mit dem zweiten. Da traf sie schon jemanden, der auf die Uhr schaute, aber das war nicht sehr schlimm.

Auf dem Flur begegnete sie dem Parteigruppenorganisator, der sogleich fragte, wo sie gestern gewesen sei.

"Ich erwarte, daß jeder Mitarbeiter an den angesetzten Veranstaltungen teilnimmt", sagte er. "Die Genossen sind extra zu dem Forum eingeladen worden, da gibt es kein Privatleben. Ich vermisse in letzter Zeit schon einige Initiative bei Dir, Franziska, wenn es sich um gesellschaftliche Belange dreht. Lehre, Forschung und Erziehung sind eine Einheit. Ich erwarte in Zukunft von Dir mehr Initiative auf gesellschaftlichem Gebiet. Sonst bist Du nicht mehr tragbar für die Erziehung der Studenten. Da mußt Du Deine Entscheidung treffen."

Obwohl Franziska ihr Zimmer noch gar nicht betreten hatte, schwebte schon das Schwert der Partei über ihrem Haupt, und sie wußte nicht, wie sie ihm entgehen sollte.

Ihr fiel wieder einmal auf, daß sich die Genossen alle duzten und sie die meisten Nichtgenossen auch gleich duzten. So kam es, daß Franziska nur ihre Freunde an der Hochschule mit "Sie" ansprach.

Franziska hatte die vielen Versammlungen satt. Wenigstens, so dachte sie, war ihr Unbehagen nicht grundlos gewesen. Häufig trafen sie die Anschuldigungen jedoch wie aus heiterem Himmel. Sie stand als Nichtparteimitglied außerhalb der Hauptinformationskette, die sich vom Rektor (Parteimitglied) bis zur Parteigruppe in der Arbeitsgruppe herunterzog. Natürlich fanden auch die Genossen, es reiche aus, wenn nur sie selbst Bescheid wüßten, da sie schließlich auch die Entscheidungen zu fällen hätten. Ging es aber um Foren und Veranstaltungen, auf denen die Plätze gefüllt werden mußten, so wurde jeder gebraucht. Alle Mitarbeiter der Hochschule hatten hinzugehen, zuzuhören, zu klatschen. Im schlimmsten Fall hatten sie auf solchen politischen Veranstaltungen sogar zu lehren.

Rote Wochen

Einmal hatte es Franziska auch erwischt. Das war zur Studienjahresvorbereitungswoche gewesen, mit der jedes Studienjahr begann, und die von den Studenten "rote Woche" genannt wurde.

In dieser Woche wurden die Studenten erst einmal über die Linie der Partei aufgeklärt. Die Mitarbeiter der Hochschule hatten die Vorträge zu halten und die Diskussionen zu leiten. Franziska, die nicht zum politischen Redner ausgebildet war und auch nicht an einer Auseinandersetzung mit der gerade herrschenden Parteimeinung interessiert war, war sich damals vorgekommen, als hätte sie ihren Beruf verfehlt. Aber die Erlaubnis, Mathematikvorlesungen zu halten, war nur über diese Hürde zu erreichen. So wurde sie gezwungen, ihre Autorität auszunutzen und die Gläubigkeit der Studenten - die sich im Laufe der Studienjahre jedoch legte - zu mißbrauchen, um sie von Dingen zu überzeugen, die sie selbst für falsch hielt.

Meistens hatte man am Ende solcher Diskussionen eine Resolution zu verfassen, und alle Studenten hatten zu unterschreiben. Das war Franziska besonders peinlich. Auf diese Weise hatte sie schon für die Freilassung von Angela Davis gekämpft und versucht, USA-Präsidenten von ihrem Kurs abzubringen.

Als Franziska noch studierte, hatte man von den Studenten gefordert, sich zu verpflichten, das FDJ-Hemd bis zum Abschluß eines Friedensvertrages mit Deutschland zu tragen. Eigentlich müßte ich das Blauhemd heute noch tragen, hatte Franziska gedacht, als sie vor den Studenten stand, - und nur die Hoffnung, daß auch die rote Woche ein Ende haben werde, und der Gedanke, daß sie keine Alternative habe, ließ sie die Angelegenheit ertragen.

Die Arbeiterbewegung und die marxistisch-leninistische Philosophie (ML), so erinnerte sich Franziska, hatte sie mindestens schon viermal gelehrt bekommen, nämlich während ihrer Schulzeit, ihrer Oberschulzeit, während des Studiums, wo man gerade ML von drei auf vier Jahre ausdehnte, und während des ML-Seminars, das man als Doktorand zu besuchen hatte.

Sie hatte diese ML-Vorlesungen und Seminare gehaßt, diese erzwungenen Studien der "Klassiker" des ML in der Bibliothek und die ML-philosophische Facharbeit, die Voraussetzung für ihre Promotion gewesen war. Die großen Überblicke, die Regeln und Gesetze der Geschichte, ja, eigentlich die gesamte Geschichte, hatte man Franziska vorenthalten. Sie tappte im philosophischen Dunkeln und wußte nur: Was man sie bisher gelehrt hatte, konnte nicht der Weisheit letzter Schluß sein.

Vorschriften im Denken, vorgefertigte Antworten konnten weder sie noch die Studenten befriedigen, konnten zu keinem Fortschritt führen. Nur durch unvoreingenommenes Denken kann Neues entstehen.

Zum fünften Mal begegnete Franziska der ML-Philosophie in der

Marxistisch-Leninistischen Abendschule

für Hochschullehrer, zu der sie von ihrer Sektion delegiert worden war. Dieser Lehrgang lief über drei Jahre mit wöchentlichen Seminaren und zwei einwöchigen Intensivkursen pro Jahr. Die Intensivkurse fanden in Schulungsheimen statt.

Eines dieser Heime stand in der Heimat von Franziskas Vorfahren, im Erzgebirge. Es lag mitten im Niemandsland, an der Straße zum DDR-CSSR-Grenzübergang Reizenhain. Auf der linken Seite der Straße wiesen Schilder darauf hin, daß der Wald von der Sowjetischen Armee gesperrt sei (Lebensgefahr! - dort war ein Schießplatz in der Nähe) - und auf der rechten Seite zeigten Schilder an, daß die Straße von der Nationalen Volksarmee gesperrt sei (Lebensgefahr!). Auch da empfahl sich Pilzesuchen nicht, denn man hörte die Panzer fahren, und kurz hinter einem Hochwaldstreifen befand sich ein unwegsames Gelände, in dem tiefe Gruben ausgehoben worden waren, möglicherweise für Raketen.

Man war im Wald, aber auch nicht. Man stand zwischen den Wäldern, - oder was von ihnen übriggeblieben war.

Es gibt einen erzgebirgischen Heimatdichter, dessen Lied "Wu de Walder hamlich rauschen, da bin ich zu Haus ... mit kan König möcht ich tauschen..." heute Franziska als der blanke Hohn erschien. Dabei hörte man die Restwälder noch rauschen, nur waren sie nicht mehr betretbar. Die Bäume lichteten sich infolge tschechischer Abgase in Richtung Erzgebirgskamm, verloren Farbe, Nadeln und Äste, - und auf dem Kamm gab es nur mehr Baumstümpfe. Das sah aus wie nach dem Atomkrieg, - so als ob die Raketen, die man gerade aufstellte, gar nicht mehr zur Vernichtung benötigt würden.

Auf den ML-Lehrgängen war Franziska in ihrer philosophischen Bildung um eine Stufe vorangekommen, nicht daß es ihr möglich gewesen wäre, die Werke der bürgerlichen Philosophen zu lesen, - es gab gar keine derartigen Bücher zu kaufen, aber man erklärte ihr, was die marxistischen Ideologen zu den Werken der bürgerlichen Philosophen gesagt hatten. Daraus ließen sich gewisse Rückschlüsse darauf ziehen, was die bürgerlichen Philosophen selbst gesagt hatten. Sozusagen Bildung aus zweiter Hand.

Sie kam sich vor wie eine Hungernde, der man nur das Essen zeigt. Denn man kann auch nach Bildung hungern und nach Wahrheit, nach Geschichtswissen, nach ein wenig mehr Bildung, als offensichtlich erlaubt war.

Die größten Leckerbissen, daran erinnerte sich Franziska noch gut, waren in diesen Kursen einige Ausschnitte aus westlichen Zeitschriften, die der vortragende Professor mitbrachte. Natürlich nur gezielt ausgewählt, aber da westliche Zeitungen im allgemeinen unerreichbar waren, kündeten diese Ausschnitte von einer anderen Welt, die hinter der Mauer existieren mußte, und waren schon deshalb sehr begehrt.

Da Franziska einen Kursus für Hochschullehrer besuchte, waren hier die Sitten ein wenig lockerer und derartige Zeitschriftenausschnitte vorzeigbar. Der Vortragende konnte diese Ausschnitte dank einer Genehmigung, die im Volksmund "Giftschein" genannt wurde, bekommen. Sie berechtigte den Besitzer, in der "geschlossenen Abteilung" einer Bibliothek zu arbeiten. Auch in der ML-Bibliothek der Hochschule gab es einen verschlossenen Raum, der war nur für ausgewählte Kader gedacht, denen man zutraute, daß sie das "Richtige" auswählen würden, - und Franziska war weit davon entfernt, in diese Räumlichkeit vorzudringen.

Genauso wie nicht jeder Genosse einen "Giftschein" besaß, so war auch nicht jeder Genosse *Reisekader*. Nur die Genossen waren Reisekader, das heißt durften Dienstreisen ins westliche Ausland machen, die das Vertrauen der Partei besaßen.

Dank des "Giftscheines" war also Franziskas ML-Abendschule ein wenig belebt worden, und sie fühlte sich ein wenig menschlicher behandelt, ein wenig, als würde sie denken dürfen. Aber das war ein Irrtum.

Franziska hatte inzwischen den langen Korridor passiert, ohne allzu viele Leute getroffen zu haben. Ihr Zimmer lag am Ende des langen Wohnheimkorridors.

Manchmal zog sie es vor, den Korridor in einem anderen Stockwerk und die zweite Treppe zu benützen, weil sie damit unliebsamen Begegnungen aus dem Weg gehen konnte. Sie war jedoch sicher, daß alles, was sie tat, registriert wurde. Manchmal hatte sie den Eindruck, daß die Leitung besser über sie Bescheid wußte, als sie selbst, was durchaus kein Anzeichen von Wichtigkeit ihrer Person war. Man wußte über jeden Mitarbeiter Bescheid. In jedem Lehrstuhl gab es mindestens einen Mitarbeiter, der für den Staatssicherheitsdienst arbeitete. In ihrem Falle war es der amtierende Lehrstuhlleiter, der auch noch gleichzeitig der Chef der Kampfgruppe der Hochschule war.

Kampfgruppen

wurden nach dem 17. Juni 1953 in jedem Betrieb gebildet - als Waffe der Arbeiterklasse gegen sich selbst.

Jeden Kollegen bis zum Alter von 50 Jahren fand man tauglich, am Wochenende zu Schießübungen anzutreten, über Sandhaufen zu springen und auf Geländewagen über die Felder zu holpern. Nur aus gesundheitlichen Gründen konnte man der Kampfgruppe entkommen, es hätte keinen Zweck gehabt, die Arbeitsstelle zu wechseln, da es in jedem Betrieb Kampfgruppen gab.

Im Arbeitszimmer

Franziska betrat ihr Zimmer und begrüßte ihren Kollegen. Sie saßen zu zweit in einem Zimmer. In dem ehemaligen Studentenwohnheimzimmer waren noch die Betten vorhanden (hinter einem Vorhang) und wurden als Bücherablage verwendet.

Franziskas Kollege war ein Parteigenosse. Es bestand die Regel, daß zu jedem Nichtgenossen ein Genosse ins Zimmer gesetzt wurde. Eine Ausnahme von der Regel war ein Fehler der Leitung.

Der Kollege sagte: "Tag. Weißt du schon, daß um 16 Uhr das Forum mit Genossen Elstner ist. Wir wollen mit 100% daran teilnehmen. Danach habe ich dich noch für einen Rundgang im Studentenwohnheim gemeldet. Du warst ja Seminargruppenberater, da kennst du die Leute. Vergiß nicht, dich im Buch des diensthabenden Assistenten einzutragen, damit sie wissen, daß wir dort waren."

"Gut, Udo."

Sie nahm den Umlauf zur Hand, der schon auf ihrem Schreibtisch auf sie wartete, zeichnete ihn ab, das war das Wichtigste, hängte ihre Sachen in den Schrank und begann danach, den Umlauf zu überfliegen.

Für 13 Uhr war eine Dienstversammlung angesetzt, das durfte sie nicht vergessen. Es gab eine neue Arbeitsordnung, die wollte sie später lesen.

Franziska wünschte eigentlich, sich an ihrem Schreibtisch mit wirklicher Arbeit beschäftigen zu können. Alles andere störte sie dort. Als Arbeit betrachtete sie ihre Lehraufgaben und ihre fachliche Arbeit. Sie war dabei, eine Veröffentlichung zu schreiben, ihre letzte große Arbeit hatte sie an der Universität Rostock eingereicht und wartete nun darauf, diese Arbeit dort als Habilitation zu verteidigen. Außerdem mußte sie sich noch auf ihre Vorlesung vorbereiten, und sie erwartete Studenten, die mit ihr über Praktikumsaufgaben sprechen wollten.

Im Umlauf lag noch ein leerer Zettel, auf den man Vorschläge für die Verteidigung **DES TITELS**

"Kollektiv der sozialistischen Arbeit"

schreiben sollte. Um diesen Titel kämpfte jede Gewerkschaftsgruppe jährlich und später, als es gar zu lästig und uneingestandenermaßen auch zu sinnlos wurde, alle zwei Jahre.

Das Kollektiv führte dabei alle Leistungen auf, angefangen von der Zahl der Veröffentlichungen bis hin zu den gemeinsamen Geselligkeiten. Deshalb war es auch notwendig, ab und zu ein geselliges Beisammensein zu veranstalten, was im Laufe der Jahre immer mehr zur Pflichtübung wurde. Man veranstaltete aus diesem Grunde auch Ausflüge, und es gab einen Mitarbeiter, der das Brigadetagebuch führte und alle Unternehmungen mit Bild und Text dokumentierte.

Jahresendfeiern

Diese geselligen Veranstaltungen waren die einzige Gelegenheit, den offiziellen Chef, Prof. Bart, zu treffen. An mathematischen Veranstaltungen nahm er schon seit langem nicht mehr teil. Professor Bart war stellvertretender Rektor für Wissenschaft und Technik geworden. Da interessierte ihn die Wissenschaft nur noch im Überblick, und er besuchte den eigenen Lehrstuhl nur noch anläßlich geselliger Veranstaltungen.

Am häufigsten tauchte er auf den jährlichen Weihnachtsfeiern auf, die natürlich Jahresendveranstaltungen genannt wurden (analog der Bezeichnung "Jahresendfigur" für erzgebirgische Weihnachtsengel in den Geschäften), die aber mit Kerzen und Pyramiden den Charakter von Weihnachtsfeiern trugen.

Im Erzgebirge hatte Weihnachten eine besondere Bedeutung, war es doch für die Spielzeug- und Pyramidenherstellung weltbekannt. Manchmal wurden auf den Feiern sogar Weihnachtslieder gespielt, - und wäre der Chef nicht anwesend gewesen, was einer Überprüfung jedes gesagten Wortes bedurfte, so hätte es ganz lustig sein können, trotz des immer gegenwärtigen SD-Mitarbeiters, der Augen und Ohren offen hielt. Wer für den SD (Staatssicherheitsdienst) arbeitete, das hatte die Bibliothekarin unter die Leute gebracht (sie hatte einen heißen Draht). Spätestens erfuhr man es, wenn wieder ein Mitarbeiter in Ehren verabschiedet wurde, der nicht einmal dem Sektionsdirektor zu sagen brauchte, welche neue Stelle er antreten würde.

Wenn Franziska an diese Weihnachtsfeiern dachte, mußte sie schmunzeln. Einmal hatte sie französische Weihnachtslieder eingeschmuggelt, die wie alles Westlich-Ausländische anrüchig waren. Sie freute sich, die Vorschriften ein wenig umgangen zu haben, ganz im Gegensatz zu der übereifrigen Dresdener Lehrerin, die sogar die Weihnachtslieder umtextete und so anrüchige Worte wie "Weihnachten" durch "Winter" und "heilig" durch "freudig" ersetzte. (Im Volksmund wurde diese Dresdener Schule "Rotes Kloster" genannt.)

Vorschriften gab es viele. Wegen ihrer

"West"-Freunde,

die sie auf Tagungen kennengelernt hatte und von denen diese Weihnachtslieder stammten, hatte sie die Vorschriften schon oft umgehen müssen. Es war nicht erlaubt, mit einem Mathematiker aus dem westlichen Ausland vom Diensttelefon aus (und auch nicht vom privaten) zu telefonieren. Sie hätte auflegen müssen, wenn sie aus Paris angerufen wurde, was sie aber nicht tat.

Sie verabredete sich mit ihren "West"-Freunden, die sie ja nicht besuchen konnte, da sie kein Reisekader war, auf Tagungen im östlichen Ausland. Einmal traf sie ihre Freunde auf einer Tagung in Polen, an der sie aber nicht hätte teilnehmen dürfen, da sie nicht zur offiziellen Delegation gehörte. Der Leiter der DDR-Delegation (ein berühmter Genosse von der Humboldt- Universität) ließ Gnade vor Vorschrift ergehen und erwähnte sie in seinem Tagungsbericht nicht.

Franziska war es besser ergangen als einem befreundeten Kollegen, der bei einer solchen Gelegenheit vom Delegationsleiter erwähnt worden war und deshalb zwei Jahre Tagungsverbot bekam.

Frankreich und das Land hinter der Mauer hätten für Franziska eine Versuchung sein können, wäre sie mutiger gewesen. Der Mut, sich durch einen Ausreiseantrag an den

PRANGER

zu stellen, fehlte ihr. Das hätte die staatliche Verurteilung und den Verlust der Freunde (die sich ängstlich zurückgezogen hätten) bedeutet. Vielleicht sogar den Entzug des Sorgerechts über ihre Kinder. Davor hatte sie panische Angst. Franziska war keine Heldin und keine Märtyrerin. Sie wünschte sich ein wenig Spaß bei ihrer Arbeit. Die Arbeit mit den Studenten gefiel ihr. Alle Gedanken an Frankreich schob sie beiseite.

Sie schob auch den Umlauf beseite. Sie würde sich erlauben, nichts für die

Verteidigung des "TITEL"s

(Kurzform für "Titel des Kollektivs der sozialistischen Arbeit")

vorzuschlagen, was nicht erlaubt war.

Diese jährlichen Titelverteidigungen, dazu kam noch die jährliche Verteidigung des Titels "Kollektiv der DSF" (DSF = Deutsch-Sowjetische Freundschaft), fand sie sowieso lächerlich. Jedoch war es besser, den Titel zu verteidigen als nicht zu verteidigen, da das Kollektiv sich anderenfalls hätte verteidigen müssen, warum es den "Titel" nicht verteidigt hatte. Man hätte sich eine Menge Ärger auf den Hals geladen. Undenkbar.

Wozu sind die Genossen da, dachte Franziska. Sollen doch sie Vorschläge für die Verteidigung des "Titels" machen.

Solche Genossen gab es auch hauptberuflich. Jedes Jahr wurde zum Beispiel ein junger Assistent hauptberuflich für ein Jahr zum GO-Sekretär der FDJ (GO = Grundorganisation) ernannt, keine gute Voraussetzung für fachliche Vervollkommnung, aber eine gute für berufliches Weiterkommen.

Jedes Mitglied der Gewerkschaftsgruppe war auch Mitglied der

DSF (Deutsch-Sowjetische Freundschaft)

Sofort einzutreten, war einfacher, als sich der vielen Belehrungen wegen des Eintritts auszusetzen. Franziska war DSF-Beitragsmarkenkassiererin. Das erledigte sie pünktlich und schnell, was auch zeitsparender war als langsam und unpünktlich.

Einmal im Jahr hatte man einen sowjetischen Film zu besuchen. Das war während der sowjetischen Filmfesttage in Karl-Marx-Stadt. Dieser gemeinsame Filmbesuch der Gewerkschaftsgruppe konnte dann wieder ins Tagebuch der Gewerkschaftsgruppe geschrieben werden und zur Verteidigung des "Titels" genützt werden.

In den fortlaufenden Jahren hatte Franziska festgestellt, daß es genügte, eine Kinokarte zu kaufen. Es war nicht erforderlich, ins Kino zu gehen.

Verbindungen zur russischen Sprache und zur sowjetischen Wissenschaft sollten auch in den Mathematikvorlesungen demonstriert werden.

Franziska mußte ab und zu einen Bericht schreiben und angeben, wie sie die sowjetischen Erfahrungen in ihre Lehrveranstaltungen einfließen ließ. Sie gab eine Liste der verwendeten sowjetischen Literatur an und stellte einige Übungsaufgaben in russischer Sprache, sehr zum Ärger der Studenten, die diese Aufgaben dann teilweise gar nicht verstehen konnten. Die meisten hatten lange erfolglose Schulbemühungen in Russisch hinter sich.

Aber auf die offiziellen Gremien machte die Ausgabe von Übungsaufgaben in russischer Sprache einen hervorragenden Eindruck. Zur allgemeinen Erleichterung übersetzte Franziska den Studenten meist die Aufgaben in den Übungen gleich selbst. Somit waren alle zufrieden. Der Schein war alles.

Ab und zu mußte sie auch angeben, welche der dialektischen Methoden sie in ihrer Vorlesung verwendete. Sie mußte Fragezettel ausfüllen: Das Anwachsen der Quantität bis zum Umschlag in eine neue Qualität - ein Prinzip der Dialektik - sollte auch in der Vorlesung demonstriert werden. Nur wußte Franziska nicht, an welcher Stelle das möglich gewesen wäre.

Die strenge Gliederung der mathematischen Sätze in Voraussetzungen, Behauptungen und Beweise ließen keine marxistisch-leninistischen Abschweifungen zu. Franziska hätte sie als Abweichung vom Thema betrachtet und als sicheres Mittel, die Studenten vom Thema abzubringen, die dann sofort abgeschaltet hätten mit der Bemerkung: "Jetzt auch noch in der Mathevorlesung".

Das wollte sich Franziska nicht leisten. Franziska schrieb aber einen positiven Bericht, um nicht noch einmal über die Wichtigkeit der marxistisch-leninistischen Philosophie in den Grundlagenfächern belehrt zu werden. Außer der ML-Abendschule gab es noch eine fortlaufende ML-Weiterbildung, die alle vier Wochen stattfand.

Diese Zirkel, die Franziska zwangsweise besuchen mußte, boten ihr nichts. Sie erfuhr dort kurioserweise zum Beispiel, was es gerade in der Stadt nicht zu kaufen gab. Die Zirkel endeten nämlich, unabhängig vom "philosophischen" Thema, jedesmal in einer allgemeinen Beschwerde über die Versorgungszustände. Sie hörte also, daß es in der Stadt keine Lederhandschuhreparaturstelle gab, daß die Schuhe schon wieder teurer geworden waren usw. Solange es nicht wieder so schlimm kommt, wie schon einmal, als es keine Butter zu kaufen gab und überhaupt Milchprodukte Mangelware waren, solange störte Franziska die sozialistische Wirtschaft nicht ernsthaft. Sie hatte das Buch eines Ungarn gelesen (in Ungarn), in dem die sozialistische Wirtschaft als permanente Mangelwirtschaft ausgewiesen wurde. Über derartige "Grundgesetze" wollte sich Franziska nicht aufregen. Ihr waren andere Dinge wichtig. Aber es war nicht so einfach, anständige wissenschaftliche Arbeit zu leisten.

Umprofilierung, Themenwechsel

waren an der Tagesordnung.

Die Assistenten bekamen in der Frequenz, in der sich die Schlagworte in der Zeitung änderten, ein neues Thema, sodaß sie nach einigen Wechseln das neue Thema oft gar nicht erst begannen, sondern auf das nächste neue Thema warteten. Auch die Konkretisierung der Themen ließ zu wünschen übrig. Als man gerade die Verbindung zur Technik favorisierte, hatte der Sektionsdirektor das neue Forschungsthema für Franziskas Zimmerkollegen folgendermaßen umrissen: "Wir wollen ein Bein in die Tür zum Maschinenbau setzen." Aber der Kollege wußte nicht, welches Bein und auch nicht genau, wohin. Da es eine unübersehbare Anzahl von "Beinen" gab, die man in den Maschinenbau hätte setzen können, konnte man diese Bemerkung nicht als Arbeitsanleitung verstehen.

Franziska hatte sich bislang erfolgreich den Umprofilierungsversuchen der Leitung widersetzen können, indem sie jeweils auf ihren Arbeitsvertrag verwies, der von ihr die Habilitation als weiteren Qualifizierungsschritt verlangte.

Als sie an der Hochschule zu arbeiten begann, gab es noch keinen weiblichen Hochschuldozenten, - und im Rahmen des Frauenförderungsplanes sollten Frauen für die Hochschullaufbahn gewonnen werden. Franziska folgte nun diesem Plan unbeirrt und lehnte Themenwechselwünsche ab. Hätte sie den Wünschen der Sektionsleitung entsprochen, so hätte sie die von der Sektionsleitung an sie gestellten Aufgabe nach Qualifizierung (Habilitation) nicht erfüllen können. Ein Widerspruch in sich. Franziska, die anfangs im Rahmen der Frauenförderung gefördert werden sollte, wurde, indem sie den jeweils als dringlich angesehenen Aufgabenumstellungen der Sektionsleitung nicht nachkam, zum schwarzen Schaf, das einer Förderung weiterhin nicht für würdig befunden wurde.

Eine Frau reiche als Hochschuldozent aus, dachten die Genossen, nachdem sie eine Kollegin aus der Industrie für diesen Posten gefunden und damit den Sprung von der rein männlichen Besatzung zur gemischten Besatzung geschafft hatten.

Auch erwiesen sich Frauen als unbequem. Während Männer ängstlich waren, erpressbar mit ihren Familien, da sie diese in erster Linie ernährten, waren Frauen weniger ängstlich, erlaubten sich mehr zu sagen, da sie ihre Familien als Stütze im Rücken hatten. Frauen schöpften aus der Familie ihre Kraft, Männer ihre Angst. So waren Männer leichter regierbar und Frauen in Führungspositionen gefährlich. Von ihnen hätten tatsächlich neue Impulse ausgehen können. Neue Ideen aber waren ein Risiko für den Staat. Also bevorzugte man weiterhin Männer, während man offiziell Frauen förderte.

Franziska kehrte mit ihren Gedanken zurück und begann, ihre Vorlesung noch einmal kurz zu überfliegen. Ihr war erklärt worden, daß die Praxis das Kriterium der Wahrheit sei und dies ständig unter

Beweis gestellt werden müsse, auch in mathematischen Fachvorlesungen. Franziska war allerdings der Ansicht, daß das Erlernen der Theorie vor der Anwendung steht. Sie konnte ihre Schüler von ihrem Fach begeistern, da sie selbst davon begeistert war und ihre Vorlesungen nicht als lästige Pflichtübungen betrachtete.

Ein Blick über den Gartenzaun war nicht erlaubt. Die Informatik hatte zu diesem Zeitpunkt noch keinen Einzug in die DDR gehalten, und Franziskas Wissen über die Anwendbarkeit ihres Fachgebietes in der Informatik war illegal. Franziska betrachtete die Hochschule als eine Institution, die man maximal unterstützen mußte und von der Schaden abzuwenden war. Hätte sie etwas von Privatunternehmertum verstanden, so hätte sie gesagt, sie stehe für die Hochschule wie für ihr eigenes Unternehmen ein.

Als Franziska dem Sektionsdirektor der Informationstechnik erzählte, welche große Rolle die Informatik zum Beispiel an der holländischen Universität Leiden spiele, wertete er ihre in naivem Bestreben gegebene Information nicht positiv aus, sondern ging der Frage nach, woher sie diese Information denn hätte.

Dabei stellte sich heraus, daß Franziska eine Freundin in Leiden hatte und sie deren Besuch beim Sektionsdirektor der Mathematik nicht gemeldet hatte.

Jeder Besuch aus dem Westen mußte dem zuständigen Sektionsdirektor pflichtgemäß gemeldet werden. War man VD-(VD = vertrauliche Dienstsache) verpflichtet, also in gewissem Maße Träger vertraulichen Wissens, mußte man diese Besuche sogar genehmigen lassen. Ganz besonders, wenn es sich um Fachkollegen aus dem Westen handelte.

Franziska hätte den Besuch ihrer Fachkollegin aus Holland dem Sektionsdirektor der Mathematik melden müssen. Das kam bei den Recherchen des Sektionsdirektors der Informationstechnik heraus.

Franziska hatte aber bereits genügend Unannehmlichkeiten mit dem Besuch ihrer holländischen Freundin gehabt. Es gab nämlich keine innerstaatlichen Abkommen zwischen Holland und der DDR, und Jetty war mit einem Stempel auf Franzikas heimischer Polizei erschienen, der ihr nur den Besuch der Hauptstadt der DDR erlaubte. Und deshalb sollte sie auch weiterreisen, aber sie weigerte sich, denn, so erklärte sie, sie wolle Franziska und nicht Berlin besuchen. Franziska, die vermittelnd einzugreifen versuchte, wurde auf der Polizei lautstark aufgefordert, den Mund zu halten.

Auch der Direktor der Sektion Mathematik, der nun vom Sektionsdirektor der Informationstechnik zum Eingreifen aufgefordert wurde, belobigte Franziska nicht. Er überlegte vielmehr, ob er ein Disziplinarverfahren gegen Franziska einleiten sollte, ließ es aber schließlich bei einer mündlichen Verwarnung.

Die erste persönliche Bekanntschaft mit einem "Disziplinarverfahren" (DV) sollte Franziska heute nach ihrer Vorlesung machen.

Sie lehrte meistens Mathematik in Anfängersemestern, bei denen sie mit nichtfachlichen Bemerkungen vorsichtig sein mußte. Zum Beispiel war zu überlegen, ob man die Abwesenheit eines Studenten in einem Seminar rügen sollte, der zur Pförtneraufsicht im Wohnheim eingeteilt worden war. Studenten der ersten Semester erzählten weiter, was der Dozent sagte, und darin bestand die Gefahr. Später konnten die Studenten sehr gut unterscheiden, was man weitererzählen durfte und was nicht (was dem Dozenten geschadet hätte, wenn man es weitererzählen würde).

Franziska handelte meistens intuitiv. Mußten Studenten die Vorlesung vorzeitig verlassen, weil sie zu einem politischen Forum gehen sollten (dazu eingeteilt waren), so konnte sie sich meistens nicht enthalten, zu bemerken, daß während des Studiums immer noch das Studieren das Wichtigste sei. Die Studenten reagierten auf derartige Bemerkungen meist sehr positiv, so daß Franziska manchmal dachte, das einzig Vernünftige an der Hochschule seien überhaupt die Studenten. Sie wäre auf die Probleme der Studenten gern näher eingegangen, aber das konnte sie sich nicht erlauben. Ihre Meinung war offiziell nicht erwünscht, und eine andere wollte sie nicht anbieten.

Seminargruppenberater

Franziska freute sich, als sie jetzt nach ihrer Vorlesung vor Diplomanden von einigen Studenten dieses Semesters angesprochen wurde. Sie war Seminargruppenberater dieser Studenten gewesen.

Zu Studienbeginn wurden die Studienanfänger in Seminargruppen eingeteilt und erhielten einen Hochschulmitarbeiter als Betreuer. Durch den Seminargruppenberater wurden die Weisungen von oben nach unten weitergegeben. Der Seminargruppenberater erhielt seine Weisungen auf der Versammlung aller Seminargruppenberater, wo er auch belehrt wurde, was er zu antworten habe, wenn ihm bestimmte Fragen gestellt würden.

Assistenten eines Instituts für Mathematik beim Einsatz bei der Kartoffelernte in Mecklenburg.

Der Seminargruppenberater mußte die Studenten zum Besuch politischer Veranstaltungen einteilen, sie auf Solidaritätskundgebungen begleiten, auch auf mehrwöchigen Ernteeinsätzen aller Art. Er hatte sie zu Solidaritätsspenden, dem Schreiben von Protestbriefen an westliche Politiker oder zur Wandzeitungsarbeit aufzufordern. Er gab ihnen die Termine für das Zivilverteidigungslager und hatte sie davon zu überzeugen, daß es davor kein Entrinnen gab. Die

Zivilverteidigung,

die in einigen Punkten dem früheren Luftschutz entsprach, verabscheuten die Studenten. Die ZV-Übungen begannen bereits in der Oberschule, und bei solchen Übungen rannten die Schüler schon während der Oberschulzeit mit Gasmaske durch den Wald. Später mußten sie turnusmäßig ins Zivilverteidigungslager, lebten dort in Baracken, es war häufig kalt und im höchsten Grade ungemütlich. Außerdem mußten sie sich dort mit sinnlosen Fragen beschäftigen.

Die Studenten lernten, was man bei einem Atombombenangriff zu tun hatte (sie witzelten: ein Bettuch umhängen und langsam zum Friedhof gehen), sie machten militärische Geländeübungen, hatten Vorträge und ZV-Übungen zu absolvieren.

Die Chefs der ZV-Ausbildung an der Hochschule waren zwei Offiziere der Nationalen Volksarmee, die zu diesem Zweck an der Hochschule angestellt worden waren. Wenn Franziska diese beiden Offiziere an der Hochschule in vollem Ornat zur Mensaspeisung gehen sah, freute sie sich, daß das Essen dort so schlecht war.

Franziska hatte ihre Seminargruppe glücklicherweise nie ins ZV-Lager begleiten müssen, das war anfangs den männlichen Kollegen vorbehalten, die nach solchen Lageraufenthalten jeweils sehr deprimiert erschienen und nach Möglichkeit darüber schwiegen. Froh war sie auch, daß sie zu der Zeit schon nicht mehr als Seminargruppenberater eingesetzt wurde, als alle Studenten als Reserveoffiziere geworben werden mußten, und es für sie nur die Alternative gab: Meldung zum Reserveoffizier und Studium oder Studienausschluß.

Für die Diskussion fachlicher Probleme blieb für den Seminargruppenberater bei der Fülle der gesellschaftlichen Probleme meist keine Zeit.

Biermannlieder

Einige Studenten hatten sich nun um Franziska versammelt. Sie schienen aufgeregt: "Helmut ist für morgen zum Sektionsdirektor bestellt worden", sagte eine Studentin, "er hat eine Vorladung zu einem Disziplinarverfahren bekommen. Die Leitung der Seminargruppe wurde für heute nachmittag zum Sektiondirektor bestellt."

Jede Seminargruppe hatte auch eine studentische Leitung, die sogenannte Seminargruppenleitung, in der es unter anderem einen Seminargruppenleiter, einen Parteiorganisator für die Parteigruppe, einen Propagandisten und einen Kassierer gab.

"Es gibt eine Studienordnung an der Hochschule. Wogegen haben Sie denn verstoßen?", fragte sie Helmut.

"Es ist etwas ganz Dummes passiert", sagte Helmut. Ich bin Mitglied der evangelischen Studentengemeinde und wollte für eine Veranstaltung der Gemeinde ein Tonband in meinem Wohnheimzimmer überspielen. Als ich es überspielte, kam der diensthabende Assistent herein und hat das Tonband sofort an sich genommen. Da war ich geliefert."

"Was haben Sie denn überspielt ?"

"Es waren Lieder von Biermann."

"Mein Gott", sagte Franziska, "das wird sie teuer zu stehen kommen."

"Was soll ich nun machen?", fragte Helmut.

"Sie müssen darauf hinweisen, daß das Tonband nicht allgemein für Studenten gedacht war, sondern für eine geschlossene Veranstaltung. Allerdings sind Mitglieder der Studentengemeinde sowieso schon aus dem Rennen. Christliche Vereinigungen sind hier nicht beliebt, das wissen Sie ja."

"Ja," sagte Helmut, "aber es ist noch schlimmer."

"Der diensthabende Assistent rief sofort den Prorektor für Erziehung und Ausbildung an, und es kamen einige Leute der Leitung und machten eine Zimmerdurchsuchung. Sie fanden das Buch "1984" von Orwell. Ich hatte vergessen, das Buch wieder mit nach Hause zu nehmen, hatte gar nicht mehr daran gedacht."

"Das ist natürlich schlimm. Sind Sie allein bestellt worden?"

"Nein", sagte Helmut, "mein Zimmergenosse auch."

"Warum denn?", fragte Franziska.

"Er war beim Tonbandabspielen dabei. Er hätte das melden müssen."

"Ihnen jetzt zu sagen, Sie hätten vorsichtiger sein sollen, hat wohl keinen Zweck", sagte Franziska.

"Das wird ein Schlag für meinen Vater sein", sagte Helmut.

Franziska kannte Helmuts Probleme. Sein Vater war privater Bauunternehmer gewesen. Seine Firma war der letzten Verstaatlichungsaktion zum Opfer gefallen. Da sein Vater sein gesamtes Geld in seine Firma gesteckt hatte, war er in relativ schlechten finanziellen Verhältnissen zurückgeblieben. Außerdem versuchte man, ihn aus seinem Wohnhaus, worin sich das Kontor der Firma befand, und das auch verstaatlicht worden war, zu vertreiben.

"All die Sorgen haben meinen Vater krank gemacht. Er hoffte, wenigstens ich würde gut zurechtkommen."

Franziska erinnerte sich an einen ähnlichen Vorfall im Studentenwohnheim. Da es nicht erlaubt war, Westsender zu hören, hatten zwei pfiffige Studenten eine Einrichtung gebastelt, die bewirkte, daß das Radio ausging, wenn jemand die Zimmertür öffnete. Sie wurden exmatrikuliert.

"Ich will Ihnen keine Angst machen", sagte Franziska." "Kommen Sie doch morgen nach der Verhandlung zu mir, wir werden dann die Lage besprechen."

Hoffentlich sieht ihn niemand, dachte Franziska. Sie hatte ein ungutes Gefühl.

"Sie müssen zeigen, wer Sie sind. Vielleicht nicht öffentlich, aber in Ihrem Inneren."

"Was soll ich sagen?"

"Am besten, Sie geben Ihren Fehler zu. Verlieren Sie nicht den Mut."

Da die Seminargruppenleitung vorher zum Sektionsdirektor bestellt war, nahm Franziska an, daß das Urteil schon vorher gefällt würde.

Helmut konnte nichts mehr sagen. Er ahnte Schlimmes. Die Studenten ließen alle den Kopf hängen.

"Ich erwarte Sie morgen", sagte Franziska. "Auf Wiedersehen."

Mensa

In der Mensa mußte Franziska mal wieder Schlange stehen. Das Essen kostete für Mitarbeiter der Hochschule 1 Mark, für Studenten 80 Pf. Manchmal verkaufte man Franziska am Essenmarkenschalter eine Essenmarke für 80 Pf. Sie freute sich darüber, wenn sie als Studentin angesehen wurde. Heute interessierte sie das nicht.

Es gab drei Ausgabeschalter. Einen für Diätessen. Franziska besorgte sich immer ein Rezept für Diätessen, weil es an diesem Schalter die kürzeste Warteschlange gab.

Seit einiger Zeit aßen auch die Schüler einer eben eröffneten Sportschule in der Mensa, weil sie noch keine eigene Mensa hatten. Diese Schüler wurden mit Bussen zur Hochschulmensa gefahren. Die aufsichtsführenden Lehrer versuchten, sie zum Essen zu animieren. Wer sportliche Leistungen erbringen sollte, der müßte auch essen. Entsprechend war die Verpflegung der Sportschüler.

Riesengroßen Schnitzeln folgten Apfelsinen, Quarkspeisen und Bananen, das bekam ein Hochschulmitarbeiter normalerweise nicht zu Gesicht - und hier auch nur zur Ansicht. Bananen hatte Franziska schon lange nicht mehr zu kaufen bekommen, dabei hatte sie zwei Kinder, die sich schon seit Jahren wünschten, wieder einmal Bananen essen zu können.

Der Sport liegt dem Staat näher als die Wissenschaft, dachte Franziska, als sie sah, wie ein Sechsjähriger an einem tellergroßen Schnitzel nagte. Die Sportschüler wurden völlig überfüttert, und wir Mitarbeiter könnten gut noch etwas mehr vertragen, dachte sie, als sie das karge Essen betrachtete.

Wir sind eine berühmte Sportnation!

Franziskas Tochter hatte man im Alter von drei Jahren schon für den Eiskunstlauf werben wollen. Sie hatte im Kindergarten sportliches Talent gezeigt und konnte sich gut nach Rhythmen bewegen. Der Kindergarten meldete sie als Nachwuchssportler. Eine Kindergärtnerin wurde abgestellt, um sie zweimal in der Woche zum Training in die Eiskunstlaufhalle zu begleiten. Franziska hätte mit ihrer Tochter am Sonnabend zum Training gehen müssen. Aber sie fand, das war schon zu viel für ihre Tochter, und ihr war der Sonnabend dafür zu schade. Außerdem hatten sie sowieso Westverwandte, da hätte Uta niemals zu einem Wettkampf ins westliche Ausland fahren dürfen. Das wäre eine große Enttäuschung nach einem harten Training geworden.

Auch wenn wir ohne Bananen auskommen müssen, dachte Franziska, bin ich doch froh, daß Uta nicht in diesen Leistungssportlerkreis geraten ist.

Endlich war sie an der Reihe. Auch die Diätschlange war nicht so kurz. Meist ging Franziska zu anderen Zeiten essen, wenn die Studenten Vorlesungen hatten, aber heute hatte sie selbst eine Vorlesung gehalten.

Einer Kollegin ging es ebenso. Franziska freute sich, Frau C. zu treffen. Sie waren sehr gut befreundet und siezten sich deshalb.

Frau C. war zur gleichen Zeit wie sie an die Hochschule gekommen. Ihr Mann war hierher berufen worden, sie waren beide Mathematiker und sehr vernünftige Leute.

Disziplinarverfahren

"Disziplinarverfahren", sagte Frau C., "das ist für uns das rote Tuch, wie Sie wissen."

Gegen Herrn Professor C. war ein Jahr zuvor ein Disziplinarverfahren gelaufen. Neben der Studienordnung gab es auch eine Hochschullehrerverordnung an der Hochschule, - und gegen diese hatte Herr Professor C. verstoßen, obwohl er sie gar nicht genau kannte. Auch wenn diese Hochschullehrerverordnung nicht allgemein zugänglich sei, hatte der Rektor, der die Disziplinarverfahren bei Hochschullehrern durchführte, zu ihm gesagt, so sei sie trotzdem einzuhalten.

Da sogar das Telefonbuch der Hochschule geheim war, wunderte es niemanden, daß auch Teile der Hochschullehrerverordnung es waren.

Ein Jahr zuvor hatte an der Hochschule eine Tagung über mathematische Gleichungen in der Physik stattgefunden, zu der auch einige westdeutsche Mathematiker eingeladen worden waren. Hier nun begegnete Herr Professor C. einem Fachkollegen, mit dem er früher in Verbindung gestanden hatte. Aus Freude über die Begegnung lud Herr Professor C. seinen westdeutschen Kollegen zum Kaffee zu sich nach Hause ein.

Er dachte, da gemeinsames Kaffeetrinken während der Tagung gestattet sei, so auch zu Hause. Professor C. machte sich darüber keine weiteren Gedanken, und sein westdeutscher Kollege nahm die Einladung erfreut an.

Professor C. lud auch noch seine Assistenten ein, damit auch sie mit dem westdeutschen Kollegen sprechen konnten. Wie dieser Kaffee zu einem Disziplinarverfahren führen konnte, kam so:

Professor C. hatte vergessen, die Genehmigung des Rektors zu dieser Einladung einzuholen. Unglücklicherweise hielt nämlich Professor C. Vorlesungen über Geheimnisschutz (was er nicht wollte, sondern mußte), - und dazu wurde es ihm ermöglicht, Einsicht in geheime Akten zu nehmen. Er war also ein Geheimnisträger, und als solcher mußte er alle Kontakte zu Westpersonen beantragen und genehmigen lassen.

Da es sich hier um eine Tagung handelte, hatte Professor C. natürlich gedacht, wäre eine Genehmigung generell ausgesprochen gewesen, denn er hätte sich nicht erklären können, warum es erlaubt war, mit dem westdeutschen Kollegen in der Hochschule Kaffee zu trinken, das Kaffeetrinken aber außerhalb der Hochschule genehmigungspflichtig sein sollte.

Das aber erklärte ihm der Rektor, der von diesem unerlaubten Kaffeetrinken erst Kunde erhielt, als sich der Westdeutsche auf einer Karte (an Professor C.s Privatadresse) für das gemeinsame Kaffeetrinken bedankte. Diese Karte kam niemals bei Professor C. an. Sie lag beim Rektor als "Beweisstück". Professor C. hat die an ihn gerichtete Karte bis heute noch nicht zu lesen bekommen.

Wie die an Professor C.s Privatadresse gerichtete Karte an die Hochschule gelangte, ist eine Frage, die hier nicht untersucht werden soll. Es war jedoch kein Geheimnis, daß jeder Brief an einen Mitarbeiter der Hochschule, der aus dem westlichen Ausland stammte, von der Poststelle mit dem Vermerk "Über den Sektionsdirektor" versehen wurde, und daß der Sektionsdirektor verpflichtet war, diesen Brief zu öffnen und zu lesen, bevor er ihn weitergab.

Natürlich kam es auch vor, daß ein solcher Brief seinen "Empfänger" gar nicht erreichte, sogar daß der Brief beantwortet wurde, ohne daß ihn sein Empfänger überhaupt gesehen hatte.

So hatte einmal ein westdeutscher Kollege, der Professor C. zu einer Tagung eingeladen hatte, von der Sektionsleitung die Nachricht erhalten, Professor C. sei wegen Arbeitsüberlastung verhindert.

Es war auch vorgekommen, daß ein Parteigenosse, ein NSW-Reisekader (NSW = Nicht-Sozialistisches-Wirtschaftsgebiet), zu einer Tagung ins westliche Ausland fuhr, zu der Professor C. eigentlich eingeladen worden war, ohne daß dieser etwas davon wußte. Nur durch Zufall, durch Nachfragen eines Kollegen, der sich wunderte, daß anstelle eines Fachmannes ein Nichtfachmann auf der Tagung erschienen war, erfuhr Professor C. von den seltsamen Wegen der Übermittlung.

Auch der umgekehrte Weg führte über Umwege. Wollte man z.B. einen Sonderdruck von einem Kollegen aus dem westlichen Ausland haben, mußte man das der Bibliothek mitteilen, die dann bei dem betreffenden Fachkollegen einen Sonderdruck anforderte. Nun war diese Anforderung aber völlig anonym, führte oft zu Mißverständnissen und blieb deshalb meist erfolglos.

Professor C. jedenfalls hatte einen Verweis erhalten. Dieser war in seinen Kaderakten gespeichert worden und sollte nach einem Jahr gelöscht werden.

Jeder Mitarbeiter, Angestellte, Arbeiter hatte auf seiner Arbeitsstelle eine Kaderakte, die mit dem Beginn seiner beruflichen Tätigkeit angelegt wurde und ihn von Anstellung zu Anstellung begleitete, ohne daß sie der Betreffende je selbst zu Gesicht bekam. Die Kaderakte enthielt alle seine Beurteilungen und verfolgte den Beurteilten bis zur Pensionierung.

Professor C. war inzwischen auch an Franziskas Tisch gekommen und beteiligte sich an der Diskussion über das angekündigte Disziplinarverfahren der beiden Studenten.

"Früher dachte ich", sagte Professor C., "es sei eine Schande, ein Disziplinarverfahren zu bekommen. Aber ich habe schon viel dazugelernt: Ein Disziplinarverfahren an dieser Hochschule ist eine Ehre. Außerdem hatte mein Disziplinarverfahren auch sein Gutes: Ich bin die Sicherheitsvorlesung losgeworden. Nach dem Verfahren bin ich zum Rektor gegangen und habe ihm erklärt, man könne mir diese Vorlesung nun nicht mehr länger anvertrauen."

Franziska war weit von solchen Gedanken entfernt. Sie war noch zu sehr selbst Schüler, als daß sie es gewagt hätte, sich gegen den Rektor und die Welt aufzulehnen. Für sie war ein Verweis an einer Hochschule die verlorene Ehre schlechthin.

Sie hörte Professor C. gerade noch sagen: "Der Ausgang ist ganz klar: Er wird exmatrikuliert werden."

Franziska entschuldigte sich. Sie mußte zur Dienstbesprechung. Sie dachte: Hoffentlich wird Helmut nicht exmatrikuliert. Sie kannte ihn schon seit dem Beginn seines Studiums. Er war am Anfang sehr unbeholfen und kaum zu verstehen gewesen mit seinem vogtländischen Dialekt. Wegen der guten Beurteilung, die er von der Schule bekommen hatte, war er zunächst als FDJ-Sekretär der Gruppe eingesetzt worden. Später hatte er allzu viel mit den Genossen der Gruppe diskutiert, er wurde als ideologisch unzuverlässig abgestempelt und von einem Kommilitonen aus der Parteigruppe abgelöst. Nur in der Studentengemeinde konnte er ohne Hemmungen sprechen, er befand sich dort unter Gleichgesinnten.

Helmut tat ihr leid. Er war im letzten Studienjahr und nun dies.

Franziska mußte sich beeilen, um zur Dienstversammlung zu kommen. Anschließend sollte eine Gewerkschaftsversammlung stattfinden und eine Arbeitsschutzbelehrung. Dafür war Franziska zuständig. Seit neuestem gehörte dazu auch eine Belehrung über Zivilverteidigung. Sie mußte sich darüber erst noch informieren und wollte deshalb eine ZV-Broschüre beim Kollegen M. abholen. Dort war aufgeführt, worüber sie in diesem Monat zu sprechen hatte.

Der Straßenbahnfahrer

Kollege M., der zu einem anderen Lehrstuhl gehörte, erwartete sie bereits. In diesem Monat sollten sie über den Ausbau von Schutzräumen in den Kellern von Wohngebäuden belehrt werden. Ein solcher Schutzraum war zur Ansicht in einem Hochschulgebäude eingerichtet worden.

"Das muß ich Ihnen unbedingt erzählen", begrüßte ihn Franziska. "Raten Sie, mit wem ich heute früh zur Hochschule gefahren bin?"

"Nicht schwer", sagte Kollege M. trocken. "Er fährt jetzt die Hochschullinie der Straßenbahn."

Der Straßenbahnfahrer war Kollege Dr. L., der ehemalige Freund des Kollegen M. Ob er auch jetzt noch sein Freund war, blieb sein Geheimnis.

Kollege Dr. L. hatte sich eigentlich nichts zuschulden kommen lassen. Er war ein auch bei den Genossen allgemein beliebter Mitarbeiter, der gute Vorlesungen hielt und wissenschaftlich tätig war. Er hatte nur eins verbrochen: DEN ANTRAG gestellt. DER ANTRAG - das war ein fester Begriff. Das bedeutete: Ausreiseantrag in die Bundesrepublik.

Als der Sektionsdirektor davon erfuhr, hatte er ihn mitten aus der Mathematikvorlesung holen lassen und vom Dienst suspendiert. Schon um selbst keinen Fehler zu begehen.

Kollege L. fand schließlich eine Anstellung bei der Straßenbahn, die einzige Institution, die ihn genommen hatte. Man suchte händeringend Leute, um den städtischen Nahverkehr aufrechtzuerhalten. Niemand wollte in Schichten rund um die Uhr arbeiten.

"Einen Vorteil hat die Stelle", sagte er zu Franziska, als sie am Morgen zu ihm in die Straßenbahn eingestiegen war, "hier kann man alles sagen, hier nimmt einem niemand etwas übel. Und an mir scheiden sich die Geister. Die Genossen steigen hinten ein, wenn sie mich sehen, die Freunde vorn. - Siehst du den Sektionsdirektor zum hinteren Wagen rennen?", fragte er Franziska.

"Er hat mich auch gesehen."

Dienstversammlung

Inzwischen hatte sich Franziska ein wenig über Schutzräume informiert. - Im Falle eines Atomangriffes sollten sie benutzt werden.

Ein Schutzraum mußte eine Stahltür haben, gut schließende Fenster, die Decke war mit Balken abzustützen, Notbetten, Verbandszeug, Eimer, Schaufeln, Sand und Trinkwasser sollten vorrätig sein.

Sie saßen schon fast alle um den großen Tisch im Versammlungsraum, der früher einmal eine Küche des Studentenwohnheims gewesen war. Die Fliesen über dem ehemaligen Herd waren noch erhalten und mit einem Stoffvorhang verdeckt. Es gab zwar eine Tafel, aber kein Wasser im Raum. In einer ehemaligen Küche müßte es doch Wasser geben, dachte Franziska. Wahrscheinlich hatte man die Leitungen entfernt, bevor man wußte, welcher Bestimmung dieser Raum zugeführt werden würde. So stand ein Eimer mit einem Schwamm neben der Tafel. An den Wänden hingen geschmacklose Souvenirs und Prämienteller mit Inschrift. Die Gardinen waren zu kurz.

Ein Stockwerk höher sah es etwas besser aus, dort war der vom Sektionsdirektor bevorzugte Versammlungsraum. Diese Bevorzugung hatte zur Folge, daß in diesem Raum ein Teppich lag, weshalb aber die Tafelbenutzung von der Chefsekretärin nicht erwünscht war, da sie den Teppich reinigen mußte.

Die Reinigung war auch eines der ungeklärten Probleme an dieser Hochschule. Anfangs gab es noch Reinigungskräfte, die aber ständig wegen zu geringer Bezahlung und der Arbeit an sich wegliefen. Jeder Mitarbeiter mußte deshalb später sein Zimmer selber reinigen.

Das Problem war dann, wer wohl die Versammlungsräume oder die von Studenten genutzten Räume reinigen sollte.

Professor C. z.B. weigerte sich strikt, sein Zimmer selbst zu reinigen. So kam seine Frau (auch Doktor der Naturwissenschaften), die sehr ordentlich war, am Sonnabend - damit es niemand sah - in die Hochschule und putzte sein Zimmer.

Als dieser Zustand ganz unhaltbar wurde, gab man die Reinigung der Sektion bei einer Firma in Auftrag. Während früher Frauen für wenig Geld putzten, reinigten nun Männer für viel Geld. Die einen langsam, die anderen auf Leistung. Die Frauen hatten ihr Auskommen längst in der Verwaltung gefunden, da war es warm und weniger anstrengend. Niemand konnte arbeitslos werden.

Ein besonderer Ort war die neben dem Versammlungsraum des Sektionsdirektors gelegene Toilette. Sie war abgesperrt. Der Sektionsdirektor war der Ansicht, daß man dort mithören könne, was im

Versammlungsraum gesprochen wurde. Es habe einen Fall gegeben, wo jemand die Geheimnisse ausgeplaudert habe, die er nur auf der Toilette gehört haben konnte. (Männer WC). Also wurde diese Toilette geschlossen, und Geheimes konnte hinter verschlossenen Türen geheim bleiben.

Zugang zu diesen Geheimsitzungen hatten nur Genossen. Nichtgenossen sollten nur die Arbeiten erledigen, die man ihnen auftrug. Kreativität war nicht gefragt. Man bekommt eine Aufgabe und soll sie lösen. Aber wie soll man sie lösen, wenn man keinen Gesamtüberblick hat? Franziska war der Meinung, es sei nur dann möglich, gute Arbeit zu leisten, wenn man den Sinn der Aufgabe erkennt. Ohne Begeisterung und ohne persönliches Engagement kann man nicht wissenschaftlich arbeiten. Deshalb sieht man hier überall mißmutige Gesichter. Lustlosigkeit hat sich ausgebreitet. Es fehlt an Elan und Kraft.

Wir sind nur ein Sprachrohr, dachte Franziska. Wir bekommen gesagt, was wir tun und sagen sollen. Aber der Lehrstuhlleiter ist auch nur ein Sprachrohr. Er bekommt vom Sektionsdirektor gesagt, was er sagen soll. Der SD (Sektionsdirektor) wiederum geht zum Rektor und bekommt gesagt, was er sagen soll, und der Rektor schließlich wird vom Volksbildungsministerium angewiesen.

Parallel zu den Informationen von oben nach unten laufen - in umgekehrter Richtung - die Parteiinformationen von unten nach oben. Den Tag der Montagsparteiversammlung einmal pro Monat reserviert sich jeder Genosse in seinem Terminkalender. Auf der unteren Ebene gibt es die Parteiversammlungen der Arbeitsgruppe.

Einem Nichtparteimitglied ist das Geschehen an einer Hochschule ein Buch mit sieben Siegeln.

Darüber sollte ich nicht nachdenken, überlegte Franziska, und widmete sich nun voll dem Vortrag des stellvertretenden Lehrstuhlleiters, der ein anerkannter Genosse war, auch bei der Staatssicherheit und - wie schon erwähnt - Leiter der Kampfgruppe der Hochschule. Franziska hielt ihn für einen anständigen Genossen, da er um der Sache willen und nicht nur wegen der Karriere in der Partei war. Natürlich war auch er völlig der Parteidisziplin unterworfen. Von ihm kann ich also nichts Positives erwarten, dachte sie.

Der stellvertretende Lehrstuhlleiter, der den Lehrstuhl leitete, weil der eigentliche staatliche Leiter - Professor Bart - Stellvertreter des Rektors für Wissenschaft und Technik geworden war, hieß Armin. So redete ihn jedermann an, und er bot jedem, mit dem er nicht per Du war, das "Du" einfach an, falls er es nicht vergaß und gleich "Du" sagte. Armin war auf der Leitungssitzung des Sektionsdirektors gewesen und gab nun wieder, was dieser gesagt hatte, natürlich ausgewählt, ebenso wie schon der Sektionsdirektor Ausgewähltes erzählt hatte, von dem, was er beim Rektor gehört hatte.

Man sollte nun meinen, die Sitzungen wären nach unten hin kürzer geworden. Aber das war ein Irrtum. Denn hier - an der Basis - sollte auch die Rückmeldung einsetzen. Man begann zu diskutieren und zu notieren, was wieder nach oben gemeldet werden sollte, was also der Lehrstuhlleiter dem Sektionsdirektor melden sollte, damit dieser auswählen konnte, was er dem Rektor melden sollte usw.

Diese Kette ging wieder bis zum Hochschulministerium, und wenn es ganz hoch kam, fand eine Hochschulkonferenz statt, und da waren Referate zu halten.

Also, die Basis sind wir, dachte Franziska, die ist auch ganz schön wichtig. Unter uns gibt es die Studenten, aber für diese sind außer den ausbildenden noch die erziehenden Kräfte zuständig, vom Seminargruppenberater über den stellvertretenden Sektionsdirektor für Erziehung und Ausbildung nach oben.

Armin sprach über die Arbeitszeit, die Arbeitsproduktivität, die Anzahl der Veröffentlichungen - und stellte wie immer fest, daß sie im Wettbewerb um die Verteidigung DES TITELS gar nicht schlecht lägen. Jeder Zuhörer wußte natürlich, daß das meiste eine Farce war, aber niemand hätte in diesem Moment gewagt, die Angelegenheit nicht ernst zu nehmen und die Sache nicht genauso positiv zu sehen wie Armin. Weiter ging es um die Erziehung der Studenten ("Da müssen wir ranklotzen", sagte Armin). Von Helmut sagte er noch nichts. Das wird ein schönes Theater geben, dachte Franziska. Und ausgerechnet meine ehemalige Seminargruppe!

Ohne eine Rüge kam Franziska auch diesmal nicht davon. Armin entdeckte, daß sie als einzige keine Vorschläge für die Verteidigung DES TITELS gemacht hatte. Er stellte mangelndes Interesse bei ihr fest und hoffte, daß sich das ändern würde.

Schließlich - als wundesten Punkt - wurde über die Prämien gesprochen.

Alle zwei Jahre hatte man die Chance, für eine Prämierung vorgeschlagen zu werden. Die Gelder waren gekürzt worden. Es konnte also nicht jeder Mitarbeiter alle zwei Jahr eine Prämie bekommen, weil das Geld dafür nicht ausreichte. Die nicht Vorgeschlagenen waren meist die Nichtgenossen.

Das muß man schon beinahe einsehen, dachte Franziska. Als Nichtgenosse stellt man für den Staat weniger dar als ein Genosse und bekommt deshalb keine Prämie. Man liegt nicht auf der Führungsebene des Staates. Zumindest an dieser Stelle müßten die Genossen froh sein, daß es noch Nichtgenossen gibt. So wissen sie, wen man bei der Prämienverteilung aussparen kann.

Es wurden einige Beurteilungen für die Prämienverteilung vorgelesen. Diese hatte der stellvertretende Lehrstuhlleiter verfaßt, sie wurden auf der Versammlung diskutiert und kamen dann zu den Kaderakten. Bei Franziska wurde begründet, warum ihr keine Prämie zustände. Hätte man gesagt, daß das Geld nicht reiche, so wäre ihr das recht gewesen. Sie hätte sogar gern freiwillig auf die Prämie verzichtet, wäre ihr die jährliche Beurteilung dadurch erspart geblieben. Wer nämlich in dem Jahr, in dem er "drangewesen" wäre, keine Prämie bekam, wurde im nächsten Jahr erneut vorgeschlagen und bekam eine Beurteilung. (Meine jährliche Verurteilung, dachte Franziska).

Es ging auch um die Erfüllung der gesellschaftlichen Pflichten. Armin forderte alle auf, am Forum teilzunehmen, das die Gruppe organisiert hatte. Sie wollten vollzählig erscheinen.

Gewerkschaftsgruppenversammlung

Mit dem Thema *Forum* hatte Armin schon zur Gewerkschaftsversammlung übergeleitet, die anschließend stattfand. Nun ging es um die TITELverteidigung, um den Hochschulkollektivvertrag, um das leidige Thema Mensaessen. Zweimal im Jahr, wenn das Heizwerk gereinigt wurde, gab es nur Kaltverpflegung. Die Mensa hatte dann keinen Dampf und konnte nicht kochen.

Wenn das mein einziges Problem wäre, dachte Franziska, wäre ich glücklich. Sie sah zum Fenster hinaus, recht intensiv, die Sonne schien, und schrak zusammen, als der Versammlungsleiter sie rügte : "Es wundert mich doch, Franziska, daß du unseren Problemen so wenig Aufmerksamkeit entgegenbringst."

Auch Stillsein ist verboten, dachte Franziska. Ihr Vater, der Technischer Leiter einer Karbidfabrik gewesen war, hatte immer gemeint: "Ein Tag ist dann erfolgreich verlaufen, wenn es mir gelungen ist, bei den morgendlichen Versammlungen beim Werksleiter (die er "Roter Treff" nannte), den Mund zu halten. Dann habe ich mein Geld verdient."

Das gilt heute nicht mehr, dachte Franziska.

Endlich kam sie als Arbeitsschutzverantwortliche an die Reihe. Sie sagte wie immer dasselbe: Was macht man bei Ausbruch eines Brandes, wo treffen sich die Mitarbeiter der Sektion nach Ausbruch eines Brandes, welche Alarmzeichen bedeuten welche Gefahr. Sie erläuterte die Alarmzeichen einmal im Monat, aber noch nie hatte sie sich jemand gemerkt.

Nun hatten es alle eilig, man klappte die Mitschreibehefte zusammen. Franziska beeilte sich. Nicht gar zu eilig, das ergäbe eine Rüge, sie nähme ihre Aufgabe nicht ernst, aber auch nicht zu langsam, schließlich wollte der stellvertretende Lehrstuhlleiter auch in die Kaffeestube. Franziska ließ noch alle Mitarbeiter in ein dafür vorgesehenes Heft unterschreiben, daß sie belehrt worden waren, und kündigte an, daß man noch den Musterraum für den Zivilschutz besichtigen werde, der für diesen Zweck in der Hochschule eingerichtet worden war.

Dieser Musterraum befand sich im Keller des nächsten Gebäudes. Eine kolossal verstärkte Tür mußte geöffnet werden. Man fand alles, wie beschrieben: die Notbetten, den Sand, das Reservewasser, das Verbandszeug, die Schaufeln und die Arbeitsgeräte. Armin wies noch darauf hin, daß am Wochenende in den südlichen Neubauten der Stadt ("Golanhöhen") ein Probealarm stattfinden werde.

Der Gewerkschaftsgruppenvorsitzende beendete die Versammlung. Alle waren schon ungeduldig. Franziska atmete auf. Sie fragte die Lehrstuhlsekretärin, ob sie sie zum Kaffee einladen dürfe.

Franziska ging mit der Sekretärin in die Kaffeestube. Die anderen gingen auch dorthin, setzten sich wieder gemeinsam an einen Tisch, konnten sich wieder nicht unterhalten und mußten wieder auf jedes Wort achten, das sie sagten. Franziska wollte das eigentlich vermeiden. Frau H. und sie (sie waren per Sie, also ganz gut befreundet) wollten endlich einmal ohne Zeugen reden und setzten sich an einen kleinen Extratisch. Die bösen Blicke der Leitung fühlten sie im Rücken.

"Wissen Sie, am meisten bedaure ich bei den Versammlungen die verlorene Zeit", sagte Frau H. "Ich muß mich um die nächste Tagung kümmern. Professor Bart überläßt mir die Organisation. Er hat gesagt, alles genauso wie bei der letzten Tagung. Das war unendlich viel Arbeit. Jetzt schreibe ich alle Einladungen einzeln mit der Schreibmaschine. Aber ich muß auch die finanzielle Abrechnung machen."

"Eine mathematische Tagung können Sie doch unmöglich allein bewältigen", bemerkte Franziska. "Man muß doch auch über die fachliche Seite Bescheid wissen."

"Da hilft mir Hans", erwiderte Frau H.

Kollege Hans H. war ein sehr ängstlicher Nichtgenosse, der schon einmal mit der Partei in Konflikt gekommen und deshalb immer bereit war, die Arbeit des Chefs zu übernehmen.

"Eigentlich wäre der Chef zuständig. Doch der läßt alles laufen."

"Zur Weihnachtsfeier sehen wir ihn wieder", spottete Franziska.

"Manchmal habe ich die Nase voll", seufzte Frau H. "Eigentlich arbeite ich ja nur bis 13 Uhr", aber oft schaffe ich die Arbeit nicht. Heute habe ich auch eine Ausnahme gemacht wegen der Versammlung, damit sie nicht denken, ich wäre dagegen. Für meine Arbeit bekomme ich im Monat nur 400 Mark, das ist wirklich nicht viel."

"Vielleicht wäre es besser, wenn Sie voll arbeiten würden."

"Das kann ich nicht. Ich habe noch meine 87jährige Schwiegermutter zu versorgen. Ich kann sie nicht so lange allein lassen."

"Ich weiß wirklich nicht, was ich Ihnen raten soll. Suchen Sie sich etwas Schönes, woran Sie Freude haben."

"Wenn ich Zeit habe, male ich gern. Natürlich nur einfache Dinge. Ich habe auch einen intelligenten Briefpartner."

"Vielleicht können Sie ihn mal besuchen. Reisen bringt Abwechslung."

"Ich bringe es höchstens bis zur Ostsee. Meinen Briefpartner kann ich erst als Rentnerin besuchen. Er wohnt in Westdeutschland. Ich muß auch daran denken, mir mit 57 Jahren eine neue Stelle zu suchen. Wie Sie wissen, bin ich VD-verpflichtet (VD = vertrauliche Dienstsache) und müßte deshalb noch drei Jahre nach Renteneintritt warten, bevor ich in den Westen reisen darf. Dabei ist die ganze VD-Verpflichtung unnütz. Ich verzichte gern auf die Einsicht in die vertraulichen Dienstsachen. Mit 57 suche ich mir bestimmt etwas anderes!"

"Wo Sie schon beinahe den Chef vertreten", lachte Franziska.

Sie standen auf und gingen.

Forschungsplanung

Auf Franziskas Schreibtisch lagen einige Formulare vom Direktorat für Forschung, die sie ausfüllen sollte. Das muß ich heute unbedingt noch erledigen, dachte sie, sonst gibt es Ärger mit dem Direktorat. Das kann ich mir nicht leisten.

Franziska ärgerte sich über den bisherigen Tag. Sie war nicht zu der Arbeit gekommen, die sie als eigentliche Arbeit betrachtete. Sie hatte noch keine Minute über ihre mathematischen Probleme nachgedacht, - und dabei hatte sie sich verpflichtet, noch in diesem Jahr eine Veröffentlichung einzureichen.

Man mußte immer schon im Vorjahr einen Plan über die wissenschaftliche Arbeit des nächsten Jahres machen. Jeder hatte eine bestimmte Kennziffer für seine wissenschaftliche Arbeit, ein Oberassistent etwa 0,4 VBE (Vollbeschäftigteneinheiten), d.h. er sollte sich in 40% seiner Arbeitszeit mit wissenschaftlicher Arbeit beschäftigen.

Um kein Risiko einzugehen, war es üblich, die im Vorjahr erforschten Werke als Forschung für das nächste Jahr zu planen. Man hatte also Vorlauf und plante das bereits Erforschte.

Das Ausfüllen der Formulare war nicht ganz einfach, wie sich sich herausstellte. Es mußte jeweils auch die praktische Bedeutung der Forschungsaufgaben erläutert werden, und zwar so, daß ein Laie im Direktorat die Aufgaben für bedeutungsvoll hielt, denn obwohl die Leute im Direktorat für Forschung nichts von der Forschung verstanden, hatten sie die Macht, die Forschung zu genehmigen oder abzulehnen. Hätten sie sie nicht genehmigt, wäre ein Jahr Forschungsvorlauf verloren gegangen. Nicht auszudenken!

Forum

Nun mußte Franziska aber schnell zum Forum. Sie war wieder einmal eine der letzten. Es sprach ein Genosse von der Nationalen Volksarmee, den ihre Gruppe eingeladen hatte - alles mit Blickpunkt auf DEN TITEL und den Wettbewerb.

Der Genosse war ein Offizier und redete über die großen Verteidigungsanstrengungen, die wegen der Aggressionspolitik der USA erbracht werden müßten.

"Ihr wißt gar nicht", sagte er, "wie nah wir am Krieg vorbeigegangen sind. Weil Atomraketen in Westeuropa stationiert worden sind, müssen wir unsere Verteidigungsanstrengungen erhöhen. Auch den Gürtel ein wenig enger schnallen. Wenn Ihr einmal in der Kaufhalle nicht alles findet, was Ihr kaufen möchtet, so liegt das daran. Das ist unser Beitrag zur Verteidigung."

Lieber nicht verteidigen, dachte Franziska. Aber das war nur so ein Gedanke. So etwas darf man hier aber nicht einmal denken. Sie schaute sich um. Niemand hatte ihre Gedanken bemerkt. Wie ängstlich ich schon bin. Der Genosse war ihr unsympathisch.

Sie haßte es, immer etwas anderes tun zu müssen, als sie wollte, und wünschte sich förmlich an ihren Schreibtisch, ihre Arbeit vor sich, Ruhe und Stille.

Das wäre schön, dachte sie, wenn ich arbeiten könnte.

Ob dies ein Verteidigungsforum ist? Kürzlich gab es ein Friedensforum in der Mensa der Hochschule. Da mußte sie auch hingehen. Es gab nur geladene Gäste mit Eintrittskarten. Man wollte mit den Friedensbewegungen im Westen mithalten und spontane Bewegungen im Osten unterbinden, indem man welche organisierte.

Hoffentlich muß ich nicht wieder einen Appell unterschreiben oder gar eine Wandzeitung im Flur gestalten. Das haßte sie besonders. Nicht immer war das Wandzeitungsthema so harmlos wie das letzte, wo sie sich über den Tourismus in der Sowjetunion ausgelassen hatte.

Sie war ein Jahr als Zusatzstudent in Moskau gewesen und kannte sich dort ganz gut aus. Sie hatte Mittelasien besucht, wo ihr die Einheimischen sofort von der Unterdrückung durch den Zaren erzählten, die sich dann unter der Sowjetmacht fortsetzte.

Sie hatte nie Probleme in der Sowjetunion gehabt. In Tallin (Estland) ließ man in der Gaststätte alle anderen Gäste sitzen und kümmerte sich nur noch um sie, als man sie als Deutsche identifiziert hatte.

Überall hatte man sie freundlich empfangen, und sie hätte gern einmal eine Wandzeitung über die Judendiskriminierung in der Sowjetunion gemacht. Viele ihrer Freunde im Ausland waren jüdische Mathematiker, so auch in der Sowjetunion. Ihr Freund Michail hatte sich zwar habilitiert, was ihn berechtigt hätte, Professor an einer Universität zu werden, aber, da man gerade beschlossen hatte, die Zahl der Juden an den Universitäten einzuschränken, wurde seine Prüfungskommission aufgelöst, bevor er die Urkunde erhalten hatte. Es wurde eine neue Kommission gebildet, die neu abstimmte und diesmal mit dem gewünschten negativen Ergebnis.

Franziska dachte an ihre Freunde in Moskau und an ihre Leiden. Sie erinnerte sich an die vielen Fahrten in der Sowjetunion, an Jasnaja Poljana, das Gut Tolstois, zu dem sie mit der Vorortbahn von Moskau (2oo km) und danach weiter mit der Vorortbahn von Tula gefahren war, auch an das Grab von Pasternak. Ganz deutlich stand ihr der Hügel vor Augen, von dem man über russische Birkenwälder blickte, daneben ein kleines Grab, mit einem einfachen Grabstein, das Grab seiner Frau.

Sie war mit bedeutenden Momenten der russischen Geschichte konfrontiert worden, aber auch mit der allgegenwärtigen Misere: dem Schlangestehen, den Verkaufsmethoden (Fleisch vom Gefrierblock abgehackt) und mit der Normierung des sowjetischen Lebens, mit der Durchorganisierung des riesigen Reiches, die sie auch an vielen Nebensächlichkeiten (Verkäufer mit weißen Kopftüchern von Tallin bis Mittelasien) feststellen konnte.

Auch dieses Forum ging einmal zu Ende. Spät und mit Blumen, Dankesworten. Alles geplant.

Franziska eilte in Richtung Studentenwohnheime, um dort eine Zimmerbesichtigung bei den Mathematikstudenten vorzunehmen. Sie verabscheute diese Eingriffe in die Privatsphäre. Heute war ihr das besonders unangenehm. Sie dachte an Helmut.

Sie trug sich in das Einlaßbuch ein. Die am Eingang sitzenden Studenten kannte sie. Sie hatte einmal auf einer Versammlung mit ihnen über das Studium und dessen Ziele diskutiert. Sie wunderte sich über die Lustlosigkeit der Studenten, die wohl daher rührte, daß sie meinten, nach dem Studium würde sowieso alles nicht mehr gebraucht.

In Franziska brannte noch eine Begeisterung, die sie den Studenten zu übermitteln versuchte. Wenn man sich ernsthaft mit einer Sache beschäftigt, hatte sie zu ihnen gesagt, so wird man bald ganz von ihr gefangen genommen.

Aber oft hatte sie in uninteressierte Gesichter geschaut. Vielleicht hatten die Studenten gar keine Vorstellung von ihrem Studienfach, dachte sie. Gewiß war auch nachteilig, daß ein Studienwechsel so gut wie unmöglich war. In Extremfällen hatten sich die Studenten für ganz andere Fächer beworben und waren dort immatrikuliert worden, wo man noch Studenten suchte. Der Fall einer Studentin war ihr bekannt, die sich für Tanz beworben hatte und einen Ökonomiestudienplatz erhielt. Da ist jede Hoffnung auf ein Engagement für das Fach vergebens.

Franziska versuchte, die Studenten in ihrer Vorlesung für ihr Fach zu begeistern. Ohne persönliches Engagement können keine großen Leistungen erzielt werden, dachte sie.

Mathematikvorlesung an der TH Karl-Marx-Stadt

Wohnheim

Franziska machte ihren vorgeschriebenen Rundgang durch das Wohnheim. Studentenrevolten waren in diesem Wohnheim noch nicht vorgekommen. Einmal gab es einen Protest, bei dem mit Wasser gefüllte Plastiktüten aus den oberen Stockwerken geworfen wurden. Aber das war auch schon alles gewesen. Wurde der Vorfall auch hart verfolgt und bestraft, so sah Franziska ihn doch als Lappalie an - und sie bedauerte, daß die Studenten allzu ergeben waren.

Was bei Nichtergebenheit zu erwarten war, das wurde mit Helmut demonstriert. Es hat wohl keinen Zweck, dachte Franziska, sich nicht zu fügen.

Leider begleitete sie der Wohnheimassistent, Genosse U., auf ihrem Rundgang durch das Wohnheim. Sie mußte mit ihm von Zimmer zu Zimmer gehen und sich in den Zimmern umschauen. Ein persönliches Gespräch mit den Studenten war so nicht möglich. Genosse U. bemängelte die Bilder in einem Zimmer. Er wünschte durchschnittsfröhlichen Wandschmuck. Man darf sich nicht auf die Fensterbretter setzen, sagt er. Auch wenn Franziska Genossen U. in diesem Punkt völlig recht gab, so war ihr der Wohnheimbesuch doch in erster Linie peinlich und sie war froh, als sie diese Angelegenheit ohne allzu großen Zeitaufwand hinter sich gebracht hatte.

Nach Hause

Sie eilte nach Hause. Die Straßenbahn kam mal wieder nicht. Wie in Dresden, dachte Franziska, da konnte man ab und zu eine große Freude erleben, wenn die Straßenbahn tatsächlich endlich kam. Ihre Kinder würden schon auf sie warten.

Vielleicht hatten sie noch nicht zu Mittag gegessen. Dann mußte sie noch etwas kochen. In der Schule konnten sie zwar am allgemeinen Schulessen teilnehmen, aber das Essen war so schlecht und die Schlange davor so lang, daß ihre Kinder darauf verzichteten.

"Du kaufst die Essenmarken umsonst", sagten die Kinder. "Wir gehen nicht zur Schulspeisung."

Seitdem kochte Franziska für die Kinder, manchmal kochten die Kinder auch selbst. Oftmals vergaßen sie aber sogar, das vorbereitete Essen anzuwärmen.

"Wir haben keine Zeit gehabt" oder "Wir haben es vergessen", sagten sie dann, und Franziska fühlte sich gleich wieder schuldig, weil es ihr nicht gelang, Arbeit und Familie unter einen Hut zu bringen. Entweder litt die Arbeit oder die Familie, beides gleichzeitig zu meistern, schaffte sie nicht. Die Kinder waren glücklicherweise sehr selbständig und zuverlässig.

Franziska begann zu überlegen, was sie jetzt zuerst machen sollte. Die Kaufhalle befand sich in ihrem Stadtteil, wo es keine Neubaublöcke gab, nur ein alter Laden, der zur Selbstbedienung umgebaut worden war. Sie schaute schnell noch hinein. Sicher hatten sie kein Brot mehr zu Hause.

Viel konnte man von diesem Laden nicht erwarten. Franziska erinnerte sich noch mit Schrecken an die Zeit, in der es keine Butter zu kaufen gab. Sie mußte überall selbst nachfragen, denn an Kinder wurde keine Butter verkauft. So hatte es keinen Zweck, die Kinder einkaufen zu schicken. Ob diese Periode der mangelnden Milchprodukte auf das "Gürtelengerschnallen" zurückzuführen war, von dem der Offizier heute gesprochen hatte, oder auf bloße Versorgungsschlamperei, das wußte Franziska nicht. Kurioserweise hatte sie damals ein Paket, das ihre Kinder nach Polen schicken sollten, wieder ausgepackt und den Inhalt selbst verbraucht. Das Paket war stehengeblieben, weil die Kinder die polnische Adresse verloren hatten. So schlimm wird es hoffentlich nicht bald wieder kommen, dachte sie.

Das Angebot in der Kaufhalle war wirklich nichts wert: Die Milch war alle, das Brot von gestern, und Obst gab es sowieso nicht. Daß dieser Laden auch hin und wieder Bananen führte, das erfuhr sie nur von der Nachbarin, die für eine Verkäuferin aus diesem Laden schneiderte. Eine Sorte Käse war im Angebot.

"Wein sollten Sie kaufen", sagte die Verkäuferin, "wir wissen nicht, ob wir in diesem Monat noch einmal welchen bekommen".

Franziska wollte Milch und kaufte Wein. Man kaufte immer, was es gab, und nicht, was man wollte. War in der Apotheke Zellstoff zu haben oder Kamillentee, so schlug man sofort zu. Beim Fleischer stand man nach den 100 g Schinken, die jeder Familie am Wochenende zugeteilt wurden, Schlange. Ohne Schlange kein Schinken.

Ein junges Ehepaar hatte den Fischladen an der Ecke übernommen, war aber wegen mangels an Fischwaren schon am Überlegen, ob es den Laden nicht wieder abgeben sollte. Franziska kaufte dort nichts. Der Fisch wurde in Zeitungspapier eingepackt. Sie stellte sich dabei immer ein stilles Örtchen vor, wo man mangels Toiletten auch Zeitungspapier verwendete. Als sie das Zeitungspapier bemängelt hatte, hatte sie der Verkäufer verwundert angeschaut· Auch Zeitungspapier hätten sie nicht genügend, das würden manchmal Käufer mitbringen. Fischsalat wurde in alten ausgewaschenen Plastikbechern verkauft, die die Kunden ebenfalls mitbrachten. Da verging Franziska der Appetit. Hygienebestimmungen scheint es nicht zu geben, dachte sie. Vielleicht bin ich nicht überlebensfähig.

Dabei fiel ihr die Schule wieder ein. Stichwort: Hygienebedingungen.

In der Schule wurden häufig Soli(Solidaritäts)basare durchgeführt. Die Schule sammelte Geld und schickte dann das Geld auf ein

Spendenkonto. Dafür gab es auch einen Wettbewerb zwischen den Klassen. Die Kinder bastelten Topflappen, brannten Muster auf Holzlöffel, klöppelten und handwerkelten. Eine weitere Möglichkeit, zu Geld zu kommen, war die, Kuchen zu backen und ihn in der Schule zu verkaufen. Manche Klassen verkauften auch bestrichene Fettbrote. Manchmal kauften Schüler ihren eigenen Kuchen.

Viel Geld hatte sie in der Kaufhalle nicht ausgeben können. Essen war für Franziska nicht das Wichtigste. Manchmal malte sie sich aus, wie schön es wäre, eine Banane oder eine Apfelsine zu essen - oder gar eine Ananas. Die Kinder konnten solche Genüsse bildlich beschreiben, so daß einem das Wasser im Mund zusammenlief.

"Solange wir Brot und Butter haben", sagte Franziska, "geht es uns gut."

Zu Hause stellte sie fest, daß die Kinder die Kellertür offengelassen hatten und spielen gegangen waren. Die Haustür war verschlossen. Kinder allein im Haus zu lassen, war eben ein Risiko, aber Franziska sah dazu keine Alternative.

Aus ihrem Haus war noch niemals etwas gestohlen worden. Aus ihrem Garten um so mehr. Sie hatte ihre ehemaligen Handwerker im Verdacht, aber es war auch nicht ausgeschlossen, daß es

DIE FREUNDE

gewesen waren. Am Ende der Straße gab es ein sowjetisches Nachrichtenbatallion. Die höheren Armeeränge (niedere durften die Kaserne nur in der Gruppe verlassen) entfalteten einen regen Handel. Man verkaufte Armeebenzin unter der Hand. Eines Tages klingelte es, und zwei sowjetische Offiziere wollten Uhren verkaufen. Franziska schlug sie mit ihren Russischkenntnissen in die Flucht.

In den anliegenden Gartensiedlungen wurde oft eingebrochen. Die Täter waren bekanntermaßen Batallionsmitglieder. Die DDR-Volkspolizei griff in solchen Fällen nicht ein. Für die Gerichtsbarkeit waren die sowjetischen Streitkräfte selbst zuständig.

Franziska erinnerte sich an das letzte gesellige Beisammensein der Gewerkschaftsgruppe in einer Waldgaststätte. Dabei wurde einer ihrer Kolleginnen der Mantel gestohlen. Es war Winter, und die Kollegin hatte ihren Pelzmantel am Eingang der Gaststätte aufgehängt. In der Gaststätte saß auch ein russischer Offizier, und draußen wartete sein Fahrer mit einem Jeep auf ihn. Als man den Mantel suchte, fand man ein Zipfelchen aus dem Jeep herauslugen und meldete das dem Offzier. Der Offizier verprügelte daraufhin seinen Fahrer vor allen Augen so sehr, daß die Kollegin bereute: "Hätte ich doch diesem armen Schwein meinen Mantel geschenkt. Ich habe doch noch einen anderen."

So leicht ist es nicht immer mit dem Verzeihen. Ein Freund erzählte Franziska, er sei hinter einem sowjetischen Lastwagen hergefahren, als dieser einen Container verlor, der auf die Kühlerhaube seines Trabants stürzte, so daß er gerade noch mit dem Leben davonkam, weil er noch weit genug entfernt war. Dieser Freund konnte dem sowjetischen Fahrer nicht so schnell vergeben, zumal auch eine neue Trabantkühlerhaube schwer genug und nur nach wochenlangem Suchen in Werkstätten zu beschaffen war.

Von sowjetischen Fahrzeugen Abstand zu halten, was Franziskas Freund nun gelernt hatte, empfahl sich noch stärker bei sowjetischen Panzern.

Die Panzer, die Franziskas Haus nachts erschütterten, hatten so gut wie keine Beleuchtung. Ein schwaches Licht verbarg sich hinter der Scheinwerfervergitterung. Möglicherweise geben die Scheinwerfer so wenig Licht, damit sie der Feind nicht sieht, überlegte Franziska. Aber die Panzerfahrer sehen jedenfalls auch nichts, nicht einmal unsere Straße.

Abweichungen von der Straße konnte Franziska am nächsten Morgen anhand der Spuren feststellen. Beruhigt dachte sie jedoch, daß man zuerst den großen Ahornbaum vor ihrem Haus umfahren müßte, ehe man das Haus anfahren könnte. Der Ahornbaum war gewaltig und schon sehr alt. Nur einen Ahornbaum bin ich von der Panzerkolonne entfernt, dachte sie.

Die Panzerfahrzeuge waren farblich getarnt. Hinter ihnen kamen meist Raketenfahrzeuge, die ihre Raketen unter Hauben und Stoffbezügen verbargen. Einfach und wirkungsvoll. Die Kinder, die Franziska ausdrücklich vor den Panzern warnte, amüsierten sich am meisten über die sowjetischen Lastwagen mit Aufbauten aus Holz, aus denen ein Ofenrohr herausschaute, das zu einem Kanonenöfchen im Inneren gehörte. Daß es so etwas heute noch gibt, sagten die Kinder, heute, im Zeitalter der Weltraumfahrt.

Zu sowjetischen Familien, die in den ehemaligen kaiserlichen Kasernen wohnten (für höhere Ränge hatte man neue Häuser gebaut), bekam man keinen Kontakt, da Kontakte von der sowjetischen Seite nicht erlaubt waren. Die Kinder bekamen manchmal von einem Wachposten sowjetische Abzeichen geschenkt. Die Kontakte zu den sowjetischen Kindern beschränkten sich auf das Verborgen von Fahrrädern, wenn sie sich beim Spielen im Wald trafen. Die russischen Kinder gingen in eine separate sowjetische Schule ohne Deutschunterricht und konnten, so erzählten Franziskas Kinder, außer "Nicht verstehen" und "Schwein" nichts auf deutsch sagen.

Manchmal trafen sie auch eine Kolonne verschwitzter junger Männer in schwerer Armeekleidung mit Gepäck, die von ihren Kommandeuren durch den Wald gejagt wurden. Meistens blieben die sowjetischen Soldaten aber auf dem eingezäunten Gelände oder in ihrem Übungsgelände. Trotzdem sah es hinter der Kaserne aus wie in "Kleinsibirien". Dort lagen Kohlehaufen und Ascheberge, weil dort das Heizwerk der Kaserne stand. Etwas weiter entfernt gab es Feuerstellen (im deutschen Wald eigentlich undenkbar) mit kleinen Hütten aus Baumstämmen, neben denen die sowjetischen Familien am Sonntag lagerten. Wer die Moskauer Birkenwäldchen kennt und die Vorliebe der Russen für Lagerfeuer, der findet nichts daran. Nur in Deutschland entsprach das Feuermachen im Wald nicht der Brandschutzverordnung.

Auch die Kasernen luden nicht zum Verweilen ein. Die Kellerfenster waren zugemauert, die Bodenfenster dauernd offen, Glas war durch Pappe ersetzt worden, als Lampen dienten Glühbirnen, als Gardinen teilweise alte *Prawda*-Ausgaben. Die Kohlen lagen weit verstreut im Gelände. Da können sie im Winter suchen, dachte Franziska. Später fiel ihr aber die Lösung ein: Sie lassen im Winter neue Kohlen kommen. Die DDR ist für die Brennstoffversorgung der sowjetischen Streitkräfte zuständig.

Einmal hatte Franziska nähere Bekanntschaft mit den FREUNDEN machen könnnen, genauer gesagt, mit den Batallionskommandanten. Alljährlich fand zum

TAG der BEFREIUNG

ein großes Fest im Wohngebiet statt, zu dem die "Volkssolidarität" die russischen Soldaten, die im Wohngebiet stationiert waren, einluden. Es erschienen allerdings immer nur die drei Kommandanten mit ihren Frauen. Einfache Soldaten hatten keinen Ausgang. Der Straßenbevollmächtigte ihrer Straße, der den Wodka (Wässerchen) sehr liebte, kannte sie schon gut.

Die Frauen wirkten wie typische russische Frauen, die den deutschen Frauen einfach nicht imponieren konnten, da sie meistens zu dick waren, zu stark blondiert und immer zu kurze Röcke und Mäntel trugen. Warum sie - ganz unabhängig von der internationalen Mode - so kurze Röcke trugen, das konnte sich Franziska auch nicht erklären. Schon in Moskau war ihr aufgefallen, daß die dicken Pelzmützen und großen Pelzkragen nicht zu den kurzen Röcken paßten. Mit der deutschen Mode kamen sie nicht zurecht, und Rußland war weit. Franziska taten diese Frauen leid, die so isoliert in der DDR leben mußten. Sie hätte gern ihr Russisch in Gesprächen mit den nicht weit von ihr wohnenden Russinnen aufgebessert. Das einzige, was sie von ihnen bemerkte, war der Duft einer penetranten Maiglöckchenwolke russischen Parfüms, wenn sie an ihrem Haus vorbeigingen. Diese Frauen stammten meistens aus Sibirien. Dorthin wurden die jungen Offiziere geschickt, wenn sie die Armeeschule absolviert hatten. Dort heirateten sie, und so kam es, daß die Offiziere meist Frauen aus Sibirien hatten.

An diesem Tag der Befreiungsfeierlichkeiten war Franziska von ihrem Straßenbevollmächtigten, zu dem sie ein gutes Verhältnis hatte, als Dolmetscherin eingeladen worden. Sie saß in der Mitte, an der einen Seite den russischen Kommandanten des Nachrichtenbatallions und an der anderen Seite den ersten Sekretär der Parteileitung, und übersetzte, was der Kommandant sagte. Der erste Sekretär der Bezirksparteileitung konnte auch etwas Russisch, wie sich herausstellte. Er hatte, wie alle höheren Parteikader, in Moskau die Parteischule besucht. Mit zunehmendem Alkoholkonsum schwand aber immer mehr seine Fähigkeit, russisch zu sprechen. Die russischen Frauen, die kein Wort deutsch konnten, wurden von den Deutschen sehr umsorgt, und es fand eine allgemeine Verbrüderung im Wodka statt.

Franziska sah dort auch den Mann von ihrer Straße wieder, der die Autonummern ihres Westbesuches notiert hatte. Sie registrierte, daß dieser also auch zur Stasi gehörte. Da sind sie ja alle versammelt, dachte sie. Sicher trägt auch meine Solidaritätsspende - der Straßenbevollmächtigte kam halbjährlich mit der Spendenliste für die Volkssolidarität vorbei - zum Gelingen dieses Festes bei.

Den Höhepunkt des Festes bildet für Franziska eine Frau, die auf deutsch, aber so wie eine Russin deutsch sprechen würde, dem Kommandanten erklärte, daß sie die sowjetischen Menschen liebe. Sie hatte 1945 in der Küche bei der sowjetischen Kommandantur gearbeitet.

Franziska erfuhr von dem Kommandanten, daß man einen hohen sowjetischen Vertreter des Verteidigungsministeriums zur Inspektion erwartete. Niemand bekam Ausgang, man räumte und reinigte. Hoffentlich auch unsere Straße, dachte Franziska. Aber wahrscheinlich wird es wieder nur zum Streichen der Fassaden reichen. Das wurde auch bei allen Spartakiaden und Festivals in der Stadt so gehandhabt. Man strich nur die Häuserfassade dort an, wo der Festzug vorbeirollen sollte. Das Innere blieb renovierungsbedürftig (Potemkinsche Dörfer).

Nachdem alle genug Wodka getrunken hatten und genügend Schmeicheleien ausgetauscht worden waren, fuhren die Kommandanten mit ihren Frauen in dem bereitstehenden Wagen mit Chauffeur wieder ab. Genosse K. war strahlender Laune über das gelungene Fest und nannte auch die Kommandanten beim Vornamen.

Später hatte Franziska die blonde Frau des Oberkommandierenden im Zug nach Dresden wiedergetroffen. Sie erkannten und grüßten sich, aber es sah so aus, als wäre Sprechen verboten.

Im Haus

Franziska rief ihre Kinder ins Haus. Sie spielten im Garten. Dieser Garten, direkt am Wald, ist ein Paradies, dachte Franziska. Aber welch leicht verletzliches Paradies.

Franziska kochte das verspätete Mittagessen, und sie diskutierten alle Schulprobleme.

"Ich habe das Soligeld für diese Woche vergessen und nun zu wenig Punkte an der Wandzeitung", seufzte Uta und fuhr fort: "Wir müssen dieses Lied lernen":

Werft, Pioniere, Brand in die Nächte.
Wir sind die Erben der Arbeiterrechte.
Bald kommt die frohe, die lichtvolle Zeit:
Wir Pioniere sind immer bereit.
Lasset uns singen dröhnende Lieder,
Weltpioniere, Schwestern und Brüder!

Lasset uns kämpfen, ob der Weg noch so weit:
Wir Pioniere sind immer bereit!

"Wie findest Du den Text? Vor allem die Weltpioniere? Das ist ein sowjetisches Pionierlied von 1922!"

"Was hast Du in der Geschichtsarbeit bekommen, Otto?", lenkte Franziska ab.

"Eine Eins", antwortete Otto. "Ich lerne immer die Zusammenfassungen auswendig. Das genügt."

Das Geschichtsbuch ist wirklich ein schlechtes Werk, dachte Franziska. Die Urgemeinschaft wird auf 28 Seiten untergebracht, das alte Griechenland auf 20, und für die Römer brauchen sie auch bloß 20 Seiten. Alles nach marxistischen Gesichtspunkten betrachtet, am Schluß noch einmal in Dickdruck zusammengefaßt, wer wen ausbeutete. Franziska wurde übel, wenn sie an den miesen Geschichtsunterricht dachte.

Ihr Vater hatte die ständig wiederkehrende Frage nach der Ausbeutung DES Menschen DURCH den Menschen wegen der häufigen Wiederholung bereits mit "DES-DURCH" abgekürzt, das verkürzte die Sprechweise. Hier fehlt noch "DES-DURCH", hatte er manchmal gesagt, wenn er Franziskas Aufsätze gelesen hatte. Schade, daß meine Kinder wenig von Geschichte wissen werden, dachte sie. Ihr fiel dabei ein, daß Professor C. einmal gesagt hatte, er würde gern 500 Mark Schulgeld im Monat bezahlen, wenn sein Sohn auf eine ordentliche Schule gehen könnte. Aber Eliteschulen waren in der DDR nicht erlaubt. Man hatte sogar die erweiterte Oberschulzeit gekürzt. Alle Schüler gingen 10 Jahre gemeinsam in die Schule, danach gab es noch zwei Klassen, die zum Abitur führten.

"Wir wollen keine Eliteschulen", sagten die Lehrer. Wohl auch keine Bildung, dachte Franziska.

"Nichts ist in unserer Schule interessant", maulte Uta. "Alles wird dreimal wiederholt, manche verstehen es nie, die anderen gleich beim ersten Mal."

"Einige Fächer sind ganz überflüssig", sagte Otto. "Zum Beispiel Staatsbürgerkunde und Einführung in die sozialistische Produktion, und der ganze Donnerstag im Spinnereimaschinenbaubetrieb ist überflüssig. Und der Pioniernachmittag jeden Mittwoch. Dann soll man noch Zirkel besuchen. Spaß macht das nicht."

"Ach, Klöppeln ist ganz schön", sagte Uta. "Aber bis jetzt habe ich mir die Klöppel nur geborgt. Es gibt keine zu kaufen, aber unsere Zirkelleiterin hat welche bestellt. Garn hat mir jemand geschenkt, und den Klöppelsack habe ich von einer Lehrerin bekommen."

Wir mußten lachen. Klöppeln ist schön, aber es gibt keine Klöppel, kein Garn und keinen Klöppelsack zu kaufen.

"Vergiß bitte nicht, mir das Soligeld zu geben", sagte Uta noch einmal, "sonst bekomme ich einen schwarzen Punkt beim Wettbewerb."

"Kannst Du nicht mal Altstoffe bündeln", fügte Otto hinzu. "Ich habe in dieser Woche noch keine Altstoffe mitgebracht. Wir haben uns als Klassenziel gesetzt, daß jeder pro Woche 1 kg Altpapier abgibt."

"Ich muß auch Papier mitnehmen", sagte Uta, "sonst muß ich mich vor der Klasse verantworten, warum ich kein Papier mitgebracht habe. Im Unterricht wird dann vorgelesen, wer nichts mitgebracht hat. Auf der Wandzeitung bekommt man für Geldspenden rote Punkte, für Altpapier blaue Punkte, für Flaschen grüne Punkte."

"Für Halstuchvergessen schwarze Punkte", ergänzte Otto.

"Ich werde dann gleich Papier bündeln. Ihr könnt noch die Nachbarn fragen, ob sie Altpapier haben."

"Haben wir schon, aber sie brauchen das Papier zum Anheizen."

"Alte Plastikbecher und -dosen können wir auch mitbringen", sagte Otto.

"Ich gebe euch erst mal Papier", sagte Franziska, "da habt ihr wenigstens etwas. Ihr müßt ja den Wettbewerb nicht gewinnen. Ihr sollt nur nicht zu negativ auffallen."

"Wir sind aber dabei, den Wettbewerb zu verlieren", bemerkte Uta.

"Bei uns wird jetzt jeden Tag ein Junge zum Direktor geholt, mitten in der Stunde", wechselte Otto das Thema. "Man diskutiert mit ihm über die Armee. Jeder Junge soll sich drei Jahre zur Armee verpflichten."

"Aber ihr seid doch noch viel zu jung dazu", empörte sich Franziska.

"Das macht nichts", entgegnete Otto, "verpflichten muß man sich jetzt schon. Davon hängt es dann auch ab, ob man auf die erweiterte Oberschule geschickt wird. Studium ist nur mit drei Jahren Armeeverpflichtung drin, sagt der Direktor."

"Aber ich will nicht", setzte er hinzu.

"Morgen kommt ein Offizier der Volksarmee zum Pioniernachmittag. Der will uns alles erklären."

"Die Klasse hat an Thomas' Bruder ein Paket geschickt, er ist jetzt bei der Volksarmee."

"Da weißt Du wenigstens, was mit dem Klassenkassengeld geschieht, das du jede Woche bezahlen mußt."

"Wollt ihr nicht doch lieber in der Schule essen?", fragte Franziska, als sie das Essen endlich auf den Tisch stellte.

"Gestern gab es Fisch", sagte Otto, "da kotzte sogar die Russischlehrerin. Das Essen kann niemand vertragen. Es ist schon schlecht, wenn es geliefert wird."

"Ihr übertreibt", beschwichtigte Franziska und dachte, daß sie eben weiter kochen müßte.

Wenn die Kinder im Bett liegen, werde ich noch etwas arbeiten, überlegte Franziska. Das hatte sie sich schon den ganzen Tag vorgenommen.

Zuvor schaute sie noch die Tagesschau an. Westfernsehen war hier von großer Bedeutung. Manche Leute zogen nur in Gegenden, in denen man Westfernsehen empfangen konnte. Dresden, wo das nicht möglich war, wurde im Volksmund "Tal der Ahnungslosen" genannt. Man konnte auch deutlich zwischen den Unterhaltungen einer Gruppe von Leuten mit und ohne Westfernsehen unterscheiden. Alle wesentlichen Informationen erhielt man durch das Westfernsehen. Sogar die Nachricht vom Tod sowjetischer Politiker kam früher in den westlichen als in den östlichen Nachrichten. Franziska hatte den Eindruck, daß man vieles ohne die westlichen Medien im Osten gar nicht erfahren hätte.

Während ihres ersten Ernteeinsatzes im ersten Studienjahr in Mecklenburg bekamen die Studenten den Auftrag, gegen Westantennen (Ochsenkopf) zu agitieren. Sie waren allerdings stattdessen westfernsehen gegangen. Heute wurden überall gemeinschaftliche sogenannte Europaantennen gebaut. Vielleicht deshalb, dachte Franziska, weil die Zahl der Ausreiseanträge in den westfernsehfreien Gebieten besonders hoch ist.

Franziskas Mieterin klingelte. Da Franziskas Haus zu groß war, durfte sie es nicht allein bewohnen. Die Mieterin zahlte für zwei

Zimmer mit Küche, WC und Nebengelaß 35 Mark im Monat. Das deckte kaum die aktuellen Kosten, geschweige denn die größeren, wie z.B. die eines neuen Kachelofens, den Frau Wolf gern haben wollte. Aber die Mieten waren von 1936, die Reparaturkosten von heute, und so verfielen die Häuser, sofern sie nicht in privater Hand waren. An großen Häusern hatte niemand Interesse. Die Besitzer versuchten, sie an die Stadt zu verschenken. So konnte man sich die graue, brüchige Bausubstanz erklären, die die Stadtbilder prägten.

"Ich bringe Ihnen Altpapier für die Kinder", sagte Frau Wolf. "Ich wollte Ihnen auch noch etwas erzählen."

Franziska unterhielt sich manchmal mit Frau Wolf. Sie war eine liebenswürdige alte Dame. Heute war sie sehr aufgeregt.

"Sie erinnern sich doch, daß mein Neffe kürzlich Silberhochzeit hatte. Seine Schwester aus Westdeutschland war auch gekommen, sie hatte aber nicht bei ihm gewohnt, denn er durfte ja als ökonomischer Direktor vom Spinnereimaschinenbau keine Westkontakte haben. Irgendwie hat sein Betrieb erfahren, daß seine Schwester hier war, und heute wurde er abgesetzt. "

"Entlassen?", fragte Franziska.

"Nein, entlassen wurde er nicht, er ist aber nicht mehr Direktor, nur noch einfacher Angestellter. Jetzt möchte er den Betrieb verlassen."

"Dieser Fall ist natürlich nichts Neues", sagte Franziska. "Aber jeder einzelne Fall ist im speziellen wieder bedauerlich. Es tut mir sehr leid, auch ihretwegen."

"Einer meiner Freunde ist Abteilungsleiter an der Akademie in Berlin", sagte Franziska. "Er mußte kürzlich unterschreiben, daß er keine Westkontakte unterhalten wird. Er ist schon sehr lange Abteilungsleiter an der Akademie, aber man erstellte neue Arbeitsverträge, und im Zusammenhang damit sollte er diese Erklärung unterschreiben. Er sollte diese Erklärung auch für seine Frau abgeben, das hat er aber nicht getan. Die Verwandten seiner Frau leben alle in Westdeutschland. Eine solche Erklärung wäre fast ein Scheidungsgrund für sie."

"Gut, daß wir wenigstens im Haus miteinander sprechen können, ohne Angst haben zu müssen, daß jemand mithört", sagte Frau Wolf.

"Ja, wir sollten nicht vergessen, immer die Haustür abzuschließen", sagte Franziska. "Auch wegen der Hausierer, Sie erinnern sich doch an die Uhrengeschichte kürzlich."

"Wenn ich nachdenke, so fallen mir sofort noch weitere ähnliche Geschichten ein. Die Tochter unserer Freunde an der Ostsee zum Beispiel darf ihren Mann nicht heiraten, denn dann dürfte er nicht mehr als Schiffsoffizier zur See fahren. Sie hat Westverwandte. Er müßte gleich sein Seefahrtsbuch abgeben. So leben sie schon jahrelang ohne Trauschein, nur ein zweites Kind möchten sie unter diesen Umständen nicht mehr haben."

"Unsere Nachbarin hatte kürzlich auch Ärger. Sie war in die Betriebsleitung versetzt worden. Frau K. hatte schon ihren Ausstand auf der Abteilungsebene gegeben, als die Kaderleitung herausfand, daß ein Onkel ihres Mannes in den USA lebt. Daraufhin wurde die Versetzung in die Leitungsebene des Betriebes rückgängig gemacht, besser gesagt, nicht bestätigt. Sie kennt den Onkel ihres Mannes, der vor langer Zeit ausgewandert ist, gar nicht. Auch ist er nicht *ihr* Onkel. Zuerst wollte sie kündigen, aber da der Onkel dadurch nicht zu löschen wäre und die Bestimmungen in einem anderen Betrieb nicht anders sind, blieb sie. Sie fühlte sich ziemlich blamiert, da man in ihrer Abteilung dachte, sie wäre für die Betriebsleitung nicht qualifiziert genug gewesen."

"Ich verstehe nicht ganz, was es eigentlich zu verheimlichen gibt", sagte Frau Wolf. "Will man hier das Rad noch einmal erfinden, und soll das niemand merken?"

"Isolation ist der Tod des Fortschritts."

"Vielleicht kommt es gar nicht auf den Fortschritt an, vielmehr auf die Isolation."

"Sehen Sie sich dieses Bild an, Frau Wolf", sagte Franziska. "Der Rahmen ist das letzte Werk von Herrn W. Er wurde, wie die meisten privaten Antiquitätenhändler, eingesperrt. Jetzt rahmt niemand mehr Bilder in unserer Stadt. Wenn Sie einen Bilderrahmen brauchen, müssen Sie nach Berlin fahren."

"Ordnung und Sicherheit überall", sagte Frau Wolf. "Hoffentlich haben wir das nächste Mal ein besseres Gesprächsthema."

"Wann soll das sein?", fragte Franziska.

Franziskas Mann hatte sich in seinem Arbeitszimmer vergraben. Sie hatte dieses Haus gekauft, wobei weniger die finanzielle Seite der Unternehmung schwierig gewesen war, sondern vielmehr die organisatorische. Sie hatte die Mieter des Hauses in mühevoller Zusammenarbeit mit der Bürokratie hinausgetauscht (alle Wohnungen waren bewirtschaftet und wurden vom Wohnungsamt vergeben), und in noch mühevollerer Kleinarbeit hatte sie das Haus renoviert. Die dringend anstehende Renovierung des Hauses war auch der Grund, weshalb es verkauft worden war.

Franziskas Mann hatte sich um all diese weltlichen Dinge nicht gekümmert. Er war von der Wichtigkeit seiner wissenschaftlichen Arbeit überzeugt und bestand darauf, nicht gestört zu werden.

Es gab Zeiten, in denen sich Franziska nur als Putzfrau und Hausmeister fühlte, ihre Rollen wechselten zwischen Heizer, Hausbesitzer, Lehrer, Mutter. Als Hausbesitzerin empfing sie die Kohlenkarten von Herrn K., dem Straßenbevollmächtigten. Früher war er bei der Transportpolizei gewesen und die Leute, die ihn kannten, hielten von ihm Abstand. Da Franziska ihn immer mit mehreren Schnäpsen bewirtete, wenn er die Kohlenkarte brachte, stand sie hoch in seinem Ansehen, und manchmal bekam sie eine überzählige Zusatzkohlenkarte, die auf den Namen von Franziskas Mutter abgebucht wurde.

Sie hatte Zentralheizung einbauen lassen, aber es gab seit langem schon keinen Koks mehr, sondern nur noch Briketts. Die Polen verkauften ihre Steinkohle auch seit langem nicht mehr an die DDR, sondern lieber für Valuta.

"Am besten wäre es, im Winter gleich am Heizkessel stehenzubleiben", sagte Franziska mit Hinblick auf das Brikettnachlegen und die anfallende Asche. Als das große Dieselsparprogramm in der DDR ausgebrochen war, sparte auch die Müllabfuhr. Die Asche wurde nicht mehr abgeholt, für das Dieseleinsparen bekamen sie eine Prämie, und Franziska schüttete die Asche aus lauter Verzweiflung in den Keller.

"Die Frau im Sozialismus", dachte Franziska spöttisch, "hat es nicht so leicht".

Es stimmte weder mit der Gleichberechtigung noch mit der Arbeitsverteilung. Vielleicht schaffen das andere besser, dachte sie, als sie sich endlich an ihren Schreibtisch setzte.

Zollvergehen

Am nächsten Morgen passierte Franziska wieder die Rosenrabatten. Ihr war wie immer beklommen zumute, wenn sie sich der Hochschule näherte.

Was würde wieder alles an ihrem Verhalten bemängelt werden! Dabei machte ihr die Arbeit mit den Studenten Spaß! Ihr Optimismus hatte wieder gesiegt. Sie ließ sich nicht so schnell unterkriegen! Sie schritt ihrer Arbeitsstelle entgegen.

Zuerst schaute Franziska in ihren Briefkasten. Jeder Mitarbeiter hatte einen Briefkasten auf dem Flur. Sie fand neben verschiedenen Benachrichtigungen auch eine, die sie sofort alles andere vergessen ließ.

Sie wurde zu Professor Bart bestellt. Grund: Verantwortung in einem Disziplinarverfahren. Es war nicht etwa Helmuts Disziplinarverfahren (das beim Sektionsdirektor, Professor Fried, angesetzt war), sondern ein Disziplinarverfahren gegen sie.

Franziska überlegte. Es war ihr nicht bekannt, daß sich jemand über ihre Vorlesungen beschwert hätte. Auch ihre Übungen waren nicht gerügt worden. Prüfungen, bei denen mancher Student schon das Hochschulministerium wegen einer Note bemüht hatte, hatten in letzter Zeit auch keine stattgefunden.

Das DSF-Geld hatte sie pünktlich eingesammelt, alle Versammlungen der Gewerkschaftsgruppe besucht. Sie war auch allen Aufgaben als Mitglied der Hochschulkommission zur sozialistischen Erziehung der Schuljugend, die die Plätze im Kinderferienlager, die Gutscheine zur Jugendweihe und zu Weihnachtsfeiern verteilte, pünktlich nachgekommen. Sie war sich keiner Schuld bewußt.

Sie sah Günter auf dem Flur. Er war der stellvertretende Leiter für Forschung in ihrer Sektion. Er war ein Intimus von Professor Bart, dem zur Zeit nichtamtierenden Leiter ihres Lehrstuhls.

Es war bekannt, daß es für Günters Stellung geeignetere Leute in der Sektion gegeben hätte, aber Günter, der in jedem Falle die Verteidigung der Meinung von Professor Bart der Verteidigung der eigenen Meinung vorzog, bekam die Stelle als Stellvertreter für Forschung in der Sektion Mathematik.

Günter hatte keinen Überblick über die Forschung. Er war als gelernter Landmaschinenschlosser über die ABF (Arbeiter- und Bauernfakultät) zum Abitur gekommen.

Schon als Pädadogikstudent (Fachrichtung Mathematik) war er der Partei beigetreten und bereits damals als scharfer Verteidiger hoher Posten und der sogenannten LINIE berüchtigt. Er hatte sich in der Folge als getreuer Untertan von Professor Bart profiliert, der sein Forschungsthema wie das Hemd wechseln konnte.

In der Kampfgruppe der Hochschule war er fachgerecht als Fahrer eines Lastkraftwagens eingesetzt, mit dem er manchmal auch kleine Extratouren unternahm (Sand für Professor Bart, Baumaterial auf die eigene Datsche). Günter war krankhaft ehrgeizig, und man sagte ihm eine große Karriere voraus.

Günter hatte Franziska einige Zeit lang den Hof gemacht, aber Franziska hatte ihn nie beachtet.

Günter war also ein Intimus von Franz (Professor Bart) und Franziska dachte, er müßte etwas wissen. Was Franz (Professor Bart) sagte, war für Günter Gesetz, und Günter glaubte, er habe nie etwas anderes gedacht, als Professor Bart selbst.

In seiner Eigenschaft als Sicherheitsbeauftragter der Sektion nahm er auch Schrank- und Schreibtischkontrollen bei allen Kollegen vor. Es war ratsam, keine privaten Dinge im Institut aufzubewahren.

"Du mußt mal deine Limonadenflaschen zurückgeben, Franziska", sagte Franz nach einer solchen Kontrolle auf einer Dienstversammlung.

Franziska klopfte an und ging in Günters Zimmer. (Der Sektionsdirektor klopfte beispielsweise nirgendwo an.)

"Setz dich", sagte Günter. "Du weißt schon, was du getan hast?"

"Nein", sagte Franziska, "das möchte ich gern von dir wissen."

"Was war denn an der Grenze los, als du von Ungarn kamst", fragte er mit vollem Interesse. Vielleicht erfuhr er etwas, das er noch nicht wußte.

Da fiel es Franziska wieder ein.

Als sie im Urlaub in Ungarn war, hatte sie drei Zeitschriften mitgenommen: eine *Burda*, eine *Time* und einen *Spiegel*. Die Zeitschriften hatte ihr ein ungarischer Kollege geschenkt, man konnte sie in jedem Hotel für ungarische Forint kaufen.

Auf dem Titelblatt des Spiegels prangte Brandauer als Mephisto.

Der ungarisch-österreichisch-deutsche Film *Mephisto* war in den Budapester Kinos gerade angelaufen, und Franziska hatte der Film sehr interessiert. Sie hatte das Buch von Klaus Mann gelesen, der damit Gustav Gründgens ein nicht ganz rühmliches Denkmal setzte.

Im *Spiegel* wurde über dieses "Denkmal" berichtet, über das sich die Familie Gründgens beschwert hatte. Franziska hatte die Zeitschrift eingesteckt, um diese Geschichte in aller Ruhe zu Hause lesen zu können. Dazu kam es allesdings nicht.

Franziskas Koffer wurde an der DDR-Grenze in Bad Schandau kontrolliert. Der Gedanke an solche Kontrollen vergällte Franziska die Ferienfreude bereits während des Urlaubs. Es war nicht die erste Kontrolle, die sie erlebte.

Sie hatte schon dazugelernt. Seit die Zöllner ihr Adreßbuch ausführlich studierten, nahm sie es nicht mehr in den Urlaub mit. Sie wußte auch, daß die Zöllner mitgeführte Briefe lesen durften ("Wir können in alles Einsicht nehmen").

Die Kontrolle in Bad Schandau war gründlich. Franziska mußte zunächst einmal alle Bücher ins Gepäcknetz hochlegen. Sie kaufte in Ungarn gern DDR-Bücher, weil sie dort in vollem Sortiment zu haben waren. Alle Bücher, die in der DDR als vergriffen galten, konnte man in Ungarn kaufen. So opferte Franziska ihre wenigen Forint für Bücher. (Der Umtausch der DDR-Mark in Forint war limitiert.)

Welche Bedeutung ein gutes Buch für einen DDR-Bürger hatte, das wird sich ein Westdeutscher, der einfach in ein Geschäft gehen und sich ein Buch seiner Wahl kaufen kann, kaum vorstellen können.

Der Zoll beschlagnahmte zunächst Flauberts "Erziehung der Gefühle", obwohl Franziska sagte, dieses Buch sei schon vor mehr als hundert Jahren in Paris erschienen.

Das interessierte den Zoll nicht, denn auch Altes kann "giftig" sein. Die beschlagnahmten Bücher kamen dann später in die geschlossenen Abteilungen der Bibliotheken, für die man einen "Giftschein" benötigte.

Es war schon fast ein Witz: Als Konrad Lorenz in die DDR fuhr, um einen Vortrag an der Naturforschergesellschaft Leopoldina in Halle zu halten, geschah es, daß ihm der Zoll seine eigenen Bücher wegnehmen wollte.

Auch Bölls "Aufsätze zur Zeit" waren giftscheinpflichtig und wurden Franziska entzogen.

"Bölls Werke sind auch in der Sowjetunion erschienen", sagte Franziska.

"Nicht alles ist positiv, was Böll geschrieben hat", sagte der Zöllner. Franziska hatte es offensichtlich mit einem gebildeten Menschen zu tun.

Als der Zöllner Franziskas Zeitschriften entdeckte, war er sehr befriedigt, denn so etwas hatte er gesucht. Er stürzte mit ihnen davon.

Apfelsinen und Paprika, die in der DDR nicht erhältliche Schätze darstellten, interessierten den Zoll nicht. Franziska konnte wieder einpacken.

Sie hatte die Kleidungsstücke achtlos in den Koffer gestopft. Die Reise war verdorben.

Die Zeitschriften brachte der Zöllner nicht wieder mit, auch nicht den Böll.

"Sie können sich beschweren", sagte er großzügig in der Gewißheit, daß sich noch kein DDR-Bürger über den Zoll beschwert hatte, und in der Gewißheit, daß das auch nichts nützen würde.

Franziska machte sich Vorwürfe.

Warum war sie so leichtsinnig gewesen. Sie wußte, daß der Zoll besonders scharf auf "Drucksachen" war, und das Gepäck Intellektueller im Zug deshalb gern untersucht wurde.

Warum habe ich das getan? - fragte sie sich. Weil ich die Zeitschriften lesen wollte, dachte sie. Sie hätte dieses Gefängnis hinter Mauern, in dem sie leben mußte und aus dem es kein Entrinnen gab, weniger hart empfunden, wenn sie diese Zeitschriften hätte lesen dürfen.

Westzeitungen stellten ein Abenteuer für DDR-Bürger dar.

Die Schneiderin aus Franziskas Nachbarschaft hätte ihre Kreationen ein Jahr lang aus Franziskas Modezeitschrift schöpfen können.

"Kommen Sie mit", sagte der Zöllner, "wir gehen in ein freies Abteil."

Es war ihm peinlich, daß die anderen Mitreisenden seine Tätigkeit verfolgten. Wäre ich in ein Abteil mit Kindern eingestiegen, so wäre ich vielleicht der Kontrolle entgangen, dachte Franziska. Vor Kindern hatten die Zollbeamten ("Wir sind keine Beamte", sagte einer) eine merkwürdige Scheu.

"Wir müssen ein Protokoll schreiben", sagte er, und fing an zu schreiben.

"Obwohl ich wußte, daß ich westliches Schriftgut nicht einführen darf", schrieb er, "brachte ich drei Zeitschriften aus Ungarn mit."

"Moment mal", sagte Franziska, "so genau weiß ich nicht, was ich mitbringen darf und was nicht, zum Beispiel dachte ich, ich dürfte diese Modezeitschrift einführen."

"Stellen Sie sich nicht dümmer als Sie sind", sagte der Zollangestellte, "um die Modezeitschrift geht es hier auch nicht."

"Zeigen Sie mir eine Liste, auf der steht, welche Zeitschriften ich mitbringen darf und welche nicht."

"Westzeitungen mitzubringen, ist verboten", sagte der Zöllner, "das weiß jeder."

Franziska mußte noch ihren Beruf, ihre Adresse und ihre Dienststelle angeben.

"Unterschreiben Sie hier", sagte der Zöllner, "und wenn Sie nicht unterschreiben, so fährt der Zug eben nicht weiter, oder wir steigen zusammen aus."

Der Zug hielt tatsächlich noch immer in Bad Schandau, der Zoll hatte seine Zustimmung zur Weiterfahrt noch nicht gegeben.

"Drei Zeitschriften nach §§ soundsoviel entzogen", las Franziska. Sie hatte keine Zeit zu lesen, was sie unterschreiben sollte.

"Was kostet das?", fragte sie.

"Das kostet nichts. Sie können gehen."

Das war vor zwei Monaten gewesen. Franziska erinnerte sich nun wieder deutlich an diesen Grenzübergang.

"Da hast du dir ja was eingebrockt", sagte Günter. Franziska war wieder in der Wirklichkeit.

"Ich weiß noch nicht, für welche Strafe sich die Partei entscheiden wird."

"Einladung zum Disziplinarverfahren", sagte Franziska, und hielt Günter den Brief vor die Nase.

"Aha, beim Franz (Professor Bart)", sagte Günter. "Achim (Sektionsdirektor Professor Fried) hat unterschrieben."

"Das kann doch nur ein Irrtum sein", deshalb kann man doch kein Disziplinarverfahren durchführen."

"Vielleicht bekommst du bloß eine Verwarnung", sagte Günter, "ich werde ja dabeisein."

Franziska ahnte, daß auch ihre konsequente Haltung gegenüber der Sektionsleitung ein Grund für das Disziplinarverfahren war.

Vielleicht hätte ich doch lieber das Forschungsthema wechseln sollen, dachte sie.

"Dann sehen wir uns morgen um 10 Uhr", verabschiedete sich Günter. Franziska ging.

Exmatrikulation

Franziska rief den Justitiar der Hochschule an und fragte, welchen Gesetzen ein Mitarbeiter (Oberassistent) der Hochschule unterliege.

Der Justitiar sagte, ein Mitarbeiter unterliege den Bestimmungen des Arbeitsgesetzbuches wie jeder Werktätige, speziell der MVO (Mitarbeiterverordnung) vom 6.11.68 (Gesetzblatt). Spezielle Sonderregelungen für die disziplinarische Verantwortlichkeit gebe es an der Hochschule nur für Studenten und für Hochschullehrer.

Franziska ging in die gesellschaftswissenschaftliche Bibliothek, um die sie sonst einen großen Bogen machte, und holte sich das Arbeitsgesetzbuch.

Franziska mußte aber zunächst zu ihren Lehrveranstaltungen eilen. Sie hatte Übungen zur eigenen Vorlesung zu halten. Das war natürlich kein Problem. Schon in der Vorlesung konnte sie sich überlegen, welche Aufgaben sie als Übungsaufgaben stellen wollte.

Die Aufgaben durften seit einiger Zeit nur noch an die Wandzeitung geheftet werden. Jeder Student hatte sie abzuschreiben. Früher einmal ließ man die Aufgaben kopieren und gab jedem Studenten in der Übung einen Aufgabenzettel.

Nun sollte Papier gespart werden, und deshalb wurden die Aufgaben nicht mehr vervielfältigt.

Über Studienintensivierung wird nur gesprochen, dachte Franziska. Manchmal gaben die Studenten Franziska Papier, und dann ließ sie die Aufgaben doch kopieren. Aber das war nicht erlaubt.

Helmut war in den Übungen nicht anwesend. Sie gab sich Mühe, die Studenten zu begeistern, aber an diesem Tag ließen alle den Kopf hängen. Für Franziska waren die Lehrveranstaltungen keine bloßen Pflichtübungen, und auch die vielzitierte Rückkopplung mit der Vorlesung fand hier wirklich statt. Nach der Übung diskutierten sie Helmuts Fall gemeinsam.

"Gestern wurden wir von Professor Bart (der in allen "wichtigen" Fällen anwesend war) aufgefordert, der Exmatrikulation von Helmut zuzustimmen", erzählten sie.

"Er machte uns klar, daß Helmut die Pflichten eines sozialistischen Studenten an unserer Hochschule verletzt habe und daß sein Verhalten nicht zu billigen sei. Wer es billige, mache sich selbst strafbar und stelle sich mit ihm auf eine Stufe."

"Schließlich mußten wir der Exmatrikulation zustimmen. Das war furchtbar."

Franziska wurde übel.

Westreise

In der Mensa setzte sie sich zu Dr. Rauch, einem Kollegen, etwa 55 Jahre alt. Er hatte in Halle studiert und war später zur Lehrtätigkeit an die Hochschule geholt worden. Inzwischen hatte man ihm Vorlesungen gegeben und wieder gestrichen, man hatte ihn Studenten betreuen lassen und die Betreuungen wieder anderen Kollegen übertragen, sein Forschungsthema umprofiliert, so daß er schließlich die Forschung ganz aufgegeben hatte.

Dr. Rauch war ein geschlagener Mann. Man hatte ihn im Laufe der Zeit das Fürchten gelehrt. Jetzt hielt er nur noch Übungen zu den Vorlesungen anderer Mitarbeiter, und das auch nicht auf seinem ursprünglichen Fachgebiet.

Franziska unterhielt sich gern mit ihm. Sie kannte einige Mathematiker aus der Hallenser Schule, und es war interessant für sie, wenn er von ihnen erzählte.

Damals war die Welt noch in Ordnung, dachte Franziska.

Heute hatte Dr. Rauch andere Probleme.

"Sie haben doch auch Verwandte im Westen?", fragte er.

"Ja", sagte Franziska, "meine Schwester".

"Haben Sie sie schon einmal besucht ?"

"Nein", sagte Franziska, "ich möchte schon, sie hat bald Silberhochzeit".

"Das können Sie vergessen", sagte Herr Rauch. "Ich war nämlich gerade beim SD (Sektionsdirektor). Er sagte, als Hochschulangehöriger sei man Lehrer und Erzieher. Da unterliege man besonderen Bestimmungen."

"Wollten Sie denn reisen ?"

"Ja, mein Vater wird 80. Er wohnt in Aachen. Ich selbst würde ja auf die Reise verzichten, da es nur Ärger gibt. Aber mein Vater erwartet, daß ich komme, und so stellte ich auf der Polizei einen Antrag.

Das war keine große Hürde, aber der Betrieb muß den Antrag befürworten. Deshalb war ich heute beim SD, und davon bin ich jetzt noch schockiert."

"Was ist denn passiert?"

Der Sektionsdirektor lehnte den Antrag ab. Ich müsse einsehen, sagte er, eine Reise könne in diesen besonderen Zeiten nicht genehmigt werden. Wollte ich den Antrag auf die Reise trotzdem stellen, müßte ich mir eine andere Stelle suchen."

"Ich sagte ihm, es ginge nicht um eine Vergnügungsreise, sondern um den 80. Geburtstag meines Vaters."

"Außerdem", fügte Dr. Rauch hinzu, "sind die Umstände immer besonders. Das weiß ich schon von früher. Wenn ich etwas möchte, sind die Umstände besonders."

"Wollen Sie nun auf den Reiseantrag verzichten?"

"Es bleibt mir wohl nichts weiter übrig. Ich habe versucht, einen Antrag zu stellen, das war ich meinem Vater schuldig. Mehr steht nicht in meiner Macht. Er wird es mir nicht glauben."

"Ich dachte, es gäbe Verträge und Abkommen über die Reisemöglichkeiten. Entschuldigen Sie, aber Sie wären doch schon zu alt, um in Westdeutschland eine neue Stelle zu finden. Es besteht doch wohl keine Gefahr, daß Sie dort bleiben."

"Da haben Sie recht", sagte Dr. Rauch, "aber um hier eine neue Stelle zu finden, bin ich auch zu alt. Außerdem würde die Angelegenheit in meine Kaderakte kommen. Ich hätte keine Chance mehr."

"Probieren Sie es gar nicht erst, einen Reiseantrag zu stellen. Sie machen sich damit nur unbeliebt bei der Leitung, und Erfolg haben auch nicht", sagt Dr. Rauch.

"Ich kann ja immer noch Hausfrau werden", entgegnete Franziska und mußte dabei fast lächeln.

Zwang erzeugte in ihr ein Gefühl des Widerstandes, so wie das Verbotene besonders reizt, wollte sie Unmögliches in die Tat umsetzen.

"Nur die Ostdeutschen haben den Krieg verloren", sagte Dr. Rauch noch. Dann ging er.

Der Justitiar

Franziska beeilte sich, in ihr Zimmer zu kommen, um Herrn Wald anzurufen, der Justitiar in einem großen Betrieb war und den sie auf einer fröhlichen Feier bei einer Freundin kennengelernt hatte. Sie wußte, daß Arbeitsrecht seine Spezialität war.

Franziska erreichte ihn noch in seinem Zimmer, er war ein vielbeschäftigter Mann. Sie erklärte ihm die Lage.

"Kommen Sie morgen bei mir vorbei", sagte er.

"Wir werden das schon in den Griff kriegen. Seien Sie nicht so aufgeregt. Ich werde heute gleich nach Beispielen suchen. Die Juristen richten sich meist nach Präzedenzfällen. Morgen wissen wir mehr. Vielleicht verläuft alles im Sand."

"Ich habe kein Verbrechen begangen", sagte Franziska, "schon gar keins, das mit der Hochschule im Zusammenhang steht."

"In unserem Betrieb wäre ein solches Vorgehen natürlich undenkbar", sagte Herr Wald.

"Der Direktor würde mit dem Betreffenden nur eine freundliche Aussprache führen. Ein Arbeiter würde sonst gleich kündigen."

"Ich verstehe nicht, warum der Direktor für Zollprobleme zuständig ist", sagte Franziska.

"Das ist ganz einfach", sagte Herr Wald, "bei der Zollkontrolle haben Sie Ihre Arbeitsstelle angegeben. Zollverstöße werden den Betrieben gemeldet, einmal zur Information und zum anderen wegen der Erziehungsmaßnahmen."

"Es ist mir neu, daß die Gerichtsbarkeit in den Betrieben liegt", sagte Franziska.

"Kürzlich gab es hier einen solchen Fall. Ein Mitarbeiter hatte zu viele Sanitärartikel aus der Tschechoslovakei mitgebracht. Er mußte Strafe zahlen und der Direktor führte mit ihm eine Aussprache."

"Sie sind ja selbst in der Schiedskommission ihres Wohngebietes", sagte Herr Wald, "da wissen Sie ja, wie so etwas vor sich geht."

Das war richtig.

Die Schiedskommission des Wohnbezirkes

Franziska war in die Schiedskommission ihres Wohnbezirkes gewählt worden, ohne zu wissen, wer sie vorgeschlagen hatte. Hier ging es um die kleinen Verfehlungen von Bürgern aus dem Wohnbezirk, die zu unbedeutend für das Stadtbezirksgericht waren, aber trotzdem verhandelt werden sollten.

So gab es eine Gruppe von Laien (den Vorsitz führte ein ehemaliger Polizist), die sich mit Mieterstreitigkeiten, Arbeitsbummeleien, Verleumdungsklagen, Ruhestörungen, Diebstählen, Schulpflichtverletzungen beschäftigten, also mit Konflikten, die möglichst friedlich beigelegt werden sollten.

Konnten diese Konflikte nicht beigelegt werden, so hatte man immer noch das Gericht für die Klärung des Sachverhaltes im Hintergrund.

Als Höchststrafe konnten 500 Mark angesetzt werden.

Die Impulse für die Entscheidungen gingen von ihrem Vorsitzenden aus, der alle Fälle mit dem Gericht besprach.

Die juristische Selbständigkeit der Kommission war nicht groß. Die Schiedskommission hatte aber eine beruhigende Wirkung im Wohngebiet, da sie als Anlaufstelle bei Ärgernissen jederman zur Verfügung stand.

Bei Beleidigungen wurde geprüft, wer wen beleidigt hatte, und der Schuldige sollte sich entschuldigen.

Hauswirte wurden verurteilt, die Fenster ihrer Mieter zu erneuern, Diebe zu Geldbußen und Schüler, die die Schule über Gebühr geschwänzt hatten, zu Aufbaustunden.

"Hätte ich nur meine Arbeitsstelle beim Zoll nicht angegeben, sondern Hausfrau gesagt," fiel Franziska als Lösung ein. "Das wäre auch zum Teil richtig gewesen."

"Aber nur zum Teil", sagte Herr Wald. "Es wird schon alles wieder ins Lot kommen. Beruhigen Sie sich."

"Langsam bekomme ich Angst", sagte Franziska.

"Kommen Sie morgen zu mir. Wir werden alles besprechen. Seien Sie ganz ruhig."

"Das bin ich bestimmt nicht", sagte Franziska und bedankte sich bei Herrn Wald.

Professor Bart

Professor Bart war, das muß noch erwähnt werden, der bekannteste Mathematiker im DDR-Fernsehen und der einzige, der zu Beginn seiner Karriere - als jüngster Mathematikprofessor der DDR - mit Walter Ulbricht Tee getrunken hatte.

Professor Bart hatte seine wissenschaftliche Laufbahn in größter Eile durchlaufen. Für fundierte Beweisführungen seiner mathematischen Behauptungen fehlte ihm die Zeit. Er wurde hochgelobt, und später sagte er, er hätte auch ein guter Sportler werden können.

Es gab aus dieser frühen Zeit einen Film über Professor Bart, gedreht von einem Absolventen der Filmhochschule Babelsberg.

In diesem Film wurde Professor Bart auch als bester Mathematiker der DDR gefeiert. Professor Bart unterließ es nicht, auch als er schon älter war, von Zeit zu Zeit auf diesen Film zurückzugreifen und ihn seinem ergebenen Publikum vorzuführen.

Auch Franziska hatte diesem Film ihren Tribut gezollt. Sie hatte sich nicht gewagt, die Einladung in den kleinen Saal eines Filmtheaters der Stadt, den Professor Bart zur Vorführung seines Films gemietet hatte, abzulehnen.

Im Volksmund, unter den sich siezenden Kollegen, wurde Professor Bart deshalb auch Fernsehmathematiker genannt.

Exmatrikuliert

Schließlich kam Helmut. Das Ergebnis des Disziplinarverfahrens konnte Franziska schon an seinem Gesicht ablesen.

Er war erschöpft und sagte : "EX. AUS."

"Erzählen Sie mal der Reihe nach", sagte Franziska.

"Das Verfahren war ganz kurz. Ich habe gegen die Hochschulordnung für Studenten verstoßen.

1984 von George Orwell ist ein verbotenes Buch. Biermanns Lieder sind Schmählieder auf die DDR und dürfen nicht verbreitet werden."

"Haben Sie nicht gesagt, daß sie sie nicht verbreitet, sondern nur für eine geschlossene Veranstaltung überspielt haben."

"Das Abspielen im Wohnheim ist schon genug. Außerdem waren alle Kommilitonen mit der Exmatrikulation einverstanden. Die ganze Seminargruppe."

"Nach zwei Jahren kann ich mich wieder bewerben. Vorher muß ich mich in der Produktion bewähren."

"Immerhin ist das doch eine Chance. Nach zwei Jahren können Sie weiterstudieren."

"Nach zwei Jahren werde ich alles vergessen haben."

"Was ist aus ihrem Zimmerkollegen geworden ?"

"EXMAT."

"Das verstehe ich nicht."

"Er hat zugesehen, wie ich gegen die Hochschulordnung verstoßen habe, ohne einzugreifen. Er hätte mich verpfeifen müssen. Da er es nicht getan hat, hat er sich auf meine Stufe gestellt und wurde ebenfalls exmatrikuliert. "

"Er kann auch in zwei Jahren weiterstudieren. Aber er will aufgeben. Er hat die Nase voll."

"Lassen Sie nicht zu, daß er aufgibt. Zeigen Sie, was in Ihnen steckt. Denken Sie an Ihren Vater. Das Diplom müssen Sie unbedingt alle beide machen." Franziska regte sich auf.

Helmut war vollkommen deprimiert.

"Ich kann doch nicht einfach meine Diplomarbeit weglegen und arbeiten gehen", sagte er. "Ich habe schon so viel dafür getan."

"Fahren Sie erst einmal nach Hause", sagte Franziska. "Zwei Jahre sind keine lange Zeit. Sie werden es ganz bestimmt schaffen. Sie sind stark genug. Das Leben ist noch lang."

"Auf Wiedersehen", sagte Helmut . Er war dem Weinen nahe.

Sekretärin aus dem Osten

Franziska ging zu Fräulein Kora, die die jüngste Sekretärin des Lehrstuhls war und das Schreibmaterial verwaltete.

Franziska hatte ein gutes Verhältnis zu Fräulein Kora, was bedeutete, sie wurde relativ gut mit Schreibmaterial versorgt.

Schreibarbeiten erledigte Franziska meistens zu Hause. Schreibmaschinen gab es nur für die Sekretärinnen, und die meisten hatten zwar die Ausmaße eines Personalcomputers aber keine Elektronik.

Fräulein Kora stammte aus einer deutschen Familie, die von Polen in die DDR übergesiedelt war. Während andere Mitglieder ihrer Familie nach Westdeutschland übergesiedelt waren, hatte sich der Vater von Fräulein Kora für die DDR entschieden. Er hatte wohl den Unterschied zwischen der DDR und Westdeutschland von Polen aus nicht erkannt.

"Es war ein Irrtum", sagte Fräulein Kora. Die anderen Familienmitglieder, mit denen sie sich früher oft traf, konnte sie nun nicht mehr besuchen.

Als junge DDR-Bürgerin durfte sie nicht nach Westdeutschland fahren. Aus der Traum. So fühlte sich Fräulein Kora auch. Sie war böse auf ihren Vater und auf die DDR, die sie festhielt. Außerdem war sie streng katholisch.

Das wiederum paßte nicht zur Hochschule.

Sie hatte mit 16 Jahren, als sie aus Polen kam, eine Lehre als Facharbeiter für Schreibtechnik an der Hochschule begonnen.

Die Anstellung an der Sektion Mathematik war ihre erste. Hier führte sie nun - sehr zum Ärger der führenden Kräfte der Sektion - das Abzeichen junger Katholiken spazieren, und das erregte Aufsehen.

Nicht nur Schreibpapier und Schreibmaschinen waren Mangelware, auch Schreibkräfte waren gesucht. So ließ man sie - 18 Jahre jung, recht hübsch, mit langen blonden Haaren - schreiben.

Manch älterer Mathematiker (unverheiratet oder verheiratet) versaß seine Zeit bei ihr im Büro und führte angenehme Gespräche an ihrem Schreibtisch.

Fräulein Kora war gutmütig, freundlich und sehr selbstbewußt. Sie wußte, was sie wollte.

Man sagte ihr, sie solle in die Gewerkschaft eintreten.

Da es ihre erste Anstellung war, war sie noch nicht Mitglied des FDGB (FDGB = Freier Deutscher Gewerkschaftsbund) und damit die einzige Angestellte an der Sektion Mathematik ohne FDGB-Mitlgiedschaft.

Der FDGB-Vorsitzende der Gewerkschaftsgruppe gab ihr ein Formular und sagte: "Das sollst Du bis morgen ausfüllen. Du verstehst doch, wir wollen alle im FDGB sein. Hundertprozentig."

"Warum soll ich denn in die Gewerkschaft eintreten?", fragte Fräulein Kora.

Diese Frage verblüffte den Gewerkschaftsvorsitzenden. Diese Frage hatte ihm noch niemand gestellt.

"Du bekommst Ferienplätze und jedes Jahr eine ermäßigte Eisenbahnfahrt", antwortete er.

"Kann ich jedes Jahr einen Ferienplatz von der Gewerkschaft bekommen?", fragte Fräulein Kora.

"Nicht jedes Jahr, da die Gewerkschaft sehr viele Mitglieder hat. Alle Mitarbeiter unserer Sektion sind im FDGB. So viele Plätze gibt es natürlich nicht. Außerdem bist du neu und nicht verheiratet. Ein paar Jahre solltest du schon erst einmal Mitglied sein, bevor du einen Antrag auf einen Ferienplatz stellst."

"Kann ich auch an die Ostsee fahren?"

"Mit der Ostsee ist es natürlich besonders schwierig. Aber tritt nur erst einmal ein."

Der FDGB-Vorsitzende verschwieg, was er wußte, nämlich daß ein Mitarbeiter der Hochschule - nach Anzahl der Mitglieder und der zur Verfügung stehenden Ferienplätze berechnet - nur alle 150 Jahre einmal an die Ostsee fahren konnte, falls die Ferienplätze an der Hochschule gleichmäßig verteilt würden.

"Das muß ich mir überlegen", sagte Fräulein Kora.

Sie überlegte sehr lange, zu lange. Einer Aufforderung zum Eintritt in den FDGB folgte die nächste.

Man sagte ihr, sie solle endlich eintreten, denn sie verdürbe das Ansehen der Gruppe. Ein Nichtmitglied der Gewerkschaft - wann hatte es so etwas gegeben!

Schließlich wurde es Fräulein Kora zu viel. Sie besorgte sich eine neue Arbeitsstelle in einem Betrieb, wo man händeringend eine Sekretärin suchte. Als Bedingung stellte sie die folgende: kein Drängen zum Eintritt in den FDGB.

Aber das war schon nach Franziskas Zeit.

Franziska bekam ihr Schreibmaterial und war zufrieden. Sie hatte nicht alles bekommen, was sie brauchte. Das hatte sie aber auch nicht erwartet.

Dabei braucht ein Mathematiker nur Papier und Bleistifte, dachte Franziska. Was soll ein Physiker bei einer solchen Versorgung machen! Seine Forschung wird ewig am Material scheitern.

Das Disziplinarverfahren

Zum festgesetzten Zeitpunkt fand sich Franziska im Chefzimmer von Professor Bart ein, das im Rektorat im Hauptgebäude der Hochschule lag. Sie war noch nicht hier gewesen, aber sie kannte das Zimmer schon aus der Hochschulzeitung *Vorwärts*.

Dort wurden vor einiger Zeit Professor Barts gute Beziehungen zur Studentenschaft demonstriert. Die Fotos zeigten ihn am Schreibtisch posierend, umringt von Studentinnen im Blauhemd.

Franziska überlegte, warum das Disziplinarverfahren im Rektorat stattfand, wo doch Professor Bart auch in der Sektion Mathematik ein Dienstzimmer mit Sekretärin zur Verfügung stand, und alle anderen Mitarbeiter aus der Sektion kamen und erst zum Rektorat fahren mußten.

Vielleicht will er mich beeindrucken, dachte Franziska. Auch der Rahmen kann bei einer Verhandlung von Bedeutung sein.

Sie gab dem Sektionsdirektor Professor Fried die Hand, der eigentlich für die Durchführung des Disziplinarverfahrens verantwortlich war. Auch Armin (stellvertetender Lehrstuhlleiter und Leiter der Kampfgruppe) und Günter (Stellvertreter für Forschung) waren anwesend.

Früher war zu solchen Gelegenheiten auch immer Ulrich anwesend gewesen, als rechte Hand von Franz (Professor Bart).

Ulrich hatte einen republikflüchtigen Bruder, der ihm insgeheim Pakete schickte. Das hatte ihn aber nicht daran gehindert, die Republikfeinde zur Schnecke zu machen.

Eigentlich war er Mathematiklehrer, aber Professor Bart hatte ihn nach dem Studium an die Sektion Mathematik geholt. Er hatte im Auftrage von Professor Bart Sachverhalte verdreht, war skrupellos im Umgang mit Kollegen und hatte bedingungslos ausgeführt, was Professor Bart von ihm verlangte. Ein Judas.

Auch gegen Franziska war er eingesetzt worden, als sie sich einmal kritisch über Professor Barts willkürliche Veränderungen der Studienpläne geäußert hatte.

Warum Franziska lange Jahre von der Vorstellung besessen gewesen war, daß man von der Hochschule jeden Schaden abwenden und jede Arbeit so gut wie möglich ausführen müßte, das konnte sie sich später selbst nicht mehr erklären.

Ulrichs Beschuldigungen hatte Franziska allerdings entkräften können, und so war sie damals noch einmal davongekommen.

Eines Tages hatte Professor Bart die Idee, seinen Intimus Ulrich in die Sektion Automatisierungstechnik zu versetzen, um dadurch besser über die Vorgänge in dieser Sektion informiert zu sein. Er stellte Ulrich dort eine baldige Dozentur in Aussicht.

Franziska hatte noch Ulrichs Prahlen im Ohr: Er wisse nun, wie man nach oben kommen könne.

Der Gegenschlag erfolgte nicht von der Hochschule, sondern von der Volkshochschule einer kleinen Nachbarstadt, an der Ulrich nebenbei Mathematikkurse hielt.

Während an der Hochschule jeder vor ihm Angst hatte, waren die Volkshochschüler souveräner und beschwerten sich bei der Partei über Ulrichs zügellose Tiraden, mit denen er die Partei nach Belieben durch den Kakao zog. Er hatte die Volkshochschule mit der

Hochschule verwechselt, hatte sich im Gremiun vergriffen. Das war sein Fehler. Die Partei mußte eingreifen. Nun hatte er aber nicht nur Freunde, selbst unter Genossen.

Professor Bart führte ein kurzes Gespräch mit seiner rechten Hand unter vier Augen, danach stellte Ulrich wunschgemäß seine Stelle der Sektion Automatisierungstechnik zur Verfügung. Damit war die Angelegenheit erledigt, von Disziplinarverfahren war nicht die Rede. Ulrichs Karriere war vorübergehend zum Stillstand gekommen.

Professor Fried, der neben der neuen rechten Hand von Professor Bart saß, war noch nicht lange Sektionsdirektor. Er hatte eine steile Karriere hinter sich und zusammen mit Professor Bart in Leningrad studiert.

Während sich Professor Bart innerhalb eines Jahres an der Hochschule habilitiert hatte, was in Fachkreisen allerhöchste Verwunderung hervorgerufen hatte (weniger wegen des Inhalts seiner Arbeit als wegen der Schnelligkeit des Verfahrens), ging Professor Fried nach dem Studium zunächst in die Industrie.

Professor Bart holte ihn an die Hochschule, er wurde Parteisekretär der Sektion - in die Partei waren Professor Bart und Professor Fried schon in Leningrad eingetreten - danach Professor und Vorsitzender der DSF der gesamten Hochschule. Kurz danach wurde er Sektionsdirektor.

Während Professor Bart keinen Widerspruch vertrug, sehr nachtragend und nur zu den Weihnachtsfeiern leutselig war, war Professor Fried eher unbedeutend, immerwährend ängstlich, ein meinungsloses Blatt im Aufwind.

Diese vier Personen waren also zusammengekommen.

Professor Fried begann: "Ich eröffne hiermit das Disziplinarverfahren gegen Frau Dr. S.", und erhob seine Anschuldigung:

"Sie sind am 22.10.1981 von ihrem Urlaub aus Ungarn zurückgekehrt und haben versucht, verbotene Druckerzeugnisse in die DDR einzuführen. Sie haben dabei die Zollbestimmungen der DDR bewußt verletzt, was im Widerspruch zu dem sozialistischen Staatsbewußtsein steht, das wir von unseren Hochschulmitarbeitern verlangen. Das Protokoll über den Einzug der Druckerzeugnisse wurde dem ersten Prorektor per Boten zugestellt, woraus wir die Bedeutung erkennen, die der Zoll Ihrer Handlung beimißt. Schildern Sie kurz die Grenzereignisse."

Alle anderen schauten hämisch.

"Wie kamen Sie zu diesen Druckerzeugnissen?"

"Ich habe sie in Ungarn für Forint gekauft", sagte Franziska.

"Sie wußten, daß Sie diese Druckerzeugnisse nicht einführen durften?"

"Nicht unbedingt. Zum Beispiel dachte ich, es sei gestattet eine Modezeitschrift mitzubringen."

"Niemand spricht hier von Modezeitschriften. Welche Zeitschriften versuchten Sie einzuführen?"

Franziska zählte auf, wagte sich aber nicht zu sagen, daß es offensichtlich doch auch um die Modezeitschrift gehe, da der Zoll ihr diese ja entzogen habe.

"Der *Spiegel* ist eines der schlimmsten Hetzblätter gegen unseren Arbeiter- und Bauernstaat", sagte Prof. Bart, "was wollten Sie damit?"

"Lesen", sagte Franziska. Sie wunderte sich, daß niemand auf die *Time* näher einging, die doch dem *Spiegel* ebenbürtig ist, sozusagen seine amerikanische Entsprechung. Wahrscheinlich kennen sie die Zeitschrift nicht und verwechseln sie mit der *Times*, dachte Franziska. Sie haben die Zeitschrift ja auch nicht gesehen, nur das Zollprotokoll. Vielleicht denken sie, der Zoll hat ein "s" vergessen.

"Die englische Zeitung habe ich mitgebracht, weil ich mich in Englisch weiterbilden möchte. Ich habe nur die Sprachkundigenprüfung für Fachübersetzer gemacht, nun möchte ich noch eine Prüfung für die Umgangssprache machen."

"Dazu gibt es hier auch genügend Material", sagte Professor Fried.

Franziska dachte sofort an ihr Englischlehrbuch für die Mittelstufe. Die Texte hatten im wesentlichen von streikenden englischen Arbeitern, *Ban-the-bomb*-Demonstrationen und Arbeitslosigkeit gehandelt. Diese Englischtexte waren ihr ein Greuel gewesen. Ihre Vokabelausbildung war entsprechend einseitig verlaufen.

Das sage ich wohl besser nicht, dachte sie. Aber froh war ihr bei weitem nicht zumute. Ihr war heiß und kalt zugleich.

"Die Voraussetzung für einen Mitarbeiter an einer Hochschule ist ein hohes sozialistisches Staatsbewußtsein. Jeder Mitarbeiter an einer Hochschule hat Vorbild zu sein. Ihnen sind Studenten zur Erziehung anvertraut worden. Sie haben wissentlich versucht, verbotene Druckerzeugnisse in die DDR einzuschmuggeln. An Ihrer Befähigung zur Studentenerziehung muß gezweifelt werden", begann Prof. Bart zu dozieren.

Er konnte sehr lange und schwungvolle Reden halten, je länger die Rede war, um so mehr kam er in Form.

Zum 10jährigen Hochschuljubiläum hatte er alle Mitarbeiter und Studenten mit seiner Festrede nahezu hingerissen, indem er die Wichtigkeit der Hochschule und deren Aufgaben ins rechte Licht rückte. Er trat sehr gewandt auf, und es war allgemein bekannt, daß er große Gönner im Hochschulministerium hatte. Jeder sah ihn schon als zukünftigen Minister. Er hielt sich auch selbst für eine große, wichtige Persönlichkeit, was er ab und zu bei seinen Auslandsreisen unter Beweis stellte.

Auch jetzt kam es Franziska vor, als ob er eine Rolle spiele, einen auswendig gelernten Text aufsagte, und, indem er sich in diesen Text hineinredete, Feuer fing und Funken sprühte. Er brillierte über das Thema, welche Ansprüche man an einen studentenerziehenden Hochschulmitarbeiter bezüglich seiner sozialistischen Moral zu stellen habe.

Nun hielt es Professor Fried auch an der Zeit, voll zuzuschlagen und die Schwächung "unserer Republik", die Franziska mit der verbotenen Druckerzeugniseinfuhr bewirkt haben sollte, zu geiseln, wobei er die wesentlichen Sätze von Professor Bart (Franz) noch einmal wiederholte.

Nachdem die Grundlinien festgelegt waren, nach der die Verurteilung erfolgen sollte, hielt es auch Günter an der Zeit, seinen Beitrag zu leisten und in die Diskussion einzugreifen.

"Du hast unserem Lehrstuhl einen schweren Schlag versetzt", sagte er. "So naiv kannst du doch nicht sein, eine solche Verfehlung könnte ungestraft durchgehen. Wie sollen wir dir je wieder vertrauen. Gestern gab es schon einen ähnlichen Fall. Dein Verhalten führt zu Biermannliedern und Staatsfeindlichkeit."

"Damit habe ich nichts zu tun", verteidigte sich Franziska.

"Aber Helmut ist aus deiner ehemaligen Seminargruppe", sagte nun Armin. "Wir sind wirklich schwer von dir enttäuscht, Franziska. Wir müssen dir unser Vertrauen entziehen. "

Franziska sah sich nach diesen Ansprachen schon entlassen.

Da nun alle ausführlich gesprochen hatten, dachte Professor Fried, der Fall sei klar. Er hatte es eilig.

"Haben Sie noch etwas zu sagen?", fragte er Franziska.

"Nein", sagte Franziska, "nur soviel, daß ich niemanden schädigen wollte. Die Zeitschriften waren nur zu meinem eigenen Gebrauch bestimmt. Ich weiß auch nicht, gegen welches Hochschulgesetz ich verstoßen haben soll. Ich war auf einer Urlaubsreise."

"Das werden wir Ihnen mitteilen", sagte Professor Fried. "Ich spreche Ihnen hiermit einen Verweis aus und belehre Sie über die Rechtsmittel."

Professor Bart gab sich aber damit noch nicht zufrieden: "Es gab schon in letzter Zeit viele Schwierigkeiten mit Ihnen, und diese waren nicht unberechtigt, wie man sieht. Ihre Abschlußworte zeigen auch ihre Uneinsichtigkeit. Nachdem wir ihnen klar gemacht haben, was wir von einem Mitarbeiter einer sozialistischen Hochschule verlangen, fragen Sie, gegen welches Gesetz Sie verstoßen haben. Wir reiten hier keine Paragraphen, uns geht es um die Sache. Ich wünsche, daß wir noch verschiedene andere Fragen im Rahmen eines Kadergespräches gleich anschließend klären."

Franziska war ganz schlecht. "Nimmt das kein Ende", dachte sie, "hier auf Erden ist meine Hölle, hier an dieser Hochschule."

Sie war immer sehr ehrgeizig gewesen, hatte sich gezwungen, die ihr gestellten Aufgaben zu erfüllen. Schließlich hatte sie sogar ihr großes Ziel erreicht, die Habilitation einzureichen.

Damit war sie aber bereits an die Grenzen der Hochschule gestoßen. Die Leitung der Sektion Mathematik hatte ihr zwar im Rahmen eines Perspektivplanes die Aufgabe gestellt, zu habilitieren, hatte aber, als die Habilitation fertig war, die Pläne bereits geändert.

Franziska reichte deshalb ihre Habilitation an der Universität Rostock ein.

Professor Fried mußte eine Beurteilung über Franziska schreiben, und da sie sich bis dahin nichts hatte zuschulden kommen lassen, außer Beharrlichkeit an ihrem Arbeitsthema, d.h. Uneinsichtigkeit in das wechselnde Forschungsprofil, so fiel diese Beurteilung gut genug aus, um die Arbeit an der Rostocker Universität einreichen zu können.

"Ich bin einverstanden", sagte jetzt Armin, denn er war der amtierende Lehrstuhlleiter und hatte Kadergespräche gemeinsam mit dem Sektionsdirektor durchzuführen.

Das hinderte Professor Bart allerdings nicht daran, die Sache sofort in die Hand zu nehmen: "In Anbetracht der neuen Situation müssen wir die mit ihnen getroffenen Vereinbarungen überdenken. Den Vortrag, den Sie demnächst über ihr Forschungsthema halten sollten, streichen wir. Ich bin der Ansicht, daß Ihr weiterer Verbleib an der Hochschule sowieso nicht in Frage kommt. Somit brauchen wir auch keine weitere Forschungsplanung durchzuführen. "

Nachdem er zu diesem Punkt gekommen war, holte er zum Schlag aus: "Ich empfehle Ihnen, Ihre Stelle an der Sektion freiwillig zur Verfügung zu stellen. Besorgen Sie sich selbst eine neue Stelle. Sie haben doch viele Bekannte."

Ich bin auf Lebenszeit fest angestellt, dachte Franziska. Nur wenn ich die Stelle freiwillig aufgebe, kann er sie bekommen, es sei denn, er kann mit Hilfe des Disziplinarverfahrens eine fristlose Entlassung durchsetzen.

Bei einem Disziplinarverfahren gibt es nämlich vier Stufen. Die erste ist eine mündliche Verwarnung, bei der das Verfahren schon als eine ausreichende erzieherische Maßnahme gilt. Die zweite Stufe endet mit einem Verweis, die dritte mit einem strengen Verweis, und die vierte ist die fristlose Entlassung.

Obwohl Professor Bart ja direkt auf diese Zollgeschichte gewartet zu haben scheint, sind diese Zeitschriften doch nicht ausreichend für eine fristlose Entlassung, dachte Franziska.

Professor Bart aber hatte sich schon in Feuer geredet und übertraf nun seine eigenen Pläne: "Falls Sie Ihre Stelle nicht freiwillig zur Verfügung stellen, werde ich härtere Maßnahmen zu ergreifen wissen."

Franziska wurde flau im Magen. Sie versprach, sich bei der Stellensuche Mühe geben zu wollen. Ihr entging trotzdem nicht, daß Professor Barts Verhalten in Form und Inhalt des Gesprächs am wünschenswerten Verhalten eines staatlichen Leiters weit vorbeiging.

"Die Aufforderung zur Stellenaufgabe ist versuchte Nötigung." Einiges hatte sie doch bei ihren Schulungen für die Schiedkommission gelernt.

Professor Bart zeigte keineswegs mehr die erforderliche Objektivität für ein Kadergespräch. Er verunsicherte nun auch den Sektionsdirektor vollständig.

"Ich fordere einen *strengen* Verweis für Frau Dr. S. Die nach Rostock geschickte Beurteilung verliert ihre Gültigkeit. Es muß eine der neuen Einschätzung von Frau Dr. S. entsprechende Beurteilung nach Rostock geschickt werden. Unter den gegebenen Umständen kann das dortige Qualifikationsverfahren nicht weiter befürwortet werden."

Professor Bart war nachtragend, und er vernichtete seine Opfer möglichst vollständig.

Sektionsdirektor Professor Fried, der den Vorsitz bei diesem "Verfahren" geführt und es bereits mit einem Verweis abgeschlossen hatte, andererseits aber Professor Bart (Franz) verpflichtet war, sagte nun zu ihr:

"Ich werde zunächst mit dem ersten Prorektor Rücksprache nehmen. Meine Entscheidung werde ich Ihnen schriftlich mitteilen."

Ausgang wie das Hornberger Schießen, dachte Franziska, die nun nicht wußte, ob sie einen Verweis oder einen *strengen* Verweis bekommen hatte. Sie war von Fröhlichkeit weit entfernt, aber langsam meldete sich ihr Widerstand .

Das kann nicht recht sein, dachte sie. Ich lasse mir von meiner Arbeitsstelle keinen Verweis für eine Tat erteilen, die ich im Urlaub begangen habe, und die keine Tat ist, höchstens ein Kavaliersdelikt .

An ihrer Habilitation hatte sie viele Jahre lang in jeder freien Minute gearbeitet. Wie hatten die Kinder darunter leiden müssen! Sie würde sich diese Arbeit nicht vernichten lassen!

Professor Bart will dem Disziplinarverfahren durch seine Drohungen zu einem unrechtmäßigen Ausgang verhelfen. Er will, daß ich selbst kündige. Fast hätte ich aufgegeben.

Franziska fuhr vom Rektorat mit der Straßenbahn zu ihrer Arbeitsstelle, der Sektion Mathematik. Rosenbüsche lügen, dachte sie, als sie daran vorbeikam. Hierher passen nur Friedhofsblumen.

Die verlorene Ehre

Auf dem Flur traf sie Frau C., die sie sogleich in ihr Zimmer zog. Franziska berichtete, und die Empörung einer gleichgesinnten Seele tat ihr gut.

"Lassen Sie sich das nicht gefallen, und geben Sie bloß Ihre Stelle nicht auf. Da hätte Professor Bart ja erreicht, was er wollte. Sie wissen doch, was mein Mann sagt: Ein Disziplarverfahren an dieser Hochschule ist eine EHRE."

Franziska war eher nach VERLORENER EHRE zumute. Sie sagte: "Die verlorene Ehre der Franziska S." Ihr fehlte der nötige Abstand zum Geschehen.

"Ich kann Ihnen eine Geschichte erzählen, die Ihre Laune heben wird", ermunterte sie Frau C.: "Einer unserer Genossen hat sie kürzlich erzählt. Sie wissen doch, Prof. Bart hat kürzlich sein Haus renoviert".

Das wußte Franziska sehr gut. Sein Palast glänzte seitdem in der Sonne. Weiß gestrichen. Bei der Renovierung hatten ihm alle seine rechten Hände geholfen, Sie waren am Wochenende anmarschiert, rissen einen Schuppen ab und klagten am Montag über Rückenschmerzen. Alle linken Hände von Professor Bart hatten hinter vorgehaltener Hand darüber gelächelt.

"Im Zuge der Renovierung wollte Professor Bart sein Bad fliesen lassen, und da es in der gesamten DDR keine Fliesen zu kaufen gab, fuhr er in die Tschechoslowakei."

Das Wort Fliesen hatte damals in der DDR eine abstrakte Bedeutung: Gegen Fliesen konnte man in der Zeitung fast alles tauschen, unter blauen Fliesen wurden Westmark verstanden. "Biete blaue Fliesen, suche Betonmischer", bedeutete, man wollte den Betonmischer mit Westgeld bezahlen. Das führte dazu, daß die Fliesentauschannoncen verboten wurden. Als Franziska tatsächlich Fliesen verkaufen wollte, nahm die *Freie Presse* diese Annonce nicht an.

"Professor Bart kaufte also in der CSSR reichlich Fliesen ein (Woher er das Geld dafür hatte, das soll hier nicht untersucht werden - der Umtauschsatz war limitiert), und es war verboten, Sanitärartikel aus der CSSR auszuführen. Professor Bart wurde kontrolliert, und die Fliesen wurden an der Grenze eingezogen, er mußte Strafe zahlen."

"Fliesen haben, abgesehen von den blauen, keinen ideologischen Wert", sagte Franziska. "Mein Vergehen ist ideeller Natur."

"Es soll auch mit Professor Bart eine Aussprache auf höherer Ebene gegeben haben", sagte Frau C., "aber natürlich kein Verfahren. Dabei wurde er vom Zoll bestraft, und Sie mußten nicht einmal etwas bezahlen."

"Ein echter Schmuggel ist eben für die Hochschule weniger gefährlich als die Einfuhr bedruckten Papiers", stellte Franziska fest.

Sie beeilte sich. Sie wollte zu Herrn Wald fahren, denn sie war bereits fest entschlossen, den Verweis nicht einfach hinzunehmen.

Als sie durch den Institutsflur ging, fühlte sie sich gebrandmarkt. Sie dachte, alle Kollegen würden bald über das Verfahren sprechen. Die schriftliche Formulierung des Verweises würde in der Dienstversammlung von Armin verlesen werden.

Am liebsten käme ich nie wieder hierher, dachte sie. Aber wohin sollte ich gehen? Hausfrau werden? Das Geld, das ihr Mann verdiente, würde nicht für den Familienunterhalt ausreichen.

Kürzlich hatte sie in der *Wochenpost* gelesen, man dürfe nur dem Arbeitsprozeß fernbleiben, wenn man verheiratet sei.

Alle Bürger der DDR waren nach dem Gesetz zur Arbeit verpflichtet. Die Zeitung berichtete über ein Gerichtsverfahren, in dem eine Frau wegen Arbeitsbummelei angeklagt worden war. Sie war keiner Arbeit nachgegangen, sondern zu Hause geblieben und hatte ihre zwei Kinder versorgt, während ihre Mutter arbeitete und das Geld für die Familie verdiente. Die Strafen für Arbeitsbummelei waren ziemlich drastisch.

Solange ich einen Verweis in den Kaderakten habe, kann ich keine neue Stelle finden, überlegte Franziska. Ich muß erst einmal nachdenken.

Auf dem Weg zum Fahrstuhl begegnete Franziska ein freundlicher Kollege von einem anderen Lehrstuhl. Er war einer der wenigen Nichtgenossen an der Sektion. Seine Frau war Apothekerin, und sie hatten einen christlichen Freundeskreis. Er kam auf Franziska zu:

"Ich habe von Ihrem Verfahren gehört", sagte er, "ich wollte Ihnen sagen, daß auch gegen mich einmal ein Disziplinarverfahren geführt worden ist. Das weiß hier niemand. Es ist schon länger her. Ich wollte es Ihnen aber sagen, vielleicht hilft es Ihnen. Sie dürfen die Angelegenheit nicht so ernst nehmen."

"Danke", sagte Franziska, "das ist wirklich freundlich von Ihnen."

Franziska fuhr zu Herrn Wald, der schon auf sie wartete. Sie verzichtete auf das Mittagessen, der Appetit war ihr sowieso vergangen.

Pflichtverletzung - Betriebszusammenhang

Franziska berichtet ihm von ihrem Verfahren. Ob sie nun einen Verweis oder einen strengen Verweis bekommen hatte, konnte sie nicht sagen.

"Ich habe etwas für Sie", sagte Herr Wald, "ein *Urteil des Obersten Gerichtes vom 17.8.1962 - Za 23 62 OGA, Bd.3., S. 306 (§106 GBA), 252 AGB, 330 ZGB . Stichwort : Pflichtverletzung - Betriebszusammenhang: Das widerrechtliche Verhalten eines Werktätigen außerhalb jedes sachlichen Zusammenhangs mit betrieblichen Aufgaben oder dienstlichen Rechtspflichten verletzt keine Arbeitspflichten, sondern allgemeine Rechtspflichten des Bürgers (vergleiche auch Schwarzfahrt sowie Verantwortlichkeit, materielle/Pflichtverletzung - Schwarzfahrt)."*

"Was heißt das?"

"Die Kernfrage unseres Problems ist doch, ob Ihr Zollverstoß mit Ihren Pflichten als Mitarbeiter der Hochschule im Zusammenhang steht. Sie sind disziplinarisch von der Hochschule zur Verantwortung gezogen worden. Zunächst müßte also erst einmal nachgewiesen werden, daß zwischen dem begangenen Zollverstoß und dem Betrieb ein Zusammenhang besteht. Der Jurist sagt kurz: Der Betriebszusammenhang muß nachgewiesen werden."

"Diesen Zusammenhang muß man wirklich konstruieren", erwiderte Franziska.

"In der Erläuterung zum AGB (Arbeitsgesetzbuch) gibt es ein Beispiel: Wenn ein Kraftfahrer eines Betriebes mit dem Lastwagen des Betriebes eine Schwarzfahrt macht, so besteht ein Betriebszusammenhang, und er wird vom Betrieb disziplinarisch zur Verantwortung gezogen. Wenn aber irgendein Mitarbeiter des Betriebes oder irgendein anderer mit dem Lastwagen eine Schwarzfahrt macht, so wird er gerichtlich nur Verantwortung gezogen. Es besteht kein Betriebszusammenhang."

"Das ist verständlich", sagte Franziska, "wir müssen also alle Gesetze genau durchgehen, die für meinen Fall infrage kommen."

"In Ihrem Falle kommen zwei Gesetze in Betracht: die Mitarbeiterverordnung für Hochschulen und das Arbeitsgesetzbuch, falls es keine Sonderbestimmungen für Mitarbeiter gibt."

"Es gibt keine Sonderbestimmungen für Mitarbeiter an der Hochschule. Ich habe mich schon informiert. Mein Arbeitsvertrag ist noch wichtig."

"Was habe ich nun eigentlich im Sinne des Gesetzes verbrochen?", fragte Franziska.

"Nichts", sagte der Jurist. "Sie haben einen Zollverstoß gegen die Zollverordnungen der DDR begangen. Sie sind ein unbestrafter Bürger, denn der Entzug der Zeitschriften gilt nicht als Bestrafung. Sie haben auch keine Ordnungswidrigkeit begangen, so bezeichnet man die einfachste Stufe in der Skala der Straftaten. Das wäre der Fall, wenn Sie beim Zoll eine Strafe hätten zahlen müssen. Man würde dann von Zollvergehen sprechen. Außerdem, das Zollgesetz sieht keine Bestrafung durch den Betrieb vor."

"Aber man hat doch dem Betrieb von meinem Zollverstoß Mitteilung gemacht."

"Der Zoll erwartet offensichtlich, daß mit dem Bürger an seiner Arbeitsstelle gesprochen wird. Eine strafrechtliche Verfolgung ist laut Zollgesetz nur bei einer Ordnungswidrigkeit vorgesehen."

"Wenn ich ein unbestrafter Bürger im Sinne des Gesetzes bin, wie kann mich da mein Betrieb bestrafen!"

"Dagegen bin ich auch", sagte der Jurist. "Wir machen eine Eingabe bei der Konfliktkommisssion des Betriebes."

Franziska wußte zwar, daß es, analog zu den Schiedskommissionen in den Wohnbezirken, auch Schiedsstellen in den Betrieben gab, aber sie hatte noch nie etwas mit einer Konfliktkommission zu tun gehabt.

"Sprechen Sie erst einmal mit dem Vorsitzenden der KK (Konfliktkommission)", schlug Herr Wald vor, "und danach stellen wir einen Antrag auf eine Konfliktkommissionssitzung. Das geht ganz formlos vor sich. Der Antrag muß aber in der vom AGB vorgeschriebenen Frist gestellt werden. Wir haben zwei Wochen Zeit."

"Mein Sektionsdirektor will die Beurteilung von Rostock zurückfordern, die er für mein Habilitationsverfahren dorthin geschickt hat. Ohne Beurteilung läuft dieses Verfahren aber nicht. Eine neue Beurteilung würde das Verfahren zu Fall bringen. In der Beurteilung steht z.B., daß ich erfolgreich wissenschaftliche Kollektive geleitet habe (was bei einer Habilitation gefordert wird). Kollektive darf ich nach einer anderen Bestimmung im Hochschulwesen aber erst leiten, wenn ich dafür qualifiziert genug bin. Die Gesetze widersprechen sich, und ohne eine gewisse Toleranz ist man handlungsunfähig. Das Wichtigste für mich ist, daß die Beurteilung meiner Sektion in Rostock bleibt."

"Deshalb müssen wir diesen Einspruch gegen das Disziplinarverfahren unbedingt wagen", sagte Herr Wald.

Die Konfliktkommission

Am nächsten Tag fand Franziska einen Brief in ihrem Briefkasten auf dem Flur, der ihr mitteilte, daß sie nach § 257 des AGB einen *strengen* Verweis erhalten habe. (Die angebene Paragraphennummer war falsch.)

Der Vorsitzende der Konfliktkommission war 50 Jahre alt, ein wenig behäbig und gemütlich, nur eins konnte er nicht leiden: die Hochschule.

Er hatte im Laufe der Jahre allzu viele üble Dinge erlebt, angefangen von ehrgeizigen Chefs bis zu Parteikonflikten. Schon lange war er auf der Suche nach einer anderen Stelle, aber nie hatte die Hochschule seinem Aufhebungsvertrag zugestimmt, wenn er etwas Passendes für sich gefunden hatte. Kündigen konnte er nicht, da ihn dann der andere Betrieb nicht hätte einstellen dürfen.

Er stand spontan auf Franziskas Seite.

"Wir müssen natürlich die Argumente der Gegenseite anhören. Es ist nicht so einfach an dieser Hochschule, einen Beschluß anzuzweifeln. Überlegen Sie sich gut, was Sie tun:

Wer einen Beschluß oder ein Urteil dieser Hochschule anzweifelt, ist schon allein deshalb abgeschrieben, offiziell wegen Uneinsichtigkeit, inoffiziell wegen Aufsässigkeit. Man wird Sie als Feind der Hochschule abstempeln. Wenn Sie das Urteil annähmen, sagten, Sie hätten falsch gehandelt und fühlten sich zu Recht bestraft, wären ihre Chancen für die Zukunft am größten. Etwas Dreck hat hier jeder am Stecken. Wenn Sie aber aufbegehren, haben sie das Spiel an der Hochschule verloren, auch wenn sie es bei der KK gewinnen sollten."

"Ich habe keine Wahl. Es geht mir vor allem darum, daß meine Beurteilung aus Rostock nicht zurückgezogen wird."

"Dann brauchen wir nicht weiter zu überlegen. Ich wollte sie nur warnen. Schreiben sie mir einen formlosen Zettel, daß Sie um eine KK-Sitzung bitten. Ich lade dann alle Beteiligten dazu ein.

Im § 67 AGB steht übrigens, wann Beurteilungen zu erstellen sind, nämlich, wenn ein Werktätiger seinen Betrieb verläßt oder wenn er den Betrieb um eine Beurteilung bittet. Beides trifft ja bei

Ihnen nicht zu. Im AGB steht auch, daß in einer Beurteilung eine durchschnittliche Leistungseinschätzung zu erfolgen hat. Eine einmalige Verfehlung, wie sie bei Ihnen vorliegt, gehört nicht in eine Beurteilung. Wegen des Briefes brauchen Sie keine Angst zu haben. Informieren Sie sich über den § 252 AGB, der ist der wichtigste."

Franziska war in den nächsten Tagen mit dem Studium des Arbeitsgesetzbuches beschäftigt, die andere Arbeit (die eigentliche) lief nebenher.

In einer Dienstversammlung wurde ihr strenger Verweis bekanntgegeben. Unter den Kollegen herrschte betretenes Schweigen, wenn auch Armin alle zur Diskussion anregen wollte und Günter gleich alle Argumente zur Verurteilung aufzählte.

So etwas machte den Kollegen angst. Man sah förmlich, wie sie den Kopf einzogen. Sie dachten daran, daß ihnen das auch hätte passieren können, daß sie sich in Zukunft mehr vorsehen müßten.

Diese Wirkung war beabsichtigt, deshalb hatte man die Strafmaßnahme vorgelesen. Nur ein paar junge Kollegen sagten zu Franziska später, daß sie sich das an ihrer Stelle nicht gefallen lassen würden. Die meisten aber sagen nichts.

Franziska pendelte zwischen ihrem juristischen Berater und dem Vorsitzenden der KK hin und her. Sie stellte einen formlosen Antrag auf Einberufung der KK-Sitzung, war bei dem Gedanken daran sowohl kampfesmutig als auch ängstlich. Professor Fried zog währenddessen die Beurteilung aus Rostock zurück.

Franziska durchlebte eine traurige Zeit, weil sie die Gedanken an IHR VERFAHREN nicht beiseite schieben konnte. Schließlich kam die Mitteilung, daß die Sitzung der KK für den 7. Januar anberaumt worden sei.

Die Sitzung der Konfliktkommission

Das war ein schwerer Tag für Franziska. Sie hatte sich inzwischen über die entsprechenden Paragraphen im Arbeitsgesetzbuch, im Zollgesetz, in der Mitarbeiterverordnung und über die juristischen Details gut unterrichtet. Sie kannte ihren Text so gut wie sonst ihre Vorlesungen. Plötzlich hatte sie keine Angst mehr.

Zu dem Verfahren waren viele Zuschauer erschienen. Die KK-Mitglieder und die zur Sitzung Geladenen nahmen am großen Tisch

Platz. Es waren auch Gäste erschienen, die Sitzung der KK war öffentlich.

Der Sektionsdirektor (Professor Fried) und Franziska bildeten die sich streitenden Parteien. Das Direktorat für Erziehung und Ausbildung hatte einen Vertreter geschickt. Professor Bart war nicht erschienen, er schützte wichtige Termine vor. Er schickte seine rechten Hände.

Die Mitglieder der Konfliktkommission stellten sich vor. Der Vorsitzende sprach ein paar Worte zum Sachverhalt. Dann erteilte er Franziska das Wort.

Während Franziska sprach, machte sich Professor Fried Notizen. Wahrscheinlich ist er das aus Parteiversammlungen so gewöhnt, dachte Franziska. Er konnte kaum aufblicken, so schnell schrieb er. Man hatte den Eindruck, er wäre der Angeklagte, nicht sie.

Als er später zu Wort kam, verstärkte er den Eindruck eines gehetzten Kaders; er sagte, er habe noch keine Zeit gehabt, sich über den juristischen Sachverhalt zu informieren. Er habe die Angelegenheit lediglich vom Standpunkt eines Hochschulangehörigen betrachtet. Er machte einen kläglichen Eindruck, als er, nach Worten suchend, sich ständig wiederholte.

Vielleicht liegen bei ihm wirklich Wunsch und Pflicht im Streit, dachte Franziska.

Im Gegensatz zu Professor Fried, der die Macht hatte, ihr Richter zu sein, fühlte sie sich frei. Er war an die Parteirichtlinien gekettet, konnte sich weder eine eigene Meinung bilden, noch sich eine eigene Meinung leisten, er war nur ein Stellvertreter der Partei.

Ich bin frei, VOGELFREI, dachte Franziska. Sie hatte nichts zu verlieren.

DER EINZELNE KANN / VERNICHTET WERDEN / ABER DIE PARTEI
KANN / NICHT VERNICHTET WERDEN
Sozialistische Reliefkunst, Karl-Marx-Stadt (Foto: 2000)

Franziska beharrte darauf, sie habe die Zeitschriften in einem sozialistischen Land gekauft.

Wir haben eigene Gesetze, entgegnete der Genosse aus dem Direktorat.

Franziska plädierte, die Voraussetzungen für ein Disziplinarverfahren seien ihrer Meinung nach gar nicht gegeben gewesen. Es liege keine Verletzung von Arbeitspflichten vor. Sie verlas einen Artikel von Dr. Neumann, Richter am Obersten Gericht der DDR, in dem gesagt wurde, daß Arbeitspflichten einen konkreten Bezugspunkt in der konkret wahrzunehmenden Arbeit haben müßten. Die besondere Verantwortlichkeit bestimmter Personenkreise, die der Sektionsdirektor zitiert habe, komme für sie nicht in Betracht, da sie weder dem Staatsapparat, noch dem Nachrichtenwesen angehöre.

Nach der Arbeitsverordnung §80 3) der Hochschule gelte für die disziplinarische Verantwortlichkeit der Mitarbeiter der Hochschule §252 ff des AGB, wonach eine schuldhafte Verletzung der Arbeitsdisziplin Voraussetzung für ein Disziplinarverfahren sei. Sie sagte, daß nach der im Verweis als Begründung zitierten MVO (Mitarbeiterverordnung) vom 6.11.68 zwar von einem Mitarbeiter ein hohes sozialistisches Staatsbewußtsein und die Bereitschaft zur sozialistischen Erziehung der Studenten gefordert würden, das seien aber Voraussetzungen für die Tätigkeit eines Mitarbeiters und keine Arbeitspflichten. Arbeitspflichten seien ihrer Meinung nach konkrete

Pflichten, und es müsse nachgewiesen werden, daß diese Pflichten verletzt worden seien.

Der Vorsitzende der KK erteilte nun Professor Fried das Wort, das er aber nicht sofort ergreifen konnte, da er mit dem Aufschreiben noch nicht fertig war.

Schließlich sagte er: "Wir sind der Ansicht, daß eine versuchte Einfuhr verbotener Druckerzeugnisse im Widerspruch zu einem sozialistischen Staatsbewußtsein steht, dessen strikte Wahrung Pflicht eines jeden Mitarbeiters unseres Hochschulwesens ist. Mitarbeiter, die sich mit der Erziehung von Studenten beschäftigen, sind ein besonderer Personenkreis. Die paragraphenmäßige Begründung des strengen Verweises war uns weniger wichtig als die Belehrung von Frau Dr. S. Von einem Erzieher erwarten wir ein jederzeit hohes Staatsbewußtsein. Wir sind der Ansicht, daß der strenge Verweis zu Recht erteilt worden ist. Wir erwarten Vorbildwirkung von unseren Mitarbeitern."

Gut, daß er wenigstens nicht ICH sagt, dachte Franziska.

Schließlich ging der Vorsitzende der Kommission zur allgemeinen Erörterung des Antrages über. Er argumentierte, daß zunächst einmal die Form des Verfahrens nicht gewahrt gewesen sei. Nach AGB sei ein Disziplinarverfahren eine erzieherische Maßnahme, die unter Mitwirkung von Mitgliedern der Gewerkschaftsgruppe durchzuführen sei, auf alle Fälle aber unter Hinzuziehung des Gewerkschaftsvertrauensmannes. Das Verfahren sei, so betrachtet, nicht rechtsgültig, und die erzieherische Maßnahme müsse aufgehoben werden. Er wolle sich hier aber einmal der fachlichen Seite zuwenden.

Er hob hervor, hier sei die schärfste Form einer Disziplinarmaßnahme gewählt worden (strenger Verweis), die bei Fortbestehen des Arbeitsverhältnisses überhaupt möglich sei. Die Mitglieder der Konfliktkommission würden diese Maßnahme für zu hart halten. Wenn man den §80(1) des AGB extensiv auslege, also weiter fasse, als er im AGB gefaßt sei, könne man zwar von einer Arbeitspflichtverletzung sprechen, aber ein strenger Verweis sei doch nicht gerechtfertigt.

Der Vertreter des Direktorats hielt dagegen und kam noch einmal auf die sozialistische Moral zu sprechen, die man bei Franziska vermisse.

Staatsbewußtsein sei eine moralische Kategorie, entgegnete Franziska, Nichtvorhandensein könne nicht eingeklagt werden. Außerdem habe sie nur drei Zeitschriften mitgebracht und sei nicht vorbestraft. Sie zitierte aus Heft 11 der Schriftenreihe zum AGB: "Moralische Pflichten sind mit rechtlichen Mitteln nicht durchsetzbar, ihre Nichterfüllung begründet auch keine disziplinarische Verantwortlichkeit."

Derartige Äußerungen, so der Genosse aus dem Direktorat, führten Franziskas Uneinsichtigkeit deutlich vor Augen. Da man ihr ja nur helfen wollte, war er - den Franziska vor einer halben Stunde noch gar nicht gekannt hatte - jetzt tief von ihr enttäuscht.

Ihnen ginge es um grundsätzliche Fragen, auch wenn Franziska noch so sehr nach Lücken im Gesetz suche. Ihnen ginge es um die ideologische Frage. Sie habe kein gefestigtes Staatsbewußtsein.

"Darf ein Mitarbeiter", so fragte er, "der solche Zeitschriften wie den *Spiegel* liest, überhaupt Studenten erziehen?"

Franziska entgegnete, das tägliche Westfernsehen, das nicht verboten sei, sei aktueller als eine alte Westzeitung.

"Wir müssen uns an die Gesetze halten", sagte Günter. Fernsehen sei erlaubt, *Spiegel*einfuhr nicht.

Franziska geriet endgültig ins Abseits, als sie beharrte, im Zug hätten ja keine Studenten gesessen und sie wäre außerdem nicht mit den Zeitschriften von Abteil zu Abteil gegangen. Zeitschriften lesen sei nicht strafbar. Sie hätte sich nur informieren wollen und nicht die Absicht gehabt, die Information weiterzugeben.

"Zur Information haben wir das *Neue Deutschland*", belehrte sie der Genosse vom Direktorat.

Sie wolle sie wohl nicht verstehen, unterstützte ihn Armin.

"Von einem Hochschulangehörigen erwarten wir mehr als von einem Arbeiter", eiferte sich der Genosse vom Direktorat weiter, und Armin begann, sich über die Vorbildwirkung von Studentenerziehern (auch im Urlaub) auszubreiten.

Jemand aus dem Publikum fragte, was denn passieren würde, wenn ein Hochschulmitarbeiter bei Rot über die Kreuzung ginge. Ob das auch strafbar sei, und wie weit er sich vor seinem Betrieb dafür verantworten müßte.

Der Vorsitzende des Kommission blockte ab, die Diskussion dieser Frage würde zu weit führen. Franziska erinnerte sich aber an die Geschichte, die ihr der KK-Vorsitzende erst kürzlich unter vorgehaltener Hand erzählt hatte. Nur zur Illustration - "Die Kleinen hängt man, die Großen läßt man laufen" - hatte er gesagt:

Nach einer feuchtfröhlichen Feierlichkeit war ein bekannter Genosse der Hochschule in einem Graben der Stadt wiedergefunden worden - und zwar ohne Aktentasche. Diese hatte er mit VD-(Vertrauliche Dienstsache)Unterlagen nach der Festivität, die dem Abschluß der ML-Abendschule gewidmet war, verloren. Er bekam kein Disziplinarverfahren.

Franziska begann, über den Rostocker Brief zu sprechen.

Der KK-Vorsitzende sagte, daß in einer Beurteilung nur die wesentlichen ständigen Verhaltensweisen eines Betriebsangehörigen zu beschreiben seien. Das gelte nach AGB. Deshalb müsse man der Universität Rostock mitteilen, daß die frühere Beurteilung fortzubestehen habe. Sie dürfe nicht zurückgezogen werden.

Nach kurzer Beratung der KK-Mitglieder vor der Tür verkündete der Vorsitzende das abschließende Urteil:

Bei extensiver Auslegung des §80(1) des AGB könne ein Arbeitszusammenhang mit dem Zollverstoß festgestellt werden. Der erteilte strenge Verweis sei aber nicht gerechtfertigt und werde deshalb aufgehoben. Der Universität Rostock sei mitzuteilen, daß die dort vorliegende Beurteilung ihre Gültigkeit behalte.

Damit war die Verhandlung beendet. Professor Fried hatte darin keine große Rolle gespielt.

Der Brief nach Rostock war das Wichtigste, sie mußte nur aufpassen, daß er auch geschrieben würde!

Franziska hatte einen großen Sieg errungen. Noch nie war an der Hochschule eine disziplinarische Maßnahme aufgehoben worden. Freuen konnte sie sich trotzdem nicht. Die Hochschule hatte ihre eigenen Gesetze. Sie würden ihr nicht erlauben zu siegen.

Die Freunde gratulierten Franziska. Noch niemals hatte sich an dieser Hochschule jemand gegen eine Bestrafung gewehrt. Das war ein völliges Novum. Alle Bestraften hatten bisher die Strafe angenommen, sie hatten zu viel Angst gehabt, sich dagegen aufzulehnen. Wo man sein Brot verdient, da muß man den Mund halten.

Es erschien deshalb vielen Mitarbeitern unfaßbar, was Franziska erreicht hatte: *Die ausgesprochenen Disziplinarmaßnahme war zurückgenommen worden.*

Auch Professor C. beglückwünschte Franziska.

"Sie haben ein Zeichen gesetzt", sagte er, "sie haben daran erinnert, daß Gesetze existieren, daß man sich wehren kann. Bisher ist man bei Disziplinarmaßnahmen ganz nach Belieben verfahren. Man hat sich nicht einmal die Mühe gemacht, die Gesetze zu lesen. Das war Ihr Glück. Im AGB sind die Randbedingungen für ein Disziplinarverfahren genau angegeben. Man hätte das Verfahren auf alle Fälle annulieren müssen, da der Gewerkschaftsgruppenvorsitzende nicht zum Verfahren eingeladen worden war. Der Sektionsdirektor wußte nicht, wie ein Disziplinarverfahren durchzuführen ist, und, noch schlimmer, daß es dafür Vorschriften im AGB gibt. Bisher brauchte er das auch nicht so genau zu nehmen, da es die Betroffenen aus Angst sowieso nicht nachprüften. Die Hochschule hatte die Macht, das genügte bisher. Ich muß Ihnen wirklich gratulieren."

In Dienstversammlungen wurde nun, wenn irgendwelche rechtlichen Fragen zu klären waren, auf Gesetze Bezug genommen. Franziska bemerkte, daß die Genossen anfingen, das AGB zu studieren. Sie mußte darüber ein bißchen lächeln. Immer, wenn Gesetze genannt wurden, sagten die Genossen hinterhältig:

"Franziska weiß ja darüber gut Bescheid."

Natürlich reagierte die Lehrstuhlleitung bösartig. In einer Dienstversammlung wurde über die KK-Sitzung gesprochen. Einige Mitglieder der Parteigruppe waren zum Mithören bestellt gewesen. Sie warfen Franziska Uneinsichtigkeit vor, sie begreife "unseren Staat" nicht. Die Hochschule wolle ihr nur den richtigen Weg weisen und anderes mehr.

Die jungen Kollegen dagegen schauten zu Franziska auf. Sie sagten, wie schon Professor C. : "Sie haben uns gezeigt, daß es Gesetze gibt." Die meisten Genossen aber blieben eher still, sie hatten eine gewisse Furcht vor Franziska. Vielleicht bewunderten sie sie ganz im Inneren ein wenig, - und das hielt sie vor allzu großen Attacken zurück.

Franziska wurde so innerhalb kürzester Zeit zum populärsten Mitarbeiter der Hochschule.

Ein neues Disziplinarverfahren

Einige Tage später jedoch fand Franziska eine neue Einladung zu einem Disziplinarverfahren in ihrem Briefkasten.

Die Parteileitung befand, daß - wenn die KK einen *strengen* Verweis als *unangemessene* Disziplinarmaßnahme abgelehnt hatte - nun eine *angemessene* Disziplinarmaßnahme am Platze sei.

Außerdem hatte der erste Prorektor, der sich wieder vor höheren Gremien zu verantworten hatte, Angst, er könnte dem Ganzen nicht gerecht werden. Er hatte also den Sektionsdirektor angewiesen, ein neues Disziplinarverfahren anzusetzen.

Diesmal wurde der Gewerkschaftsvertreter eingeladen, als Ort der Handlung wurde die Sektion Mathematik gewählt, also Franziskas Arbeitsstelle, wie im AGB vorgeschrieben.

Sie haben schon etwas dazu gelernt, dachte Franziska, die nun nicht mehr zur Ruhe kam und keine Zeit mehr für ihre "eigentliche" Arbeit hatte.

Franziska ging zur Sekretärin des Sektionsdirektors und fragte nach, ob der Sektionsdirektor schon einen weiteren Brief nach Rostock geschickt hätte. Sie erklärte der Sekretärin, daß dieser Brief die Mitteilung enthalten müsse, daß die alte Beurteilung ihre Gültigkeit behalte. Anderenfalls müsse sie eine Eingabe an die KK wegen Nichteinhaltung der Festlegungen machen und würde auch zum nächsten Disziplinarverfahren nicht erscheinen. Da das neue Disziplinarverfahren bereits für die nächste Woche angesetzt sei, müsse sich der SD mit dem Schreiben des Briefes beeilen.

Die Sekretärin versprach, sich darum zu kümmern. "Sie können sich auf mich verlassen."

So kam es, daß tatsächlich einige Tage vor dem neuen Disziplinarverfahren ein Brief nach Rostock abging, in dem mitgeteilt wurde, daß nach neuer Überprüfung die früher eingereichte Beurteilung von Frau Dr. S. ihre Gültigkeit behalte.

Franziska fragte noch einmal nach, ob der Brief auch wirklich abgeschickt worden sei. Nun kann nichts mehr passieren, dachte sie. Noch einmal können sie die Beurteilung nicht zurückziehen, ohne sich absolut lächerlich zu machen.

Vor Lächerlichkeit hatte aber jeder Leitungskader panische Angst. Da ein leitender Kader niemals nach seiner eigenen Meinung handelte, sondern immer nur im Auftrage anderer Kader, er es aber nicht allen anderen Kadern gleichzeitig recht machen konnte, war er immer in Bedrängnis. Je höher ein Kader aufgestiegen war, umso schwieriger wurde der Seiltanz, und nur die völlig Rücksichtslosen blieben ganz oben.

Das neue Disziplinarverfahren, zu dem Professor Bart ebenfalls nicht erschien, war sehr kurz. Die Form wurde gewahrt, aber der Termin war der falsche.

Franziska hatte nämlich die Möglichkeit, innerhalb von zwei Wochen nach Erhalt des schriftlichen Bescheids der KK, Einspruch gegen die Entscheidungen der KK zu erheben. Vor Ablauf der Einspruchsfrist durfte kein neues Verfahren angesetzt werden.

Sie haben das Arbeitsgesetzbuch immer noch nicht richtig gelesen, dachte Franziska. Wenn ich Einspruch gegen das Urteil der KK erheben würde, so wäre das Urteil des neuen Disziplinarverfahrens bereits wieder ungültig. Nicht zu glauben, daß die führenden Genossen das Arbeitsgesetzbuch nicht lesen. Aber sie denken eben, sie sind das Arbeitsgesetz, dachte Franziska.

Bei dem neuen Verfahren verzichtete man auf die Darstellung des Tatbestandes. Der Sektionsdirektor wies auf den Beschluß der KK hin, worin stand, daß nach extensiver Auslegung des §80(1) AGB eine Arbeitspflichtverletzung vorliege, womit er glaubte, auch Franziska von ihrer Arbeitspflichtverletzung überzeugt zu haben.

Franziska entgegnete, zwar stehe in dem Beschluß der KK, daß bei extensiver Auslegung des §80(1) AGB eine Arbeitspflichtverletzung vorliege, daß aber aus dem Beschluß der KK nicht hervorgehe, daß die KK den §80(1) AGB extensiv ausgelegt hätte oder daß er extensiv ausgelegt werden müßte. Sie würde hier einen Unterschied sehen.

Nun fielen aber die helfenden Hände des Sektionsdirektors ein.

Günter sagte: "Wir wollen hier keine juristischen Klaubereien! Es geht hier nicht um Gesetzeshascherei. Das führt am Kern der Sache völlig vorbei."

Franzsika wurde aufgefordert, endlich ihre Verfehlung einzugestehen und die Rechtmäßigkeit eines Verweises durch die Hochschule anzuerkennen.

Offensichtlich war das Ergebnis des Verfahrens schon vor dem Verfahren festgelegt worden. Alle außer Franziska wußten, daß sie einen Verweis erhalten würde. Insgeheim hatte Franziska gehofft, man würde es mit dem Verfahren an sich als erzieherischer Maßnahme bewenden lassen. Die Genossen fühlten sich aber in ihrer Ehre gekränkt, Franziska mußte - für alle erkennbar - besiegt werden. Sie erkannte die Sinnlosigkeit jeder weiteren Argumentation.

Trotzdem sagte sie, als der Sektionsdirektor noch einmal auf die extensive Auslegung des §80(1) AGB zurückkam, daß sich eine disziplinarische Maßnahme nicht auf eine enge oder weite Auslegung eines Paragraphen zu stützen habe, sondern auf eine richtige.

Der Sektonsdirektor erteilte ihr einen VERWEIS. Franziska stand auf und ging hinaus.

Was mache ich nun?, dachte sie.

Sie fuhr zu Herrn Wald, um sich beraten zu lassen.

Einspruch

"Natürlich", empörte sich dieser, "erheben wir Einspruch gegen die Entscheidung der KK. Dann ist auch das zweite Disziplinarverfahren ungültig. Den Einspruch müssen wir auf dem zuständigen Arbeitsgericht des Kreises machen."

"Ich habe keine Lust mehr", sagte Franziska.

"Wollen Sie den Verweis behalten?", fragte Herr Wald.

"Nein", resignierte Franziska, "aber ich werde ihn wohl behalten müssen." Sie war pessimistisch geworden. An der Hochschule galten keine Gesetze. Die Hochschule war das Gesetz.

Sie erinnerte sich an die geheimen Gesetze, die man Professor C. für seine Geheimnisschutzvorlesung im Rektorat gezeigt hatte, die er aber nicht mitnehmen durfte. FOR EYES ONLY. Es gibt Gesetze, die kein Mitarbeiter kennt, dachte sie. Trotzdem werden sie angewendet und: "Trotzdem müssen sie eingehalten werden", hatte der Rektor zu Professor C. bei dessen Disziplinarverfahren gesagt.

Franziskas Fall war einfach. Aber sie war widerspenstig.

Herr Wald schrieb Franziskas Eingabe an die Kammer des Arbeitsgerichtes des Kreises, Stadtbezirk Süd. Er hatte eine schnelle Sekretärin im wahrsten Sinne des Wortes. Sie war Weltmeisterin im Schreibmaschineschreiben, und Franziska hatte ihre Anschrift in der Hochschule an schwarze Bretter geheftet, weil sie zusätzliche Arbeit suchte. Obwohl das Aushängen solcher Anschriften in der Hochschule nicht erlaubt war, hatte Franziska die Zettel trotzdem verteilt, sich dabei aber vergewissert, daß niemand sie sah.

Nun half ihr diese Sekretärin und schrieb für sie die Eingabe an das Kreisgericht.

Franziska gab es dort ab. Dann ruhte die Angelegenheit.

Nach langer Zeit bekam Franziska die Mitteilung, daß das Kreisgericht die Eingabe als offensichtlich unbegründet abgewiesen habe.

In der Begründung wurde festgestellt, daß nach §3, Absatz 2, der Mitarbeiterverordnung für die von der Klägerin ausgeübte Tätigkeit ein hohes sozialistisches Staatsbewußtsein und die Bereitschaft und

Fähigkeit zur sozialistischen Erziehung der Studenten Voraussetzung seien. Die sich aus dem Arbeitsrechtsverhältnis der Klägerin ergebende hohe Verantwortung reduziere sich nicht auf die unmittelbare Tätigkeit und Arbeitszeit, sondern erfordere ein grundsätzlich verantwortungsbewußtes Verhalten. Somit sei ihr vorsätzlicher Verstoß gegen §16 des Zollgesetzes nicht von ihrer arbeitsrechtlichen Verantwortung zu isolieren und rechtfertige durchaus die Anwendung einer Maßnahme der disziplinarischen Verantwortlichkeit.

Herr Wald war empört. Er verfaßte sofort eine Beschwerde gegen den Beschluß der Kammer für Arbeitsrecht des Kreisgerichtes.

Diese Beschwerde wurde ebenfalls abgewiesen, mit der Begründung, daß gegen die Abweisung einer Klage keine Beschwerde geführt werden könne. Franziska müsse sich, wenn sie die neue Disziplinarmaßnahme der Hochschule nicht akzeptiere, erneut an die KK der Hochschule wenden.

Ich werde nicht einmal bei Gericht vorgelassen, dachte sie.

Sie konnte sich vor dem Arbeitsgericht nicht verteidigen, weil sie gar nicht angehört wurde. Klage abgewiesen, Schluß. Es gab kein juristisches Gremium, an das sie sich hätte wenden können.

Das Gericht will sich nicht in die Angelegenheiten der Hochschule einmischen, dachte Franziska.

Aufgeben

Nun passierte etwas Seltsames: Die Konfliktkommission wurde aufgelöst.

Die bisherige KK war für zwei Sektionen zuständig, und die Mitglieder der KK setzten sich auch aus Mitarbeitern dieser zwei Sektionen zusammen. Man stellte nun fest, daß die Sektion Mathematik genügend Mitarbeiter habe, um eine eigene Konfliktkommission zu gründen.

Schließlich kam es noch zur großen Rechenschaftslegung der alten KK, bevor sie ihre Arbeit einstellte.

Mit dieser Rechenschaftslegung verabschiedete sich auch der KK-Vorsitzende. Ihm war es endlich gelungen, eine Stelle außerhalb der Hochschule zu finden. Diesmal hielt ihn niemand zurück. Er hatte sich in Parteikreisen unbeliebt gemacht.

Es wurde eine neue KK gegründet, deren Mitglieder alle in der Sektion Mathematik arbeiteten. Als Vorsitzenden wählten diese

Mitglieder den ehemaligen Sektionsdirektor, den Vorgänger von Professor Fried.

Es fehlte noch, dachte Franziska spöttisch, daß der Sektionsdirektor selbst Vorsitzender der Konfliktkommission würde. Wollte sich ein Mitarbeiter über Maßnahmen des Sektionsdirektors beschweren, so müßte er diese Beschwerde beim Sektionsdirektor einreichen. Daß der ehemalige Sektionsdirektor und nicht der amtierende Sektionsdirektor Vorsitzender der KK wurde, war kein großer Unterschied, denn beide vertraten dasselbe Gremium, und einer hätte dem anderen nicht weh getan.

Durch die Bildung der neuen KK wird dafür gesorgt, daß sich mein Fall nicht wiederholen kann, dachte Franziska. Es gibt zwar Gesetze, aber niemanden, der sie anwenden würde. Es gibt kein Gremium, an daß man sich wenden könnte. Jeder Mitarbeiter ist der Hochschule bedingungslos ausgeliefert. Die Hochschule führt die Gerichtsbarkeit ganz nach Belieben durch.

Der neue Vorsitzende der KK bestellte Franziska zu sich und bedrängte sie: "Geben Sie endlich Ihren Widerspruch auf. Sie erreichen dadurch nichts, sie schaffen sich nur Feinde. In einem Jahr wird der Verweis aus den Kaderakten gelöscht, niemand darf dann mehr Bezug darauf nehmen."

Auch der amtierende Sektionsdirektor bestellte sie zu sich und sagte: "Wenn Sie das Urteil annehmen, könnten wir einen Antrag stellen, den Verweis bei guter Führung früher löschen zu lassen."

Franziska gab auf, sie unternahm nichts mehr in Sachen Verweis. Sie fühlte sich gebrandmarkt. Es wurde ihr schmerzlich bewußt, daß sie sich vergeblich bemüht hatte. Ihr Enthusiasmus und Arbeitseifer erhielten einen schweren Dämpfer.

Und sie bekam zu spüren, daß man ihr ihren Widerstand sehr übelnahm. Zwar erhielt sie eine Einladung an eine sibirische Universität, aber keine Reisegenehmigung. Franziska sollte an dieser Universität, die an Kontakten sehr interessiert war, einige Wochen lang Vorlesungen halten. Sie sollte ein Gehalt bekommen und die Reisekosten wollte die sibirische Universität übernehmen.

Professor Fried, der die Reisegenehmigung beim Direktorat für Auslandsbeziehungen hätte beantragen müssen, stürzte sich in Ausflüchte. Zunächst bezweifelte er, ob die Unterschrift des Rektors der sibirischen Universität überhaupt echt sei.

"Wollen Sie behaupten, die Unterschrift sei gefälscht?", fragte Franziska.

Das war Professor Fried wohl doch zu riskant, er stellte nun aber plötzlich fest, daß ihre Hochschule gar kein Abkommen mit dieser sibirischen Universität habe und deshalb ein Besuch überhaupt nicht in Frage komme. Außerdem stünden keine Finanzmittel zur Verfügung. Franziska sagte, finanzielle Mittel seien ja auch nicht erforderlich. Es sei doch begrüßenswert, wenn man auf diese Weise mit der sibirischen Universität in Kontakt treten könne, und außerdem würden dadurch die Verbindungen zur Sowjetunion gepflegt.

Obwohl Professor Fried lange Jahre der Vorsitzende der DSF (DSF = Deutsch-Sowjetische Freundschaft) gewesen war, fand er nun, man müsse nicht jede Einladung annehmen.

Auch die geplante Dienstreise nach Ungarn wurde gestrichen. "Das kann ich nicht verantworten", sagte der Sektionsdirektor.

Nach und nach erkannte Franziska, daß sie überhaupt nicht ins Ausland fahren durfte. Ins westliche Ausland durfte sie sowieso nicht fahren, sie war kein NSW-Reisekader. Nun war sie auch kein Reisekader für das östliche Ausland mehr.

An dieser Stelle griff auch Professor Bart wieder ins Geschehen ein, der sich bislang seiner Handlanger bedient hatte. Er bestellte Franziska zu einem weiteren Kadergespräch und profilierte ihr Forschungsthema um.

Franziska konnte sich jetzt nicht mehr auf ihre Qualifizierung berufen, da ihre Habilitationarbeit bereits in Rostock eingereicht war. Obwohl sie wußte, daß ihr Fachgebiet in der Informatik Anwendung fand, und obwohl sie mit der Sektion Informationstechnik zusammenarbeitete, wurde ihr ein völlig neues Arbeitsgebiet zugewiesen.

Franziska unterschrieb das Protokoll der Kaderaussprache diesmal ohne Zögern. Einmal hatte sie sich erlaubt, ein solches Protokoll nicht unterschreiben zu wollen, weil sie mit dem Inhalt des Protokolls nicht einverstanden gewesen war. Der Sektionsdirektor hatte sie aber belehrt, daß sie das Protokoll nicht zu kommentieren, sondern nur zu unterschreiben habe. Er sagte: "Es geht nicht darum, ob sie mit dem Inhalt des Protokolls einverstanden sind, sondern Sie haben ihn nur zur Kenntnis zu nehmen."

Meine Unterschrift ist nichts wert, dachte Franziska, ich habe schon viel gelernt.

Franziska durfte auch nicht mehr an den Englischkursen an der Hochschule teilnehmen, da sie, wie Professor Bart sagte, in absehbarer Zeit nicht für Dienstreisen vorgesehen sei. Als Neuerung wurde eingeführt, daß sich ein Mitarbeiter nicht mehr selbst zum Sprachunterricht anmelden durfte, sondern er mußte nunmehr dazu von der Sektionsleitung delegiert werden.

Franziska hatte die Sprachkurse, die von der Sektion Sprachunterricht gehalten wurden, besonders gern besucht. Ihren Französischkursus mußte sie mit der Prüfung abbrechen.

Ihre Vorlesungen auf ihrem Fachgebiet wurden einem jüngeren Kollegen übertragen, da er sich - wegen eines geplanten Auslandsaufenthaltes - üben sollte.

Ihr Amt in der Kommission zur sozialistischen Erziehung und Ausbildung der Schuljugend wurde von einem männlichen Kollegen übernommen, da die Kommission zu viele weibliche und zu wenig männliche Mitglieder hatte.

Nur die DSF-Zentrale wußte nicht Bescheid. Sie erteilte Franziska eine Prämie wegen pünktlicher DSF-Kassierung.

Kaderakte

Ein Vorfall erregte Franziska noch einmal. Sie beschäftigte sich mit der Biographie eines Mathematikers, dessen mathematische Arbeiten für sie wichtig gewesen waren und dessen 100. Geburtstag in Halle feierlich begangen werden sollte. Sie ließ sich einige persönliche Daten dieses Mathematikers von der Bibliothek der Universität Halle an die Sektionsbibliothek schicken. So bekam sie die Kaderakte dieses Mathematikers. Sie stand ihr im Lesesaal der Bibliothek zur Verfügung. Bevor Franziska aber Einsicht nehmen konnte, nahm der Sektionsdirektor Einsicht. Man hatte ihm berichtet, daß eine Kaderakte in der Bibliothek liege, die Franziska in Halle angefordert habe.

Obwohl der Sektionsdirektor nicht der Direktor der Bibliothek war und ihn deshalb der Vorgang gar nichts anging, nahm er die Kaderakte unerlaubterweise aus dem Lesesaal mit.

Franziska wurde vom Sektionsdirektor gebeten, zu diesem Vorgang schriftlich Stellung zu nehmen. Sie wußte nicht, was sie falsch gemacht hatte.

Sie wurde zum Sektionsdirektor beordert, Günter und Armin saßen dabei. Günter mit gezücktem Bleistift.

"Wie kommen Sie zu der Kaderakte?", fragte der Sektionsdirektor. Franziska antwortete, der Archivar der Universitätsbibliothek Halle habe ihr die Akte zum Lesen geschickt, da sie sich mit der Biographie dieses Mathematikers beschäftigen wolle.

"Wir haben hier profilierte Mathematiker genug", sagte Günter.

Das reizte Franziskas Lachmuskeln. Vielleicht soll ich über Professor Bart (Fernsehmathematiker) schreiben, dachte sie, darüber, daß er - seit er Stellvertreter des Rektors für Wissenschaft und Technik geworden ist - so gut wie keinen mathematischen Vortrag mehr besucht, geschweige denn etwas Wissenschaftliches veröffentlicht hat. Manchmal schreibt er stattdessen für die Pionierzeitung *Alpha* populärwissenschaftliche Artikel für Schüler.

Der Mann, dessen Kaderakte nun beim Sektionsdirektor lag, war ein wirklich bedeutender Mathematiker und ein bemerkenswerter Mensch gewesen. Er war nie Parteimitglied, aber mehrfach Dekan der naturwissenschaftlichen Fakultät der Universität Halle gewesen, ein ausgezeichneter und interessierter Lehrer, und die wissenschaftliche Arbeit war für ihn zeitlebens das Wichtigste. Solche Leute gehören wohl der Vergangenheit an, bedauerte Franziska. Ihr fiel eine Episode über diesen bemerkenswerten Mann ein, die sie gelesen hatte. Er haßte alle Arten von Plakaten, und nach 1945 gab es davon zu viele. Er sagte. "Ich schlage vor, wir Mathematiker hängen auch ein Plakat auf: *Wir sind für die Lösung des Primzahlproblems* (womit er sich gerade beschäftigte)."

"Auch wenn Sie sich mit den mathematischen Werken dieses Mathematikers beschäftigt haben, so bedeutet das noch nicht, daß Sie seine Kaderakte lesen dürfen", wies sie der Sektionsdirektor zurecht.

"Aber dieser Mathematiker ist vor 30 Jahren gestorben", verteidigte sich Franziska.

"In Kaderakten dürfen Sie keine Einsicht nehmen", drohte der Sektionsdirektor, "wir sprechen uns noch."

Er schloß die Kaderakte (*corpus delicti*) in seinen Schreibtisch ein, - und vergaß sie. Der Sektionsdirektor war sehr nervös, man könnte sagen konfus, von seiner Funktion überfordert und folglich sehr vergeßlich.

Als die Akten nicht nach Halle zurückkamen - sie hatten eine Leihfrist von vier Wochen - fragte der Archivar an der Hochschule nach. Franziska erklärte ihm die Zusammenhänge.

Der Archivar schrieb daraufhin eine Beschwerde an die Hochschule, mit der Bemerkung, daß eine Kaderakte 20 Jahre nach dem Tod des Betreffenden nur noch eine Archivakte sei, und Bücher, die für den Lesesaal bestimmt seien, auch den Lesesaal nicht verlassen dürften. Das teilte die Bibliotheksleitung der Hochschule Professor Fried verärgert mit, der sich daraufhin an die Akte in seinem Schreibtisch erinnerte.

Von einem vorzeitigen Löschen ihres Verweises war nicht mehr die Rede.

Abgang

Professor C., den Franziska wieder einmal beim Essen traf, erzählte ihr, es werde nun doch ein Lehrstuhl für Informatik an der Hochschule gegründet, nachdem man die Informatik ebenso wie die Mikroelektronik jahrelang verschlafen habe, weil niemand im Ministerium die Hinweise von Wissenschaftlern beachte.

"Rechtzeitig nach meiner Umprofilierung", sagte Franziska bitter. Denn dort würde ihr bisheriges Forschungsthema ins Profil passen.

"Machen Sie sich keine falschen Hoffnungen", sagte Professor C. "Dieser Lehrstuhl wird an das Rechenzentrum angeschlossen. Wie ich weiß, haben Sie Westverwandte, und unter diesen Umständen dürfen Sie sowieso nicht in der Rechentechnik arbeiten. Das gilt übrigens für alle Rechenzentren der DDR!"

"Was macht das Disziplinarverfahren?", fragte er dann.

"Es ruht", sagte Franziska, "ich tue nichts mehr."

"Sie haben doch schon genug getan", lachte Professor C., "mit DV-Geschädigten (Disziplinarverfahrensgeschädigten) ist man in guter Gesellschaft."

Später erkundigte sich Franziska beim Direktor des Rechenzentrums und der bestätigte ihr: "Wir haben strenge Regeln im Rechenzentrum. Die Kaderleitung wählt die Mitarbeiter selbst aus, darauf habe ich keinen Einfluß."

Franziska stellte fest, daß sie in keinem Rechenzentrum der DDR eine Stelle bekommen würde, da ihre Schwester in Westdeutschland wohnte.

Zu berichten ist schließlich, daß zwar Franziska nicht mehr ins Ausland fahren durfte, Professor Fried aber als NSW-Reisekader (NSW = Nicht-Sozialistisches-Ausland) eine Vortragsreise durch die USA machte, und Professor Bart (NSW-Reisekader) nach Frankreich fuhr, um ein Abkommen über die Zusammenarbeit der Hochschule mit der Hochschule Paris-Orsay zu unterzeichnen.

Armin wurde Professor an einer Ingenieurhochschule, und die Sektion Mathematik der Hochschule erhielt zum 35. Jahrestag der DDR den Karl-Marx-Orden.

Helmut setzte später sein Studium fort, sein Zimmerkollege, der ganz unschuldig gewesen war, beendete das Studium nicht. Er wurde Facharbeiter in der sozialistischen Produktion.

Franziska verteidigte ihre Arbeit in Rostock erfolgreich.

Die Kinder mußten im Deutschunterricht im Fach *Ausdruck* zu der Frage Stellung nehmen: *Warum sind DDR-Bürger unzufrieden?*

Jeder Schüler mußte wenigstens eine Anwort geben, dazu machte der Politagitator der Klassengruppenleitung auf einer Namensliste Striche. Am Schluß der Stunde bekam jeder Schüler eine Note. Franziskas Sohn bekam eine 4, obwohl Ausdruck eines seiner besten Fächer war.

"Ich habe fast nichts gesagt, ich konnte doch nicht sagen, was ich denke", verteidigte er sich. "Die anderen haben nur über schlechte Straßen und baufällige Häuser gesprochen. Nur ein Mädchen sagte, sie finde es schlecht, daß wir nicht nach dem Westen reisen dürfen. Aber die meisten hatten Angst."

"Einer beschwerte sich, es gebe zu wenig Obst. Mein Nachbar sagte, sie hätten immer Bananen zu Hause. Aber seine Mutter arbeitet ja als Sekretärin in der VP-Kaserne (VP = Volkspolizei), dort gibt es Spezialläden für Mitarbeiter - und auch Bananen."

"Schade um deine gute Note in Deutsch", bedauerte Franziska.

"Sollte ich deswegen lügen?", fragte er. "Lügen muß ich sowieso schon genug."

"Es war ganz richtig, wie du es gemacht hast", sagte sie.

Sie erinnerte sich dabei daran, daß die Klassenlehrerin ihrer Tochter die Kinder in der ersten Klasse gebeten hatte, nicht in den Religionsunterricht zu gehen.

"Lügen lernt man schnell", sagte ihre Tochter, die am ersten Schultag noch die Westschokolade als das Schönste in ihrer Zuckertüte beschrieben hatte und sofort von der Lehrerin zurechtgewiesen worden war.

Eines Tages traf Franziska einen Mathematiker der Berliner Humboldt-Universität, mit dem sie befreundet war.

"Ich muß dir danken, Franziska", sagte er.

"Warum?", wunderte sie sich.

"Weil du mir von deinem Disziplinarverfahren erzählt hast", erklärte er. "Mir ist beinahe dasselbe passiert. Der Zoll fand bei uns zwei Zeitschriften, als wir von Ungarn kamen. Als der Zöllner meine Arbeitsstelle wissen wollte, sagte ich, daß ich mit den Zeitschriften nichts zu tun hätte. Die Zeitschriften würden meiner Frau gehören. Sie arbeitet nicht, wie du weißt. Ich schickte meine Frau zu dem Zöllner ins Abteil. Der Zug hatte unseretwegen 20 Minuten Verspätung in Bad Schandau."

Und was machte Günter? Günter, der bei Franziskas fachlicher Umprofilierung eifrig mitgeholfen hatte, ging in die Informatik. Dort gab es noch Aufstiegschancen und unbesetzte Professorenstellen. So kam es dazu, daß Franziska auf Günters Gebiet arbeitete und Günter auf einem Gebiet, das Franziska nahegestanden hätte. Da sich Günter vorwiegend mit Organisations- und Leitungstätigkeit beschäftigen wird, dachte Franziska, wird er sowieso nicht viel forschen. Da er als Wissenschaftsleiter die dortigen Wissenschaftler anleiten wird, garantiert das maximalen Schaden.

Ich kann nicht paktieren, dachte Franziska, und plötzlich kam ihr der Gedanke: Ich werde weggehen, weggehen von dieser Hochschule, weggehen aus diesem Land. Obwohl es für sie unmöglich war, in westliche Länder zu reisen, wußte sie, sie würde es schaffen.

Wenn man etwas fest will, erreicht man es. Das hatte sie schon als Kind gedacht, und nun dachte sie es wieder. Sie wurde ganz fröhlich bei dem Gedanken.

Ein Engländer in Karl-Marx-Stadt

David

Als ich kürzlich eine Sprachkassette suchte, fiel mir eine Kassette mit Kurzgeschichten von Oscar Wilde in die Hand, gelesen von einem Engländer mit einer wunderbar melodischen Stimme, die dem Ohr schmeichelt, die hinüberträgt in ein anderes Land und verzaubert. Diese Stimme erweckte in mir die Erinnerung an den jungen Engländer, der diese Kassette besprochen hatte und der für zwei Jahre als Sprachlehrer an der Hochschule in Karl-Marx-Stadt tätig war. Sie war das einzige, das von ihm geblieben war - das einzige außer vielfältigen Erinnerungen an ihn.

Eigentlich sollte der Aufenthalt des ersten Engländers, des ersten englischen Muttersprachlers, an der Karl-Marx-Städter Hochschule humoristisch betrachtet werden. Dieser Engländer erfuhr jedoch durch seine Herkunft (West) in Deutschland (Ost) eine solche Überhöhung, daß seine Existenz zu Konflikten führen mußte. Der Außergewöhnlichkeit seines Aufenthaltes zeigten sich weder er noch die Karl-Marx-Städter gewachsen, die ihn kennenlernten.

David war ein junger Mann mit wunderschönen honigfarbenen Augen. Eines Tages saß er in der Mensa der Hochschule, - und das war ein großes Wunder. Er war der erste Engländer, der in Karl-Marx-Stadt arbeitete, und wohl der erste leibhaftige Engländer für viele Karl-Marx-Städter überhaupt. Die meisten Leute in Karl-Marx-Stadt hatten noch niemals im Leben mit einem Engländer gesprochen. Ich suchte einen Englischlehrer, - und da sicherlich niemand bezweifelt, daß ein Engländer ein ausgezeichneter Partner zum Erlernen der englischen Sprache ist - , so ließ ich mich mit David bekannt machen. David kam mein Wunsch nicht ungelegen, suchte er doch gerade nach Möglichkeiten, dem tristen Alltag des Hochschulwohnheimes zu entkommen, in dem er untergebracht war. So lernte ich David näher kennen und mit ihm alle Probleme seines Aufenthaltes.

David kam aus einer Kleinstadt bei Cambridge, eine Stadt des Pferderennens, die als solche ein englisches Zentrum darstellte. Das

Zentrum im Zentrum bildete ein Denkmal für das berühmteste englische Rennpferd, das hier seine Siege errungen hatte.

Die Stadt war nicht arm, jeder fand sein Auskommen, besonders wenn man als Steuerberaterin tätig war wie Davids Mutter. Sie hatte ein eigenes Büro und unterhielt außerdem zusammen mit ihrem Freund - ganz dem Haupterwerbszweig der Stadt angepaßt - ein Wettbüro für Pferderennen. David hätte sofort in die Unternehmen seiner Mutter einsteigen können und auch sollen, aber er sagte: "Der Beruf muß Spaß machen" und entschied sich für ein Germanistikstudium.

Sein Vater war nach der Scheidung nach Kanada ausgewandert, vielleicht war auch sein Wunsch auszuwandern, der Scheidungsgrund gewesen. David hatte an seinen Vater kaum eine Erinnerung, bis auf die eine, die besser unterblieben wäre.

Sein Vater besuchte ihn eines Tages mit seiner neuen Frau in England, und alle Fragen, die David dabei an seinen Vater stellte, wurden von dessen Frau beantwortet. Das nahm er seinem Vater übel, und der Kontakt zu ihm brach ganz ab.

David fühlte sich mit seiner Mutter zusammen verantwortlich für seinen Bruder und seine Schwester, die bedeutend jünger war als er. Diese Schwester war seine Halbschwester. Der neue Freund seiner Mutter war als patentierter Erfinder zwar reich, aber derart aggressiv, daß Davids Mutter zusammen mit ihren Kindern eines Tages bei Nacht und Nebel ihre Habseligkeiten packte und verschwand. David stand seiner Mutter dabei stets beratend und hilfreich zur Seite. Durch die gemeinsame Überwindung aller Lebenskrisen bestand ein engerer Kontakt zwischen Mutter und Kindern, als das sonst im allgemeinen üblich ist.

David kam auf diese Weise nach einigen Umzügen und Wirrungen mit seiner Mutter in die Pferdestadt bei Cambridge, wo ihnen der Großvater schließlich ein Haus kaufte, so daß die Familie endlich zur Ruhe kommen konnte.

Dieser Großvater mütterlicherseits spielte in Davids Leben eine besondere Rolle. David war der Lieblingsenkel des alten Herrn, und der alte Herr war schuld daran, daß David Germanistik studierte.

David hatte frühzeitig Deutsch gelernt. Als Kind war er oftmals mit seinem Großvater in Deutschland gewesen, und sein Großvater hatte später auf Davids Deutschausbildung geachtet.

Dresden

Einmal war er mit seinem Großvater sogar in Dresden: Sein Großvater John G. war ein pensionierter Offizier der britischen Luftwaffe und einer der Flieger gewesen, die bei den englischen Luftangriffen von 1945 die Stadt Dresden in Schutt und Asche versenkten. John G. wollte sehen, was von Dresden übriggeblieben war.

Sophienkirche Dresden nach dem Angriff 1945. Vom Sozialismus endgültig zerstört (gesprengt), um einem Neubau mit Selbstbedienungsgaststätte Platz zu machen.

Das war nicht viel. Eine der schönsten Städte der Welt war bei den Luftangriffen von 1945 vernichtet worden, zu einer Zeit, als der Krieg schon fast beendet, gewiß aber entschieden war. Der Angriff auf die von Zivilisten und Flüchtlingen überfüllte Stadt erfolgte am 13. Februar 1945, der Krieg war am 8. Mai zu Ende. Der Angriff auf Dresden hatte nichts bewirkt im kriegstechnischen Sinn, aber unendlich viel im zivilen Sinn: Es wurden unzählige Menschen getötet.

115

Unzählig deshalb, weil die Stadt von Ostflüchtlingen vollständig überfüllt war, so daß heute niemand genau sagen kann, wie viele Menschen diesen Angriffen zum Opfer gefallen sind. Bis heute ist Dresden eine Stadt mit Ruinen, deren alte Schönheit für alle Zeiten vernichtet scheint.

Vielleicht war es das schlechte Gewissen, das den Großvater nach Dresden trieb, obwohl er sich - wie andere auch - mit dem Hinweis, daß er im Krieg bloßer Befehlsempfänger gewesen war, von der Verantwortung hätte drücken können. Großvater John G. jedoch war ernsthaft genug, seiner Tat ins Auge blicken zu wollen.

Germanistikstudium

Indem John G. mit seinem Lieblingsenkel oft nach Deutschland fuhr, spielte er ein wenig Schicksal. David begann, sich für Deutschland zu interessieren und lernte ausgezeichnet Deutsch. So kam es, daß ihm Deutsch "Spaß" machte, und er Germanistik studieren wollte. David war kein Freund von Traurigkeit. Während des Studiums machte er sich noch keine Gedanken über seine späteren Berufsaussichten.

Als ehemaliger Offizier der britischen Luftwaffe bezog sein Großvater eine hohe Pension und konnte es sich leisten, seinen Enkel finanziell zu unterstützen. David führte, abgesehen von den Problemen, die er mit den Freunden seiner Mutter hatte, ein sorgenfreies Leben. Er war bei seinen Kommilitonen beliebt, denn er war von immerwährender Fröhlichkeit, die kaum von ernster Studienarbeit getrübt wurde. Die Germanistikstudenten machten flotte Parties, gründeten eine ebensolche Musikband, diskutierten grün und rot, hatten keinerlei Sorgen und waren trotzden gegen fast alles: gegen die Regierung, gegen die Rüstung und anderes mehr. Sie waren aber andererseits allgemein interessiert, auch an der DDR.

Als David das Studium absolviert hatte, bekam er keine Assistentenstelle an einer englischen Universität. Es gab schon zu viele Germanisten an den Unis. Ohne weiteres hätte er nach einem zusätzlichen Ausbildungsjahr in Pädagogik eine Stelle als Lehrer an einem College in England finden können, aber das lag nicht in Davids Sinn.

David war schon einmal während seines Studiums ein Jahr lang in Deutschland gewesen. So ist es nicht verwunderlich, daß er sich um eine Stelle bewarb, als er hörte, man könne an einem Sprachinstitut an einer ostdeutsche Universität arbeiten. David wollte promovieren und dachte, daß er später, solchermaßen qualifiziert, leichter an einer englischen Universität würde einsteigen können. Der Unterschied zwischen ost- und westdeutschen Universitäten war ihm mehr oder weniger unbekannt.

In Köln hatte er während seines einjährigen Praktikums an der Uni eine flotte Zeit mit Söhnen und Töchtern reicher Familien verbracht. Er war infolge seiner Einstellung mit "Revolutionären" bekannt geworden, mit Studenten, die reich und unzufrieden waren. Er kam in die Kreise revolutionärer Zellen, deren Einfluß höchst zweifelhaft auf ihn war. Er wußte, daß man in diesen Kreisen nach Osten auswich, durch die einseitig durchlässige Mauer schlüpfte, wenn einem Boden im Westen zu heiß geworden war. Diese Kreise brachten David in Gewissenskonflikte, - und allein sein gesunder Menschenverstand bewahrte ihn vor Schaden.

Als Englischlehrer in die DDR

Nach einigen Monaten bangen Wartens, in denen sich David zu Hause gelangweilt hatte, bekam er schließlich die Genehmigung, in der DDR zu arbeiten. Er kam mit sozialistisch-umstürzlerischen, fast terroristischen Ideen in ein Land, das keine Ideen akzeptierte, in dem alles, was zu denken war, schon vorbestimmt war, in dem keinerlei Abweichung von der Linie der alles bestimmenden Partei gestattet war. Der Zusammenprall war vorprogrammiert.

Davids Aufenthalt in Karl-Marx-Stadt war eine Bereicherung für alle, die mit ihm zu tun hatten. David hatte dabei die besseren Karten in der Hand. Er hatte nichts zu verlieren außer seinen konfusen revolutionären Ideen.

Der größte Unterschied zwischen ihm und seinen ostdeutschen Mitbürgern bestand darin, daß er einen gültigen englischen Reisepaß besaß. Er war den Karl-Marx-Städtern damit haushoch überlegen.

David wirkte sehr belebend auf seine Umgebung. Er kam direkt von der Universität und setzte sich mit gewohnter Selbstverständlichkeit, die einem Studenten in westlichen Ländern eigen ist, über Schwierigkeiten hinweg. Man hatte den Eindruck, für ihn sei alles leicht und erreichbar. Er war ein Frühlingshauch in einem festgefahrenen System. Er wurde zum Leutefänger, dem alle, die er kennenlernte, dankbar Folge leisteten. Im Umgang mit ihm fühlten sich die im SYSTEM Eingeschlossenen freier, befreit allein durch Redendürfen und durch Hörendürfen von einer unbekannten Welt. David, der sich keineswegs großartig vorkam und diese Hervorhebung seiner Person eher als unangenehm empfand, war eine Sensation für Karl-Marx-Stadt, nicht zuletzt auch für die Weiblichkeiten passenden Alters, die in ihm sofort eine Chance (einen Retter) sahen, das SYSTEM zu verlassen. Aber davon soll später berichtet werden.

David war als Mitarbeiter in der Sektion Sprachunterricht der Hochschule angestellt worden. Er hielt Sprachkurse für Mitarbeiter der Hochschule und Weiterbildungskurse für Englischlehrer aus seiner Abteilung. Die Weiterbildungskurse für seine Kollegen waren besonders wichtig, denn nur der Leiter der Abteilung Englisch hatte bisher das Glück gehabt, einmal dienstlich nach England reisen zu dürfen. Die anderen Kollegen waren sozusagen Trockenschwimmer, sie lernten Englisch aus der Konserve. David erschien ihnen als Englandersatz, als Ersatz für Reisemöglichkeiten in das englischsprachiges Ausland. Endlich hatten sie die Möglichkeit, Fachfragen zu stellen, die sie schon seit langem hatten stellen wollten und die ihnen nur ein Muttersprachler beantworten konnte.

Zu seinen weiteren allgemeinen Englischkursen an der Hochschule war nur ausgesuchtes Publikum zugelassen: Professoren, Reisekader und deren Gattinnen. Mit Leichtigkeit und ohne jede Spezialausbildung wirkte David ungewollt aufklärend im Sinne britischer Demokratie, was in diesen Kreisen besonders wichtig war. Im Rahmen des Unterrichtes berichtete er vom englischen Leben, speziell von dem seiner Familie und setzte damit nicht nur die russische Gattin eines Mathematikprofessors in Erstaunen, deren entscheidende Frage im Unterschied zwischen Ost und West darin bestand, ob im Westen alle Badezimmer gefliest seien, da das Problem der Badfliesung ihr in Karl-Marx-Stadt ungeheure Probleme bereitet hatte. Sie setzte bei dieser Frage immerhin die Existenz von Badezimmern in England voraus, obwohl sie als Russin über das westliche Leben ganz falsche Vorstellungen hatte. Für sie war zu diesem Zeitpunkt das Bild, das Karl Marx von der englischen Arbeiterklasse gezeichnet hatte, immer noch maßgebend. In der Sowjetunion gab es keine Informationen über das aktuelle Leben in kapitalistischen Ländern.

David hatte viel zu tun, nicht nur die englische Sprache betreffend. Da er keineswegs mit der englischen Regierung konform ging und das ebenso wie alle Kritik an englischen Lebensumständen zum Ausdruck brachte, wirkte er im höchsten Grade glaubwürdig.

Volkshochschule

David lehrte am Abend auch an der Volkshochschule und führte Gesprächsrunden im sogenannten Englischklub der Volkshochschule durch. Natürlich vergriff er sich in aller Unbefangenheit manchmal im Thema. Obwohl linken Kreisen nahestehend, war er doch, wie damals fast alle Engländer, ein überzeugter Anhänger der Monarchie. So diskutierte er eines Tages im sogenannten Englischklub die Frage "Monarchie - Ja - Nein" und schuf sich Feinde unter den Genossen. Er, der nicht gewohnt war, daß es Tabus gab, über die man nicht sprechen durfte, entwickelte an der Wandtafel in der Volkshochschule eine Tabelle mit dem Für (linke Seite der Tafel) und Wider (rechte Seite der Tafel) der Monarchie, wobei letztlich das Für zum Tragen kam.

Der Gegenstand dieser Diskussion allein war schon eine Revolution innerhalb der Volkshochschule in Karl-Marx-Stadt, und da dies nicht die einzige private Revolution war, die David in diesem Hause veranstaltete (im Slogan des Hauses hätte man von einer Konterrevolution sprechen müssen), so nimmt es nicht wunder, daß eines Tages ein Erlaß kam, wonach an einer Volkshochschule nur noch lehren durfte, wer ein sprachpädagogisches Zeugnis der DDR vorzuweisen hatte. David wurde ausgebootet, er durfte seine Englischsprachkurse an der Volkshochschule nicht mehr fortsetzen und wurde von einem deutschen Englischlehrer ersetzt, der noch niemals in England war, und dem es nie in den Sinn kommen würde, über die englische Monarchie zu diskutieren.

David störte es - von der grundsätzlichen Tatsache seines Rauswurfes abgesehen - nicht, daß er abends keine Lehrverpflichtungen mehr hatte. Er hatte diese Stunden nur aus Hilfsbereitschaft übernommen, die er ständig und überall demonstrierte. Sein guter Wille war unbestritten, er half, und ihm wurde geholfen.

David trug an seiner Jacke noch das Abzeichen gegen die Rüstung, das er schon als Student angesteckt hatte. Das Zeichen war in der DDR verboten, aber das sagte ihm niemand. Als Ausländer hatte er bis zu einem gewissen Grade Narrenfreiheit.

DDR-Leben

David begann zu lernen. Zunächst begann es mit dem Mensaessen. Es schmeckte ihm nicht. Das Essen war einfach zu schlecht und zu dürftig. Daß das Essen nur eine Mark kostete, konnte David nicht trösten.

David beschloß, nicht mehr in die Mensa essen zu gehen und sah sich stattdessen in den Lebensmittelgeschäften um. Dort konnte er nur die Grundnahrungsmittel entdecken. Zu verhungern brauchte er nicht, es gab Brot (zwei Sorten maximal), Butter (meistens) und Wurst (einige Sorten). Mit Fleischkäufen hatte er manchmal Schwierigkeiten, zumal er gewöhnt war, Ansprüche zu stellen, und eine bestimmte Fleischsorte kaufen wollte. Kalbfleisch und Lamm waren in Karl-Marx-Städter Läden unbekannt. Obst und Gemüse gab es sowieso nur im Sommer - und auch dann nur eine schmale Auswahl einheimischer Produkte. Früchte, wie zum Beispiel Kirschen, waren für landwirtschaftliche Produktionsgenossenschaften (LPG's) aus organisatorischen, finanziellen und technischen Gründen nicht pflückbar. Wie mancher spottete: "Die Früchte sind zu klein für den Sozialismus." Im Winter, so mußte David lernen, gab es außer einfachen Konserven nur gähnende Leere in den Regalen der Gemüseläden, und die Kollegen witzelten: "Die DDR zieht um, die Regale sind schon leer." Sie konnten alle abgedroschenen Witze bei David wieder anbringen.

David lernte, einen erfolgreichen Einkauf zu schätzen. Früher hatte er nur Geld dafür benötigt, jetzt brauchte er dazu auch noch Glück. Er lernte es, sich über den Erwerb eines Blumenkohls zu freuen. In der Beschränkung zeigt sich erst der Meister, - und natürlich läßt sich ein junger Mann von derartigen Kleinigkeiten nicht in die Knie zwingen. Diese sind für ihn keine Probleme.

Mit seinen Wohnverhältnissen war es schon schwieriger. David bewohnte ein Zimmer in einem Ausländerwohnheim der Hochschule, - und wenn es auch ein Sonderwohnheim für Ausländer und Gäste war und er ein Zimmer für sich allein hatte, in dem sonst vergleichsweise fünf Studenten untergebracht wurden, so war es doch kein Zuckerlecken. Ein Wohnheim ist ein Wohnheim, und es ist laut und ungemütlich, nur als Schlafstelle zu verwenden.

David versuchte, Kontakte zu Germanisten und Historikern herzustellen, weil er eine Doktorarbeit schreiben wollte. Ein gewisser Kontakt ließ sich auch herstellen, obwohl jeweils Sondergenehmigungen für David erforderlich waren. Es erwies sich aber als schwierig, ein Thema aus der deutschen Geschichte so zu betrachten, daß beide Seiten (Ost und West) zufrieden gestellt werden konnten.

David bekam ein normales, wenn auch etwas großzügig bemessenes Gehalt in Ostmark. Ein Gehalt pro Jahr wurde ihm in Westmark ausgezahlt, was deshalb dringend erforderlich war, weil er seine Fahrkarte nach England im Reisebüro der DDR in Westmark bezahlen mußte. Dieses Gehalt und die Unterstützung seiner Familie gestatteten es ihm, ab und zu nach Westberlin zu fahren. Er hatte das, was ihn von anderen Kollegen unterschied: einen Reisepaß. Mit diesen Reisen strafte er seine vorgefaßte und allgemein verkündete Meinung, man könne doch recht gut in der DDR leben, man könne es hier doch recht gut aushalten, Lügen. Er holte sich in Westberlin den Luxus, der ihm im Osten fehlte. Er kaufte Waren ein: die fehlenden Gewürze, das für Engländer unverzichtbare Chickengewürz, Oliven, Feigen, Gemüse, Konserven, alle guten Dinge, an die er gewöhnt war und die er in der DDR nicht kaufen konnte. Mit einem Reisepaß und etwas Westgeld in der Tasche war er ein Privilegierter. Er konnte aus dem Gros der Werktätigen ausscheren, deren Gleichheit sich in einer nivellierten Bezahlung und in gleichen Beschränkungen äußerte.

Im Laufe der Zeit begann David, die Unzufriedenheit der Menschen zu spüren. Der Mensch braucht eine Antriebskraft, um Leistungen zu vollbringen. Jede Art von Stimulation fehlte jedoch für den DDR-Durchschnittsbürger. David ging an den grauen Fassaden der Stadt vorbei, die nicht renoviert wurden, für die nur der Staat zuständig war, der aber kein Geld für Sanierungen und Renovierungen hatte, und er lernte die trostlosen Altbaugebiete der Stadt kennen, in denen Kollegen wohnten.

An der Hochschule

David hatte ein Dienstzimmer in der Hochschule zusammen mit einer netten Kollegin, einer Lehrerin für Russisch und Englisch. Diese Kollegin sagte:

"Seit Sie hier sind, fällt es mir besonders schwer, nicht einmal zu einem Lehrgang nach England fahren zu dürfen. Englischlehrerin zu sein, ohne jemals die englische Sprache im Lande gehört zu haben, das gefällt mir nicht mehr. Vielleicht werde ich meinen Beruf wechseln."

Dabei waren Englischlehrer besonders gesucht. Jahrzehntelang war das Studium dieser Sprache vernachlässigt worden. Bis zum Abitur hatte ein Schüler insgesamt acht Jahre Russisch und zwei Jahre Englisch zu lernen. Nachdem die DDR die offiziellen Kontakte nach außen erweitert hatte und durch Handel Geld verdienen wollte, fehlten Sprachlehrer, um die benötigten Auslandskader zu schulen.

Trotzdem wechselte Davids Zimmerkollegin später tatsächlich den Betrieb. Von dem Englischunterricht an der Hochschule mit den ewig gleichen Texten über Arbeitslosigkeit, Demonstrationen und Arbeitnehmerfeindlichkeit in Großbritannien hatte sie genug. Sie ging in einen großen Betrieb und arbeitete dort als Russischdolmetscherin. "Wenigstens Russisch kann ich im Lande sprechen", sagte sie lakonisch.

In all der Zeit, in der David in Karl-Marx-Stadt lebte, lernte ich bei ihm Englisch. So kam es, daß er die wunderbaren Märchen von Oscar Wilde auf Band sprach, denn ich wollte sie nicht nur einmal hören. Ich höre ihn heute noch von dem "Giant" erzählen, dessen Garten kalt und winterlich blieb, solange der selbstsüchtige Riese seinen Garten vor den Kindern verschloß, und dessen Bäume und Blumen zu blühen begannen, als die Kinder in seinen Garten durften. Die faszinierende Sprache Oscar Wildes - vorgetragen von einer melodischen Stimme, die Musik ist, Sprache und Musik zugleich, klingt mir noch heute im Ohr.

Erzgebirge

Aus Dankbarkeit für seinen Unterricht zeigte ich David das Erzgebirge und Landschaften, die er noch nicht kannte. Wir fuhren bis zum Erzgebirgskamm, bis zu den Stellen, wo der Wald auf natürliche Grenzen stößt und der verbleibende Wald durch tschechische Abgase vernichtet wurde. Wir durchstreiften eine fast unwirtliche Gegend, kahl, flach, kalt. In jedem Dorf gab es nur einen Gasthof. In der Erinnerung kommt es mir vor, als hätten sie alle "Zur Post" geheißen.

David erinnerten diese einfachen erzgebirgischen Gasthöfe, in denen nur die Dorfbewohner Billard spielten und meist nur der Stammtisch besetzt war, in denen jeder Fremde dankbar als Abwechslung registriert wurde, an die englischen Pubs, die einst als *publishing houses* Zentren des öffentlichen englischen Lebens gewesen waren.

In den einfachen Erzgebirgsgaststuben wurden Gäste sehr entgegenkommend behandelt, der Wirt war sehr kommunikativ, um nicht zu sagen, neugierig. David wurde aufgefordert, mit den Einheimischen Billard zu spielen und verlor langsam sein Heimweh.

Zur Überwindung des Heimwehs trugen aber nicht nur die erzgebirgischen "Pubs" bei.

Ein Engländer in Karl-Marx-Stadt

Abgesehen davon, daß David ein schöner Mann war, groß, schlank, blond, durchtrainiert, hatte er durch seine bloße Herkunft Verwirrung unter den Damen passenden Alters gestiftet. Ein Engländer war an sich schon eine Attraktion für Karl-Marx-Stadt. Jahrzehntelang waren die Einwohner völlig von der westlichen Welt abgeschirmt gewesen, - und nun gab es plötzlich jemanden, der tatsächlich aus England kam und in Karl-Marx-Stadt arbeitete. Manche Damen sahen in ihm vielleicht wirklich nur den schönen und sympathischen Mann, die meisten waren aber an seiner Nationalität interessiert.

Westliche Monteure, die in der DDR arbeiteten, klagten schon seit langem darüber, daß sich die DDR-Frauen allzusehr um sie bemühten. Die Frauen sahen in diesen Monteuren eine Möglichkeit, der DDR den Rücken zu kehren und in ein Land hinüberzuheiraten, das ihnen verheißungsvoller erschien. Viele Frauen wollten aus der DDR weggehen, konnten aber keinen Weg finden. Eine Heirat erschien ihnen als nicht zu abwegig dafür.

David fand also großen Anklang in der Karl-Marx-Städter und erzgebirgischen Damenwelt. Der lebensfrohe David gab auch ab und zu eine Party bei den neuen Freunden. Er hatte Kassetten von seiner früheren Band mitgebracht, und das versetzte die Gäste in westliche Euphorie. David wurde wider Willen zu einem Partystar.

Zu solchen Gelegenheiten kam auch einmal dieser oder jener Engländer vorbei, der, wie David, an DDR-Hochschulen lehrte. Während David der erste Engländer an der Karl-Marx-Städter Hochschule war, hatte es in Berlin schon mehrere Engländer an der Universität gegeben, auch Dresden konnte mithalten. Mit Davids Landsleuten lernte ich deren Geschichten kennen.

Da gab es Andrew, der später tatsächlich seine DDR-Freundin heiratete, was ihn ziemlich viel Zeit und Energie kostete, wenn man die organisatorische Seite der Angelegenheit betrachtet.

Georg

Dann lernte ich Georg kennen, der zunächst an der Universität in Jena gelehrt hatte und danach an die Humboldt-Universität nach Berlin wechselte. Georg war mittelgroß, schlank, schwarz und sehr sensibel. Er trug einen Ohrring in einem Ohr, was zu dieser Zeit noch ganz unüblich in der DDR war, was man höchstens im Westfernsehen sah und auf DDR-Bürger wie ein Nasenring eines Afrikaners wirkte. Trotzdem oder deshalb: Georg war eine Sensation sowohl für Jena als auch für Berlin.

In Jena freundete er sich mit einer hübschen jungen Frau an, was an sich ganz normal gewesen wäre, hätte diese Frau nicht einen Mann und zwei Kinder gehabt.

"Ich werde Dich nie verlassen", sagte Georg zu Annegret, "außer bei meinen Fahrten nach England". Aber so ernst war das wohl nicht gemeint. Annegret jedoch nahm es sehr ernst. Sie reichte die Scheidung ein und zerstörte ihre Familie und ihre Existenzgrundlage. Ihr Mann, ein ehemaliger Fabrikbesitzer, der auch zu diesem Zeitpunkt nicht unbemittelt war, kannte viele Leute und wußte sich zu helfen. Er machte Tonbandaufnahmen von Gesprächen zwischen seiner Frau und Georg, aus denen hervorging, daß seine Frau mit Georg nach Großbritannien gehen wollte. Diese Tonbänder legte er bei Gericht vor und erreichte damit, daß ihm das Sorgerecht für seine Kinder bei der Scheidung zugesprochen wurde, denn selbstverständlich waren die Scheidungsrichter der Ansicht, daß es den Kindern in der DDR besser gehen würde als in Großbritannien und ihre Zukunft nur im Sozialismus liegen könne.

Die Beziehung der jungen Frau zu Georg war schlecht organisiert, schlecht durchdacht. Annegret hatte sich zu sehr von ihren Emotionen hinreißen lassen, hatte ihren Verstand zu wenig gebraucht. Georg war für sie das Abenteuer, das sie in ihrem bisherigen Leben vermißt hatte, und der Traum, der DDR zu entrinnen.

Das Ergebnis allerdings war schrecklich: Annegret verlor ihre Kinder, - und Georg gewann sie nicht. Er war ein Blatt im Wind, ein Liebhaber, kein Ehemann. Er wollte seine Freundin nicht heiraten.

Da die Angelegenheit aber ihre Kreise gezogen hatte, besorgte Georg für Annegret ein Zimmer in Berlin (obwohl er dort schon eine Wohnung hatte). Für Annegret in Berlin Arbeit zu finden, war kein Problem. Da saß sie nun in Berlin - gewöhnt an ein Familienleben, ein Haus, ein Auto - allein in ihrem Untermieterzimmer.

Annegret beschwörte Georg, sie zu heiraten, damit sie aus der DDR weggehen und ein neues Leben beginnen könne, was ihr in der DDR nicht mehr möglich sei, und nach dem sie sich so gesehnt habe. Sie habe so viele Opfer gebracht, sagte sie, Georg möge ihr um Gottes Willen helfen.

Aber Georg - das Blatt im Wind - hatte längst eine neue Liebe am Stadtrand von Berlin gefunden. Mitten im Grünen lag das Häuschen der neuen Herzdame. Sie war zwar etwas älter als Georg, aber sehr reizvoll und aus Schauspielerkreisen, in die es Georg zog. Georg konnte durch seine neue Freundin in Kreise eindringen, die ihm bis dahin verschlossen geblieben waren. Und da die neue Dame seines Herzens genügend Verehrer hatte und nicht auf Georg angewiesen war, so mußte er sich mehr anstrengen als bei Annegret. Für seine neue Liebe schrieb er sogar Gedichte (in englischer Sprache) und entwickelte sich zum Gentleman. Seine Herzdame revanchierte sich mit Partys am Swimmingpool, zu denen bekannte Schauspieler vorfuhren. Es gab Lagerfeuer im Garten und rauschende Nächte zu zweit auf gepflegtem Rasen. Georg zog an den Stadtrand von Berlin.

Er kam, wie zu vermuten, mit seinem DDR-Gehalt nicht aus, vor allem aber nicht mit einem Gehalt pro Jahr in Westmark. Seine Fahrten nach England, seine Westberlinbesuche, seine Einkäufe und seine Reisen nach Westdeutschland kosteten viel Geld. Als der Schuldenberg, den Georg im Laufe der Zeit bei seinen Eltern angehäuft hatte, eine beträchtliche Höhe erreicht hatte, ging er - noch immer unverheiratet - nach Westberlin und arbeitete in einem großen Unternehmen als Dolmetscher und Übersetzer und verdiente eine Menge Geld. Bald zog er zu einer neuen Freundin in Westberlin, ab und zu kam er nach Ostberlin herüber, aber er fuhr nur an den Stadtrand von Berlin. Annegret hatte er ganz vergessen, vielleicht hatte er auch nur Angst, sie zu treffen.

Leben in Karl-Marx-Stadt

Man sollte meinen, David hätte, angesichts der Erlebnisse seiner Landsleute, die Schwierigkeit seiner Lage begriffen. Aber David konnte in das Leben seiner Landsleute nur bruchstückweise Einblick nehmen, so wie man durch ein Schlüsselloch in ein Zimmer schauen kann. Man sieht einiges, aber man hat keinen Überblick. Außerdem fühlte sich David einsam.

Zunächst holte er seinen VW Polo aus England, den ihm sein Großvater zum Abschluß seines Germanistikstudiums geschenkt hatte. Das Einführen seines Autos in die DDR war natürlich nicht so einfach, erforderte viele Genehmigungen und verzögerte seinen Englandaufenthalt um Wochen. Er mußte nach London fahren, beträchtliche Gebühren in konvertierbarer Währung zahlen, die er nicht verdient hatte und um die er seine Mutter bitten mußte, und war schließlich froh, daß er in die billige DDR zurückfahren konnte. In der DDR angekommen, besorgte sich David ein DDR-Nummernschild für sein Auto, damit er auch die Steuern und die Versicherung in DDR-Mark zahlen konnte, was Davids Bekannten zu dem Ausspruch veranlaßten, daß sie nun wüßten, wie die wenigen Westautos in der DDR zu ihren DDR-Nummernschildern gekommen wären.

David lebte sich in Karl-Marx-Stadt ein, - nicht zuletzt mit Hilfe einiger Lebensverschönerungen wie Einkäufen in Westberlin und Ferienreisen nach Westdeutschland. So, meinten seine Kollegen neidisch - wobei sie auch an seine relative politische Narrenfreiheit als Westausländer dachten -, könnten sie es in der DDR auch aushalten.

Carmen

Eines Tages wurde David von einer Kollegin und ihrem Mann in einen kleinen Ort ins Erzgebirge eingeladen. Weil David schon eine

Berühmtheit aus Erzählungen war und sie ihn mit ihren Freunden bekanntmachen wollten, luden sie auch noch einen Arzt und seine Frau aus ihrem Heimatort ein. Die Frau des Arztes war Krankenschwester und bedeutend jünger als ihr Mann. Sie hieß Carmen (der Name entsprach dem Wunsch ihrer Mutter) und war kein Kind von Traurigkeit. Sie war mittelgroß, schlank, blond, fröhlich und hilfsbereit.

Durch ihren Beruf war Carmen gewöhnt, mit Menschen umzugehen. Zu David, der gleichaltrig war, fand sie schnell Kontakt. Carmen gefiel David außerordentlich. Ihre Lustigkeit steckte ihn an.

Carmen wußte, womit sie David begeistern konnte, und arrangierte eine große Popmusik-Party für ihn im Erzgebirge. Solche Partys mit möglichst vielen Gästen waren genau das, was David liebte. Wenn er nach England fuhr, trommelte sein Bruder alle früheren Freunde und alle ehemaligen Kommilitonen und Kommilitoninnen Davids zu einem Begrüßungsfest zusammen, auf dem auch Davids ehemalige Band spielte. Feste mit 80 Personen waren keine Seltenheit. Davids Mutter stellte in solchen Fällen ihr Haus zur Verfügung, zog es aber vor, selbst für einen Tag zu verschwinden.

Solch eine Party veranstaltete die junge Krankenschwester auch für David. Alle waren zufrieden, David war von Carmen begeistert, und Carmen, die endlich einmal richtig aus sich herausgehen konnte und endlich einen Hauch von Abenteuer in ihrem tristen Alltagsleben spürte, war begeistert von sich und David. Der einzige, der nicht begeistert war, war Carmens Ehemann. Er hatte auch keinen Grund dazu, denn die Freundschaft zwischen Carmen und David entwickelte sich.

David war jetzt jedes Wochenende in dem kleinen Ort im Erzgebirge, er begann sogar, sich für die erzgebirgische Landschaft zu interessieren, die er durch Carmen näher kennenlernte, wenn er sie im VW Polo spazieren fuhr.

Carmen wollte David haben, und jedes Mittel war ihr recht. Ob sie nur an David oder auch an England dachte, das ist unbekannt. Wahrscheinlich an beides. David war für sie das große Wunder, ihren Mann und ihre dreijährige Tochter hatte sie völlig vergessen.

Carmens Mann war ein schwermütiger Mensch, der sich nicht so leicht mit einem Verlust abfinden konnte. Für ihn war das Verhalten seiner Frau außerdem eine große Blamage. Er stammte aus dieser erzgebirgischen Kleinstadt, in der jeder jeden kannte, in der auch seine Eltern wohnten und in der er seit Jahren als Chefarzt in dem einzigen Krankenhaus am Ort arbeitete. Er war nicht unabhängig von der Meinung der Leute, - und er hatte jetzt das Gefühl, als zeige man mit Fingern auf ihn. Zu allem Unglück war er introvertiert, konnte sich niemandem anvertrauen und verbiß sich immer mehr in seine Konflikte. Er rang mit sich, glaubte schließlich, den Schmerz nicht mehr ertragen zu können und spritzte sich eine Überdosis Morphium.

Ob er gewußte hatte, daß seine Frau schwanger war oder nicht, das kann nicht mit Bestimmtheit gesagt werden.

Man schrieb seinen Tod seinem schwermütigen Charakter zu. Seine Tochter, für die Carmen keine Zeit mehr hatte und die David nicht kannte und auf die er wohl auch keinen Wert legte, die er aber vermutlich akzeptiert hätte, wenn Carmen es gewünscht hätte, kam zu ihren Großeltern väterlicherseits und wurde schließlich von ihnen adoptiert.

David sammelte seine Heiratspapiere. Er mochte Carmen wirklich. Es gefiel ihm zwar nicht, Vater zu werden, aber da Carmen ihm keine Wahl ließ und sie ihn inzwischen vollständig unter ihren Willen zwang und widerstandslos beeinflußte, zog er seine Konsequenzen. Eine deutsche Frau zu heiraten, gefiel ihm schließlich auch.

Heirat

David fuhr nach England, um sich ein Ehefähigkeitszeugnis ausstellen zu lassen. In einem solchen Zeugnis, das auch politischen Charakter hat, soll die Gesundheit und das Nichtverheiratetsein der betreffenden Person bestätigt werden. Der Name Ehefähigkeitszeugnis birgt keinerlei moralische Kategorien in sich.

Eine Scheidung, so könnte man noch sarkastisch hinzufügen, hatte sich für Carmen erübrigt. Sie konnte ein Ehefähigkeitszeugnis ohne weiteres beibringen. Als alle Papiere beisammen waren, reichten Carmen und David sie auf dem zuständigen Standesamt ein und warteten, denn eine Heirat zwischen einem Engländer und einer Deutschen waren ein Sonderfall. Beim Antrag auf Heirat mußte auf dem Standesamt auch bereits der zukünftige Wohnort des zukünftigen Ehepaares angegeben werden, - und da hatten Carmen und David die Pferdestadt in Großbritannien eingetragen.

Carmen wollte nach Karl-Marx-Stadt ziehen. Zum einen war es ihr peinlich in ihrem Städtchen zu bleiben, ihre Schwangerschaft trat deutlich zutage, und außerdem wollte sie David nicht allein in Karl-Marx-Stadt lassen.

David ging auf Wohnungssuche, was auch für ihn nicht einfach war, denn normalerweise mußte man sich beim Wohnungsamt als Wohnungssuchender anmelden, und danach, falls man auf die Dringlichkeitsliste aufgenommen wurde, noch jahrelang warten. David wollte aber nicht warten. Er fand eine nicht mehr vermietbare Wohnung im obersten Stockwerk eines ehemaligen Fabrikgebäudes mitten in der Stadt. Mit großer Geduld gelang es ihm, die Einzugsgenehmigung für diese Wohnung zu erhalten. Kollegen, Pop-Musiker, Freunde und Anhänger kamen, um diese Wohnung beziehbar zu machen. Da diese Freunde jedoch Laien auf dem Gebiet von Wohnungsrenovierungen waren, so gab es manche Pannen. Beim ersten Tapezierversuch stürzte die gesamte Tapete wieder ab. Aber Carmen bekam diese Kleinigkeiten in den Griff. Sie war immer fröhlich und guter Dinge und glücklich, bei David sein zu können. Carmen hatte ein sonniges Gemüt. Sie war zudem sehr praktisch und organisationstüchtig und nahm David alle Probleme ab. David, der das Leben ebenfalls nicht zu grundsätzlich sah und weiterhin der Meinung war, daß alles, was er machte, auch Spaß machen müßte, konnte gut mit Carmen zurechtkommen.

Carmen war begierig auf alles Neue, lebenshungrig bis zur Unersättlichkeit. Alles Neue, das sie interessierte, - die Mode, die Stoffe, die Musik, das technische Know-how, Video, Walkman, schnelle Autos -, alles kam von West nach Ost, und David war ein Repräsentant des Westens. Als DDR-Bürger wäre David für sie weit weniger interessant gewesen. Carmen wollte das Leben in all seiner Vielfalt erfassen, sie wollte auf der Sonnenseite sein. Das Leben im Sozialismus kam ihr wie ein Film in schwarz-weiß vor und das Leben im Westen, das sie noch nicht kennengelernt hatte, wie ein Film in Farbe. Carmen war kein intellektueller Mensch, sie interessierte sich vor allem für das alltägliche Leben. Sie sah das so: Es gibt Brot und Butter auch im Osten, aber schon beim Blumenkohl gibt es Probleme.

Nachdem Carmen nach Karl-Marx-Stadt gezogen war, normalisierte sich ihr Leben, und David vergaß seine Doktorarbeit.

Rückkehr nach Großbritannien

Eines Tages erhielt David die Nachricht aus England, seine Mutter sei erkrankt und benötige dringend Hilfe. Sie wünsche einen Familienvertreter in ihrem Wettbüro und in ihrer Steuerberatungsagentur zu haben. Nur David kam dafür infrage. David, der mit familiären Problemen belastet war, und auch über den Unterhalt seiner Familie nachzudenken begann, kam das nicht ungelegen. Es war für ihn wichtig geworden, mehr Geld - und zwar in konvertierbarer Währung - zu verdienen. Ein Dauerzustand konnte diese Fabrikwohnung auch nicht sein. So unter Druck gesetzt, folgte David dem Wunsch seiner Mutter und ging nach Großbritannien zurück.

Zuvor aber wurde David Vater. Sein Sohn bekam den Namen John G. nach seinem Urgroßvater, dem ehemaligen Offizier der britischen Luftwaffe, der am 13. Februar 1945 einen Angriff auf Dresden geflogen hatte.

Davids neue Familie folgte ihm ein halbes Jahr später nach, nachdem sie die Genehmigung für die Ausreise erhalten hatte.

Geschichten aus dem Alltag

Reisen - Ausreis(ß)en

"Die DDR ist eine Mausefalle", sagte mein Vater. "Du kennst doch die alten Mausefallen, vorn hinein, und hinten kein Ausgang". 1961 schnappte die Mausefalle endgültig zu, und die DDR-Bürger saßen drin. Viele richteten sich in der DDR ein, es gab aber auch viele, die unbedingt aus der Mausefalle wieder herauswollten und dies als einen Akt der Selbstachtung ansahen, der auch der Selbsterhaltung diente.

Die Mutigen versuchten, mit Hilfe eines Ausreiseantrages die Mauer zu durchdringen, andere versuchten es direkt (und wurden erschossen). Manche versuchten wenigstens, eine Besuchsreise nach Westen zu ergattern (und eventuell dabei der DDR den Rücken zu kehren oder zumindest damit ihr Weltbild zu erweitern). Für Besuchsreisen gab es aber strikte Voraussetzungen (wie Verwandtenbesuche zu speziellen Festtagen ab einem höheren Lebensalter des Antragstellers).

Wie schwierig das alles war, zeigen die folgenden Geschichten, die ganz vom DDR-Leben geschrieben worden sind.

"Erster Besuch" bei Tante Paula

1987

Wilma, von der hier berichtet werden soll, wollte schon seit langem die in Hamburg wohnende Schwester ihrer Großmutter besuchen. Paula war die jüngste Schwester ihrer Großmutter und noch am Leben, ihr Alter näherte sich aber bedenklich den Neunzigern. Genau gesagt, ihr 89. Geburtstag stand bevor, als sich dank der Reiseerleichterungen, die nicht offiziell bekannt gegeben worden waren und sich nur in Flüsterpropaganda herumsprachen, eine Aussicht auf eine Besuchsreise ergab. Wilma plante und recherchierte.

"Hast du schon gehört", sagte sie zu ihrem Mann, "Martina durfte auch zu ihrer Tante reisen, sie wurde 75."

"Brigitte war schon zweimal im Westen, ihr Bruder wurde 60."

Das waren alles Hausfrauen mit mindestens drei Kindern. Und drei hatte Wilma auch, berufstätig war sie nicht offiziell.

Bevor sie jedoch - nach jahrzehntelanger Verzögerung - den Reiseantrag stellen konnte, kam ein Telegramm aus Hamburg:

"Tante Paula verstorben."

Tante Paulas Leben hatte nicht bis zum Reiseantrag gereicht. So spielt das Schicksal.

Wilmas Mann nahm das Telegramm in Empfang. Er wußte, was dieses Telegramm für seine Frau und ihre lang gehegten Hoffnungen bedeutete.

Er fuhr mit seinem *Trabant* in die Stadt. Wilma war zum Sprachunterricht ins französischen Kulturzentrum gefahren. Wer auf sich hielt, ging dorthin zum Französischunterricht.

Er zerrte Wilma aus dem Unterricht.

"Tanta Paula ist verstorben", sagte er und zeigte ihr das Telegramm. Da war guter Rat teuer. Es war Freitagnachmittag und die Behörden würden gleich schließen.

Sie setzten sich auf eine Bank am Alexanderplatz und beratschlagten. Dann fuhren sie zum Hauptpolizeiamt, das solche Sonderfälle bearbeitete, und fragten nach. Glücklicherweise hatten sie sich schon lange genug mit dieser Materie, diesem Thema, beschäftigt, so daß sie sogleich die zuständige Abteilung fanden.

"Darüber", sagte der Beamte, "kann ich Ihnen keine Auskunft geben. Reichen Sie den Antrag mit dem Telegramm zusammen ein. Das Telegramm muß offiziell bestätigt sein. So ein einfaches Telegramm, wie Sie es haben, reicht nicht aus."

Danach schloß die Polizei, am Montag könne man wiederkommen. Jedoch war der Fall eilig.

Wilma und ihr Mann rasten mit dem Trabbi zum einzig noch geöffneten Postamt in der Stadt, um ein Telegramm nach Hamburg zu schicken, um den Verwandten mitzuteilen, daß sie ein offiziell bestätigtes Telegramm benötigten.

Obwohl sich die westdeutschen Verwandten das Leben in der DDR gar nicht vorstellen konnten und sie mit derartigen Problemen noch nicht konfrontiert worden waren, reagierten sie sofort, setzten alle Hebel in Bewegung, - und schon am Dienstag war das offizielle Telegramm in Berlin, um 18 Uhr. Da schließt die Polizei bereits.

Mittwochs haben alle Behörden geschlossen. Mittwochs rührt sich auf der Polizei kein Finger, auch nicht auf dem Sonderamt. Einfach nirgendwo. Das mußte Wilma feststellen.

Der Mittwoch verging, Wilma war nervös, aber die Beerdigung war erst für kommenden Dienstag angesetzt - ein günstiger Zufall oder wirklich eine Sternstundenidee der Westverwandten.

Am Donnerstag konnte Wilma endlich den Antrag mit allen nötigen Formularen auf dem zuständigen Polizeiamt - dem Sonderamt für Sonderfälle - abgeben.

"Den Bescheid können Sie am Montag abholen", sagte die diensthabende Polizistin. Nun hieß es warten.

Wilma und ihr Mann besprachen das Für und Wider.

"Wie war es bei Ruthild? Sie konnte auch fahren."

"Aber sie hat vier Kinder. Edelgards Sohn wurde abgelehnt."

Was war zu machen? Nichts. Eine Fahrkarte konnte Wilma erst kaufen, wenn sie die Reisegenehmigung in der Hand hatte. Aber sie konnte schon den Fahrplan studieren, - und da stellte sie fest, daß der letztmögliche Zug, mit dem sie noch rechtzeitig zu den Begräbnisfeierlichkeiten von Tante Paula kommen konnte, um 12 Uhr 45 vom Ostbahnhof in Berlin anfuhr.

"Schau Dir auch die Gedächtniskirche in Westberlin an", sagte Wilmas Mann, "die habe ich vor 26 Jahren zum letzten Mal gesehen, als ich noch Student war."

"Wo steht sie denn?", fragte Wilma.

Ihr Mann bekam feuchte Augen.

"Nicht einmal das weißt Du, obwohl Du schon seit mehr als 20 Jahren in Berlin wohnst. Ja, Du bist erst nach dem Bau der Mauer hierher gezogen."

"Das ist nicht weit vom Bahnhof Zoo", sagte er danach und dachte an seine vielen Ausflüge von Ost- nach Westberlin, als er noch studierte. Der Kudamm, die Gedächtniskirche, der Tierpark, der Funkturm, der Grunewald, das Brandenburger Tor von der anderen Seite ... - alles das kam ihm ins Gedächtnis. So viele Jahre hatte er unterdrückt, daran zu denken.

"Ich wünsche Dir, daß Du die Reiseerlaubnis bekommst", sagte er, der sowieso nicht reisen durfte, da er eine verantwortungsvolle Stelle als Gruppenleiter an der Akademie der Wissenschaften innehatte und sich mit Forschung beschäftigte, die offensichtlich "Geheimhaltung" von ihm verlangte, selbst wenn ihr Niveau dem "Weltniveau" nachhinkte.

Als alle Stellen an der Akademie umstrukturiert wurden, hatte er unterschreiben müssen, daß er alle Westkontakte abbrechen würde.

Diese Vereinbarung sollte sich auch auf seine Frau beziehen, aber er hatte erklärt, daß er seiner Frau keine Vorschriften machen könne. Diese "Heldentat" erwies sich nun als nützlich für Wilma.

Was Westreisen betraf, so fühlte sich Wilmas Mann sowieso betrogen, hatte er doch früher Dienstreisen ins westliche Ausland machen dürfen. Seit aber der Begriff des NSW (Nichtsozialistisches Wirtschaftsgebiet)-Reisekaders eingeführt worden war und nur noch diese ins NSW-Ausland reisen durften, hielt sein Chef seine Vorträge auf Tagungen in Paris und anderswo, die er ihm zu diesem Zwecke vorbereitete und erklärte, denn sein Chef arbeitete auf einem anderen Fachgebiet.

Wilma und ihr Mann hatten ein langes Wochenende Zeit zu hoffen, zu beratschlagen, zu überlegen.

"Wenn es wirklich klappt, mußt Du am Montag von dem Polizeiamt mit der Reisegenehmigung sofort zur Bank fahren und die 70 Mark umtauschen, die Dir bei einer solchen einmaligen Besuchsreise zustehen", sagte Wilmas Mann.

"Danach mußt Du sofort zum Ostbahnhof fahren, am besten mit dem Taxi, wenn Du eins erwischen kannst, um die Fahrkarte zu kaufen. Am Westschalter ist der Andrang nicht so hoch, - oder Du gehst einfach vor, wenn die Zeit knapp wird."

"Ich werde mich so beeilen, als ob es um mein Leben ginge", sagte Wilma.

"Aber was ist mit dem Kranz?", fragte sie. "Schließlich fahre ich zu einer Beerdigung. Ich muß einen Kranz mitnehmen. Ein Gebinde reicht nicht, es dreht sich um meine Lieblingsgroßtante."

"Wir werden einen Kranz kaufen", versprach Wilmas Mann. "Das kann man hier auch am Wochenende am Friedhof. Der Friedhof ist immer geöffnet."

"Aber was mache ich, wenn ich keine Genehmigung bekomme?", fragte Wilma. "Dann stehe ich mit dem Kranz auf dem Hauptpolizeiamt."

"Dann weinst Du sowieso", sagte ihr Mann ironisch, "da ist der Kranz ganz passend. - Du läßt ihn einfach auf der Polizei stehen."

Nun mußte Wilma wieder lachen, obwohl sie noch ganz aufgeregt und nervös war.

"Ich muß meinen Koffer packen", sagte sie, "vielleicht, vielleicht - klappt es doch."

Sie packte den Koffer, sie kauften einen Kranz auf dem Friedhof, sie verabschiedete sich von ihren Kindern.

"Vielleicht bin ich eher wieder hier, als Euch lieb ist", tröstete sie Wilma.

Die Nachbarin wurde für Montagmittag zur Hilfe alarmiert, um die Kinder zu betreuen, wenn sie aus der Schule kämen.

Wilmas Mann wollte die Sache erst einmal abwarten und erst ab Dienstag Urlaub nehmen. Außerdem hatte er am Montagvormittag eine wichtige Besprechung. Deshalb konnte er auch nicht mit Wilma gemeinsam auf dem Hauptpolizeiamt warten, sondern konnte sie am Montag nur pünktlich kurz vor der Öffnungszeit um 9 Uhr dort absetzen.

"Ruf mich an, wenn Du Bescheid weißt", sagte er zu Wilma. Abschied - für wie lange? "Wird schon schief gehen", fügte er hinzu. Rührseligkeiten konnte er nicht leiden.

Da saß nun Wilma und wartete - und das tat sie nicht allein. Es gab noch mehrere solcher Kandidaten in Hoffnung. Aber niemand hatte einen so schönen Kranz wie sie. Koffer, Reisetasche und daneben der Kranz für Tante Paula.

Wilmas Mann wartete in seinem Dienstzimmer auf ihren Anruf. Es wurde 11 Uhr, 11 Uhr 30, 12 Uhr. Er ging nicht essen, er wartete am Telefon. "Es wird nichts werden", dachte er, als der Zeiger die 12 überschritt. "Der Zug fährt um 12 Uhr 45, und sie müßte noch auf die Bank und die Fahrkarte kaufen."

12 Uhr 15 klingelte das Telefon. Wilma sagte: "Ich hab's. Ich renne los."

Wilmas Mann liefen die Tränen herunter. Nach 26 Jahren zum ersten Mal die Mauer überschreiten. Das war ein großer Tag. Auch wenn es sich nur um eine einmal gewährte Freiheit für acht Tage handelte. Westberlin - er sah den Telefonhörer nicht mehr, weil er heulte. Heulte - weshalb ? Über sich, über Deutschland, aus Sentimentalität? Er hätte es im Moment nicht zu sagen gewußt.

Wilma schaffte es wirklich. Der Zug fuhr nicht ohne sie ab. Sie stellte ihren Koffer ins Abteil, die Reisetasche ins Gepäcknetz. Daneben den Kranz.

"Fahren Sie zur Beerdigung ?", fragte die alte Dame, die Wilma im Abteil gegenüber saß.

"Ja", sagte Wilma, "meine Großtante Paula ist gestorben."

"Sie meinen doch nicht etwa Paula König!", rief die alte Dame.

So stellte sich heraus, daß sie zu derselben Beerdigung fuhren -
und die alte Dame im Abteil eine entfernte Verwandte von Wilma
war, an die sie sich dank ihres Familiensinns noch erinnern konnte.

Wie der Hochschuldozent Dr. L. Straßenbahnfahrer wurde

Frühjahr 1984

Wie ein Hochschuldozent in Karl-Marx-Stadt Straßenbahnfahrer
wurde? Das war sehr einfach, auch wenn er dafür überqualifiziert
war, zum Beispiel als promovierter Mathematiker an der Hochschule arbeitete. Er stellte einfach den ANTRAG.

Der ANTRAG, das war ein Ausreiseantrag in die Bundesrepublik. Das verstand jeder, der in Karl-Marx-Stadt wohnte.

Mein Kollege Dr. L. stellte also einen solchen Antrag.

Als der Sektionsdirektor davon erfuhr, holte er ihn sogleich aus
seiner Vorlesung. Es war zwar eine Mathematikvorlesung, die eigentlich nichts mit Ideologie zu tun hatte, aber der Sektionsdirektor
war ein vorsichtiger Mann. Er wollte sich nicht den Vorwurf ein-
handeln, nicht sofort die Konsequenzen gezogen zu haben.

Kollege Dr. L., der bis dahin ein allgemein beliebter Kollege gewesen war, von den Genossen ebenfalls geschätzt, obwohl selbst
Nichtgenosse, mußte nun erfahren, daß das Kollektiv von ihm tief
enttäuscht war. Obwohl nur die Parteigenossen verärgert waren, da
sie seinetwegen nun Berichte an die Leitung zu schicken hatten und
er ihre Disziplin der Unterwerfung untergraben hatte, stellte der
Sektionsdirektor ihn als Verräter *aller* Mitarbeiter hin. Man wolle
die Sache vergessen, sagte der Sektionsdirektor, wenn er sich ent-
schließe, den ANTRAG zurückzunehmen.

Dr. L. blieb standhaft, obwohl er sich in einer außerordentlich
kritischen Lage befand. Sein Schicksal war ungewiß. Als Grund für
seinen Ausreiseantrag gab er familiäre Gründe an. Politische Gründe
hätte er keine, sagte er. Er war vorsichtig, und DDR-Haftanstalten
waren ihm zuwider.

Man bedeutete ihm, daß er, falls er seinen Antrag aufrechterhal-
te, wohl selbst einsehen müsse, daß er als Lehrer und Erzieher für
Studenten nicht mehr infrage käme und auch nicht als Forscher wegen der "Sicherheit".

Dr. L. gab der Partei recht. Die gab ihm daraufhin zwei Wochen Zeit, um eine neue Stelle zu finden und beurlaubte ihn.

Frau L. hatte die Konsequenzen schon vor der Antragsstellung gezogen. Vorsichtshalber hatte sie gekündigt und war Hausfrau geworden. Sie hatte Angst vor der Konfrontation mit der Partei.

Dr. L. suchte nun eine neue Arbeitsstelle, aber niemand wollte ihn einstellen, bis er schließlich beim VEB Nahverkehr nachfragte. Dieser hatte permanenten Personalmangel und nahm auch Leute nach verbüßter Haftstrafe auf.

Dr. L. wurde eingestellt. Er absolvierte einen dreiwöchigen Lehrgang, und dann war er Straßenbahnfahrer. Sinnigerweise wurde er auf der Linie, die zur Hochschule fuhr, eingesetzt.

So kam es, daß er beim Straßenbahnfahren alle Neuigkeiten erfuhr, die an der Sektion Mathematik passierten, denn seine Freunde stiegen vorn ein und unterhielten sich mit ihm. Die Parteigenossen dagegen stiegen hinten ein.

"Der Einstieg in die Straßenbahn", sagte Kollege Dr. L., "wird hier zur ideologischen Frage." Er hatte das Glück, daß ihn seine Freunde nach wie vor als Freund betrachteten. Vielen Ausreiseantragstellern erging es schlechter als ihm. Sie verloren alle Freunde, weil diese sich aus Ängstlichkeit zurückzogen.

"Besucht mich bloß nicht", beschwor er seine Freunde, wenn sie sich mit ihm in der Straßenbahn unterhielten. "Meine Wohnung wird überwacht, hier in der Straßenbahn könnt ihr reden." Manch einer vergaß deshalb das Aussteigen. Auch Fachgespräche mit seinen ehemaligen Kollegen führte er in der Straßenbahn, er erzählte ihnen, welche Mathematikbücher er gerade lese, damit er nicht alles vergesse, und fragte sie um Rat wegen neuer Lektüre.

Kollege Dr. L. war pünktlich und gewissenhaft bei der Straßenbahn, machte Schichtdienst rund um die Uhr. So war er bald auch beim VEB Nahverkehr beliebt.

"Hier kannst du alles sagen", erzählte er, "die Leute aus dem Knast haben andere Maßstäbe." Nur eins durfte er nicht, nämlich sein Namensschild in die vorgesehene Lücke stecken, dort wo zu ergänzen gewesen wäre: "Hier fährt sie Kollege....". Sein Doktortitel war dem VEB Nahverkehr Karl-Marx-Stadt peinlich. So war er der einzige Kollege, der die Straßenbahn in Karl-Marx-Stadt namenlos fuhr. Drei Jahre lang, bis seinem ANTRAG im Rahmen der großen Ausreisewelle im Frühjahr 1984 stattgegeben wurde.

Ausreiseantrag

Frühjahr 1983

Ines S. wurde nicht Straßenbahnfahrerin, sondern Verkäuferin in einem Bäckerladen, nachdem sie den Ausreiseantrag gestellt hatte. Eigentlich war sie Studentin an der TH Karl-Marx-Stadt und hatte Lehrerin werden wollen.

Ines schrieb bereits ihre Diplomarbeit, als ihre Eltern "den ANTRAG" stellten. Sie hatten ein privates Unternehmen, vermutlich ein zu gut gehendes, und sollten eines Tages eine größere Steuernachzahlung leisten, zu der sie sich aber außerstande fühlten. Sie mußten ihr Haus verkaufen, um das Geld für die Steuernachzahlung zusammenzubringen, und dabei beschlossen sie, den Ausreiseantrag zu stellen. Ines wollte nicht allein zurückbleiben und unterschrieb den Ausreiseantrag ebenfalls.

Ines wurde umgehend zum Sektionsdirektor der Pädagogik der TH bestellt und exmatrikuliert. "Ein Student muß sich der sozialistischen Gemeinschaft als würdig erweisen", sagte er. Sie war mit der Unterschrift unter "den ANTRAG" bereits abgeschrieben.

Ines konnte ihr Studium nicht beenden, obwohl sie kurz vor dem Abschluß gestanden hatte. Sie fand Arbeit in einem Bäckerladen. Schon ein halbes Jahr nach der Antragstellung wurden staatlicherseits Gespräche über die Ausreise geführt. Der Staat hatte Interesse an dem Unternehmen der Familie.

Ausreisepapiere zugesandt

März 1984

Welche Kriterien bei Ausreiseanträgen angewandt wurden, weiß niemand genau zu sagen. Ich kenne eine Ärztin, die, nachdem sie einen Ausreiseantrag gestellt hatte, zwar weiterhin ihren Dienst versehen durfte, aber zu keiner ärztlichen Fortbildung mehr zugelassen wurde, und ich kenne eine Ärztin, die nur noch als Krankenschwester arbeiten, aber sich ärztlich fortbilden durfte.

Im allgemeinen mußten Ausreisewillige sehr lange auf ihre Ausreisegenehmigung warten. Kraß im Gegensatz dazu stand die Praxis, einigen Bürgern Ausreiseanträge zuzuschicken, ohne daß diese einen Ausreiseantrag stellen wollten. So geschah es dem Landesjugendpfarrer aus Karl-Marx-Stadt. Dreimal schickte man ihm die Ausreisepapiere zu.

Dieser Pfarrer predigte einmal im Monat in einer Karl-Marx-Städter Kirche. Die Kirche war dann von Jugendlichen überfüllt, eine halbe Stunde vor Beginn war kein Stehplatz mehr zu haben. Man stellte Lautsprecher vor der Kirche auf. Pfarrer Dr. L. war kein Aufrührer, auch wenn er zum Widerstand gegen Dummheit und Willkür aufrief. Er wollte auch nicht nur "Gegen Natowaffen Frieden schaffen" (Parteislogan), sondern sogar gegen die eigenen Waffen. Somit war er mehr als unbequem und sollte aus der DDR verschwinden.

"Gott ist überall", sagte der Pfarrer, "hier ist mein Platz". Er blieb.

"Ich trage die Mauer in mir."

Eine deutsche Tragödie
1986
Zu Montag wurde Margit zur Staatssicherheit (STASI) geladen. Sie sollte dort nachweisen, daß sie NICHTS gewußt hatte.

Ihr Mann war von einer Besuchsreise nach Nürnberg nicht zurückgekehrt. Hätte sie nämlich gewußt, daß er nicht zurückkehren wollte, hätte sie ihn vor der Abreise bei der Stasi anzeigen müssen, obwohl er ihr Ehemann war. Wenn sie es gewußt haben sollte und ihn trotzdem nicht angezeigt hatte, so würde sie verurteilt werden.

Margit wußte, sie konnte verurteilt werden, und sie wußte auch, daß die Stasi wußte, daß sie ES gewußt hatte. Es kam nur darauf an, glaubhaft zu machen, daß sie NICHTS gewußt hatte, und es durfte keine Beweise geben. Zum Beispiel durften keine Gegenstände vor der Abreise ihres Mann aus der Wohnung entfernt worden sein.

Die Auslagerung von Wertgegenständen hätte sich angeboten, weil das Eigentum ihres Mannes als das eines Republikflüchtigen beschlagnahmt werden würde. Das sah in der Praxis so aus, daß ein staatlicher Schätzer ins Haus kam und den Hausrat, die Möbel und die Wertgegenstände taxierte. Margit konnte danach entweder die Hälfte der Sachen abgeben oder die beschlagnahmten Dinge zurückkaufen. Gemeinsam hatten Ralf und Margit überlegt, ob Margit wohl den alten Trabant später verkaufen müßte, um die Hälfte ihres Hausstandes nicht zu verlieren.

Ich traf Ralf noch vor seinem Weggang in Karl-Marx-Stadt. Er hatte Medizin studiert und sich später mit behinderten Kindern beschäftigt. Er hatte mehrere Behinderteneinrichtungen im Kreis Karl-Marx-Stadt in Eigeninitative aufgebaut.

"Um jeden Zentner Zement muß du dich selber kümmern", sagte er. Nicht nur, daß der Staat kein Geld zur Verfügung stellt, er verhindert sogar, daß die Eltern der Kinder finanziell mithelfen, da ja angeblich diese Heime kostenlos sind. Die Wirklichkeit sieht aber ganz anders aus. Die Kirche ist der Hauptträger dieser Anstalten."

"Das Allerschlimmste war", sagte er, "daß die Einrichtung jeweils nach der Fertigstellung einem Arzt unterstellt wurde, der damit nicht bekannt war und sie ziemlich schnell wieder ruinierte. Das habe ich dreimal erlebt. Jetzt kann ich nicht mehr."

Ralf selbst hatte als Leiter der Einrichtungen, die er aufgebaut hatte, nicht zur Diskussion gestanden, da er die Grundvoraussetzung - Parteigenosse zu sein - nicht erfüllte. Wahr ist auch, daß sich kein guter Arzt-Genosse als Leiter für eine solche Einrichtung fand. Der Kreisarzt mußte auf unbegabte Leute zurückgreifen, die aber den parteilichen Anforderungen gerecht wurden.

Ralf sagte, der ständige Ärger und der Kampf gegen die Gewalten hätten ihn zermürbt. Er könne nichts mehr essen, er habe Probleme mit der Bauchspeicheldrüse. Wegen der Nieren solle er Diät halten, am besten Bananen essen, aber wie solle er das machen, wo es weder Obst noch Bananen gäbe.

Margit stellte fest, daß ihr Mann am Ende war. Ein toter Ehemann nütze ihr auch nichts, sagte sie lakonisch, sie müßten das Kreuz auf sich nehmen.

Die Belastung eines Ausreiseantrages, die jahrelanges Warten und möglicherweise am Schluß "Wiedereingegliederung" in die sozialistische Gesellschaft bedeutete, wenn der Antrag abgelehnt wurde, da man Personen, die man in der DDR brauchte, schon lange nicht mehr ausreisen ließ, - also, diese Belastung konnte sie ihm nicht zumuten.

"Wir müssen die Last der Trennung, des Wartens und der Verhöre ertragen. Den Kindern können wir nicht sagen, daß ihr Vater nicht zurückkehren wird. Das Risiko für unsere Sicherheit wäre zu hoch."

Die Schwierigkeit war nun, daß Margit, obwohl ihr Mann seinen DDR-Reisepaß aus Nürnberg zurückgeschickt hatte, keinen Antrag auf Familienzusammenführung stellen durfte, da Ralf mit seiner Absichtserklärung und Paßrückgabe noch nicht aus der DDR-Staatsbürgerschaft entlassen war. Zwei Staatsbürgerschaften aber waren unzulässig - und gar zwei deutsche! Nur von der westdeutschen Seite her war die DDR-Staatsbürgerschaft gleich der deutschen Staatsbürgerschaft, nicht aber von der ostdeutschen Seite gesehen. Bevor man Ralf aus der DDR-Staatsbürgerschaft entlassen würde, würde er als DDR-Bürger erst einmal (in Abwesenheit) wegen Republikflucht angeklagt und verurteilt werden und müßte seine Strafe (in Abwesenheit) absitzen. Danach würde er aus der DDR-Staatsbürgerschaft entlassen, und dann erst könnte Margit einen Antrag auf Familienzusammenführung stellen.

Das Verfahren war sehr langwierig, und genau das sollte es auch sein. Es diente zur Abschreckung davor, daß Ehepartner "drüben blieben".

Margit stellte deshalb für sich und ihre Kinder einen Ausreiseantrag. Aber gerade darin lag das Problem. Der Antrag zeigte, daß sie mit der Ausreise ihres Mannes einverstanden gewesen war und möglicherweise daß sie es GEWUSST hatte.

Als Margit den ersten Ausreiseantrag stellte, schlug man ihr vor, sich scheiden zu lassen. Sie bekam drei Monate Bedenkzeit. Ihr Telefon wurde zunächst stillgelegt, später funktionierte es wieder, aber es wurde abgehört. Alle Briefe ihres Mann wurden aufgerissen und nur notdürftig wieder verschlossen. Mit dem Zukleben der Briefe gab sich die Stasi keine Mühe. Margit war schuldig, und sie sollte es wissen. Nun suchte man nach Beweisen.

Aus ihren betrieblichen Funktionen wurde Margit entlassen, wenn auch nicht aus ihrer Anstellung. Sie war nicht mehr VD-(Vertrauliche Dienstsache)-verpflichtet, sie durfte nicht mehr als Schöffe am Gericht arbeiten. Sie durfte auch eigentlich in ihrem Büro nicht mehr arbeiten, aber sie durfte noch dort sitzen. Dort strickte sie dann meistens Pullover.

Zu Montag wurde Margit auf die STASI bestellt, da sollte sie nun nachweisen, daß sie NICHTS gewußt hatte ...

"Ich trage die Mauer in mir", sagte Margit. "Ich bin hier unglücklich und werde dort nicht glücklich sein. Dort ist mein Mann, hier sind meine Eltern. Sie sind alt, und jetzt, wo sie langsam in das Alter der Hilfsbedürftigkeit kommen, muß ich sie verlassen."

Mir fallen Heines Verse ein: "Denk ich an Deutschland in der Nacht, so bin ich um den Schlaf gebracht..."

Eine deutsche Tragödie.

Spöttische Bemerkung eines Ostdeutschen mit Reiseerlaubnis:
"In der DDR ist jeder Westreisende ein potentieller Verbrecher."

Sippenhaft 1983

Frühjahr 1983
In Oelsnitz wurde ein Lehrer entlassen. Sein Sohn hatte bei der
Kreisleitung angefragt, warum die Schüler das Abzeichen "Schwer-
ter zu Pflugscharen" nicht tragen dürften.
(Wer seine Kinder nicht erziehen kann, darf nicht Erzieher sein.
Der Vorfall diente als Anlaß, den kirchlich gebundenen Lehrer end-
lich loszuwerden.)
Ob er den "Antrag" stellen wird?

Verwandtenpaß

1983
Meine Freundin erklärte ihrem Sohn: Wenn du ein Mädchen
kennenlernst, so frage zunächst nach ihren Verwandten. Wenn sie
Westverwandte hat, so fange erst gar keine Beziehungen an. Du
bringst dich damit um deine Karriere.
Meine Freundin ist ein gebranntes Kind. Ihr Mann hat Verwandte in Amerika, was ihr jeden betrieblichen Aufstieg unmöglich machte.
Früher gab es Ahnenpässe, mein Sohn, sagte meine Freundin.
Aber diese Zeiten haben wir glücklicherweise überstanden. Wir
bräuchten heute nur noch Verwandtenpässe. Darin sollten alle in
westlichen Ländern lebenden Verwandten aufgeführt sein, mit der
Angabe, wann, warum abgehauen, übergesiedelt - und die frühere
Anschrift, die muß man ja auch immerfort angeben. Will man beispielsweise eine sogenannte Reiseanlage für eine Reise ins sozialistische Ausland, zum Beispiel für Ungarn, beantragen, muß man auch
immer alle Westverwandten angeben, wann 'abgehauen', wo gewohnt, Verwandtschaftsgrad.
Du siehst, mein Sohn, ein solcher Verwandtenpaß wäre wirklich
von Vorteil. Ich will nicht die Forderung stellen, daß Leute mit
Westverwandten einen schwarzen Stern an der Kleidung tragen sollten oder Leute ohne Westverwandte einen roten. Aber für einen
Verwandtenpaß plädiere ich!
Bertold Brecht schreibt in seinen *Flüchtlingsgesprächen*, der Paß
sei das Wichtigste an einem Menschen.

Der "richtige" Paß, ergänzte ich, und der "richtige" Verwand-tenpaß. Westverwandte ersten Grades sind eine schlimme Sache, wenn man zum Beispiel in einem Rechenzentrum arbeiten möchte. Dann führt kein Weg hinein.

Die Ausführungen meiner Freundin erinnerten mich auch an die ewige Seemannsbraut in Warnemünde, die nicht heiraten konnte, weil ihr Bräutigam zur See fuhr und sie Westverwandte hatte. Er war Nautikoffizier auf einem Handelsschiff. Westverwandte, auch angeheiratete, hätten die Abgabe des Seefahrtsbuches zur Folge ge-habt. So konnte ihr Sohn den Namen seines Vaters nicht tragen, so-lange dieser zur See fahren wollte.

Und einer meiner Freunde, der gar nicht zur See fuhr, sondern nur im Rostocker Hafen arbeitete, mußte sein Seefahrtsbuch abge-ben und durfte nicht mehr im Hafengelände arbeiten, weil einer sei-ner Cousins bei einem "Fluchtversuch" ertappt worden war, von dem er natürlich gar nichts gewußte hatte. Nun arbeitet er an einer Hochschule und gehört zu den besonderen Einheiten des "Küsten-schutzes". Bei Nebel stehen die Mitglieder des Küstenschutzes an der Küste verteilt, alle 12 Meter ein Mann, und "angeln". So viele Angler bei Nebel, wenn das nicht auffällt! Früher wunderte er sich darüber, jetzt muß er selber "angeln" - nach Abhauwilligen via Ost-seeküste, die DDR-Grenzgebiet ist.

Oder Erwins Fall. Nachdem sein Sohn eine neue Freundin hatte, durfte Erwin nicht mehr dienstlich nach Westdeutschland reisen. Den Grund erfuhr er erst später: Die Freundin des Sohnes hatte Westverwandte und selbst einen Ausreiseantrag gestellt. Später rei-ste die Freundin von Erwins Sohn aus, Erwin aber bekam keine Dienstreise mehr genehmigt. Er war als NSW-Kader gestrichen worden.

Man kann feststellen, daß Westverwandte an Bedeutung gewon-nen haben.

Westverwandte sind aber nicht nur karriereverhindernd, sondern auch förderlich, denken wir zum Beispiel an die Westpakete, von denen viele DDR-Bürger profitierten, und auch wegen der Besuchs-reisen und Ausreiseanträge.

Nicht alle haben so viel Pech wie Monika, die einen Ausreisean-trag zu ihrer Tante stellte. Bevor dem Ausreiseantrag stattgegeben wurde, starb ihre Tante.

Ich glaube, meine Freundin hat recht. Verwandtenpässe sollten eingeführt werden.

Traurige Geschichten

Es gibt viele traurige Geschichten im Sozialismus, der Sozialismus selbst war eine traurige Geschichte. (Fast) die gesamte Bevölkerung saß ein (hinter Mauern) und wurde streng bewacht und bespitzelt. Es gab keine Ausweichmöglichkeit, man war der Herrschaft und Willkür der Partei voll und ganz ausgeliefert.

Von den traurigen Geschichten, die ich erlebt habe, ging mir die von Herrn Weinhold, den ich nur in seinem Bilderladen kannte, besonders ans Herz. Er wurde verhaftet, weil der Kunsthandel verstaatlicht werden sollte. Alle Kunsthändler waren plötzlich Steuerhinterzieher. Ihre Geschäfte wurden geschlossen, und der VEB-Kunsthandel holte die Antiquitäten ab und verkaufte sie gen "Westen".

Herr Weinhold

März 1985

Herr Weinhold hatte ein Bilderrahmgeschäft in Karl-Marx-Stadt, nebenbei verkaufte er auch einige Kunstprodukte, obwohl "Kunst" geprahlt ist - mehr Kitsch als Kunst: unechte Bilder in goldigen Stuckrahmen, manchmal auch echte, aber im allgemeinen schlechte.

Bemerkenswert war: Herr Weinhold war der einzige Bilderrahmer im Bezirk Karl-Marx-Stadt. Ansonsten hätte man nach Dresden oder Berlin fahren müssen, wollte man ein Bild gerahmt haben.

Auch bei Herrn Weinhold mangelte es an Leisten für die Bilderrahmen, aber man bekam doch immer etwas bei ihm. Er war nämlich privat und gab sich Mühe.

Wenn man zu ihm kam, da maß er eigenhändig das Bild. Er mußte sich mit seinen Augen fast zum Bild beugen, so schlecht konnte er sehen, trotz seiner dicken Brillengläser. Er war ein alter Mann, und man meinte, er habe das Leben schon hinter sich, und er kenne alle seine Schwierigkeiten, er sei heraus aus aller Bedrängnis und schon im Übergang zu einem geruhsamen Feierabend.

Wenn viel Andrang bei Herrn Weinhold war, den er nicht bewältigen konnte, dann polterte er schon mal los: "Ich allein kann den Sozialismus auch nicht retten." Er war ja der einzige Bilderrahmer im Bezirk Karl-Marx-Stadt.

Das ging so lange, bis der Laden eines Tages geschlossen blieb.

"Mit behördlicher Genehmigung geschlossen", stand an der Ladentür - aber genauer war es *wegen* der Behörden. Man hatte Bilder-Weinhold eingesperrt. Er war der Kunsthandelverstaatlichungskampagne zum Opfer gefallen.

Man hatte schon die Bauern vom Eigentum befreit, auch die Kleinkapitalisten, und um 1983/84 wurde der Kunsthandel verstaatlicht. 1983 gab es schon wieder einige private Läden, deren Verstaatlichung sich lohnte.

Der Freitaler Kunstladen am Markt wurde zum Beispiel geschlossen. Er hatte Raritäten an Meißner Prozellan anzubieten, auch alte Schwerter und Bauernschränke, historische Bilder. Der Freitaler Kunstladen war sehr berühmt gewesen. Peter Schreier und andere bekannte Dresdener waren hier Kunden. Eines Tages wurde der Laden geschlossen, und ein Berliner Lastwagen mit Anhänger und der Aufschrift "Staatlicher Kunsthandel der DDR" fuhr vor und lud die Raritäten auf. Den Geschäftsinhabern wurde Steuerhinterziehung vorgeworfen, als Ausgleich wurde die Ware beschlagnahmt, und die Händler wurden eingesperrt. Ihr Laden blieb geschlossen.

So erging es auch Bilder-Weinhold. Der alte Weinhold bekam sieben Jahre wegen Steuerhinterziehung, unerlaubten Goldhandels (vielleicht hatte er einmal einen Rahmen vergoldet), Zoll- und Devisenvergehens.

Danach rahmte niemand mehr im Bezirk Karl-Marx-Stadt, denn Bilderrahmen war eine mühsame Handarbeit und brachte nicht viel ein. Es gab einfach keine Bilderrahmen mehr im Bezirk Karl-Marx-Stadt.

Weinhold, mein knurriger Alter, der mir so viele Bilder gerahmt hat - Aquarelle von Wienskowski, der auf Kunstausstellungen in Dresden ausgestellt hatte, Graphiken von Fritz Kremer, der das Buchenwalddenkmal schuf, Bilder von Zickelbein und Zander, der für mich Radierungen von Prag und Dresden rahmte, saß im Gefängnis und rahmte nichts mehr. Da das Rahmen kein großes Geschäft gewesen war, machte es auch niemand mehr, schon gar nicht der staatliche Kunsthandel.

Nachtrag: Juli 1985
Herr Weinhold erhängte sich in seiner Gefängniszelle.

Der Zellenwagen

Mittwoch, 21.9.82, 9 Uhr 18, Karl-Marx-Stadt, Hauptbahnhof

Da standen sie. Ich sah sie schon von weitem, umgeben von Wachpersonal in Uniform und Bewachern in Zivil. Ein Teil des Bahnhofs, einschließlich des Ausganges nach unten, war abgesperrt.

9 Uhr 18, Karl-Marx-Stadt, Hauptbahnhof, Bahnsteig 12, Zug von Dresden nach Meinigen.

In Karl-Marx-Stadt wurden Häftlinge ein- und ausgeladen. Aus welchen Gefängnissen die Häftlinge kamen, die hier ausstiegen, das wußte ich nicht, vielleicht aus Bautzen, aus Dresden. Wohin sie kommen sollten, das wußte ich aber. Karl-Marx-Stadt hatte die modernste Strafvollzugsanstalt der DDR, einen Großplattenneubaukomplex, achtgeschossig, mit vergitterten und teilweise vermauerten, jedenfalls aber undurchsichtigen Fenstern. Bevor verhinderte "Republikflüchtlinge" nach dem Westen abgeschoben wurden, wurden sie zunächst in das Karl-Marx-Städter Gefängnis verlegt. Vielleicht sollte damit die spätere Erinnerung an den DDR-Strafvollzug verbessert werden. Das Karl-Marx-Städter Gefängnis hatte somit einen Anstrich des Hoffnungsvollen.

Ich wartete auf den Zug. Als der Zug angekündigt wurde, mußten die wartenden Gefangenen in Reih und Glied antreten, jeweils zwei und zwei, mit Handschellen aneinander verkettet. In der freien Hand trug jeder Gefangene einen großen Pappkarton, der in Packpapier eingewickelt und verschnürt war. Manche Gefangenen hatten Zivilkleidung an, manche Anstaltskleidung, an der vor allem der gelbe Streifen auf dem Rücken der grauen Jacke auffiel. Aber das sollte er ja auch.

Es waren vorwiegend junge Männer, die da standen, einige ältere waren auch dabei, am Schluß der Kolonne standen Frauen, bewacht von weiblichen Strafvollszugsangestellten. Eine junge Frau mit langen schwarzen Haaren fiel mir besonders auf. Eine der Frauen hatte DDR-Jeans an, die an den Hosenbeinen umgekrempelt waren. Die älteren Frauen machten den Eindruck von Dauerverwahrten, vielleicht wurden sie immer wieder rückfällig.

Der erste Waggon nach der Lokomotive war der Zellenwagen. Große Fenster für die Wachmannschaft, kleine für die Gefangenen. Die Fenster waren aus Milchglas, man konnte nicht hindurchschauen, außerdem waren die Fenster total verschmutzt. Deutlich zeichnete sich trotzdem der Schatten der Fenstervergitterung im Inneren durch das Glas ab.

Nachdem die Wagentür aufgeschlossen worden war, stiegen zunächst Gefangene aus, jeweils zu zweit, mit Handschellen aneinander gekettet. Wenn dem Wachposten auf dem Bahnsteig das Aussteigen nicht schnell genug ging, faßte er einen Gefangenen an der Brusttasche seiner Anstaltsjacke und zog ihn aus dem Wagen heraus, wobei der mit ihm Zusammengefesselte mitgerissen wurde.

Der Trupp der abfahrenden Gefangenen wurde von den wartenden Posten in Empfang genommen. Die Oberaufsicht führten Zivilpersonen, die sprung- und schießbereit die Kolonne beobachteten. Danach wurden die Gefangenen mit ihren Pappkartons, zwei und zwei, in die Waggons gestoßen. Der Zug hatte nur einen kurzen Aufenthalt in Karl-Marx-Stadt, und außerdem sollte die Umladeaktion schnell und möglichst unauffällig über die Bühne gehen.

Die 6. Armee

25.10.83

Wir haben schon wieder eine 6. Armee. Neben der Volksarmee (NVA) (graugrün) gibt es die Volkspolizei (VP) (grün) und die Staatssicherheit (STASI) (seit zwei Jahren auch offiziell in grauen Uniformen), die Transportpolizei (blau), die Kampfgruppen (graue Arbeitsanzüge mit Käppi, für Frauen und Männer gleichermaßen scheußlich) und nun auch noch die Bahnpolizei, die 6. Armee.

Aber das ist noch nicht alles. Wozu gehören die schwarzen Uniformen, die die Leute tragen, die mit mir im Bus fahren? Das sind die Gefängniswärter. Das Hauptgefängnis liegt an der Hochschulstrecke, hinter dem städtischen Friedhof. Da dieses Karl-Marx-Städter Gefängnis als das "beste", das modernste in der DDR gilt, wurden Leute, die nach dem Knast in den Westen abgeschoben werden sollten, zunächst erst einmal nach Karl-Marx-Stadt verlegt. Das ist wahrscheinlich wegen der späteren Erinnerung.

Viele dieser Leute hatten nichts verbrochen, sie hatten nur den ANTRAG gestellt und waren etwas ungeschickt.

Wie man in den Zellenwagen kommt

Es gab viele Möglichkeiten, in den DDR-Knast zu kommen. Es genügte, Witze zu erzählen. Nach dem Mauerbau entstand ein neuer Grund: mißglückte Republikflucht.

Die Geschichte von Frau K. zeigt, wie man ins Gefängnis kommen konnte.

1961 war der Ehemann von Frau K. schon in Westberlin, als die Mauer Ost- und Westberlin spaltete. Zu Beginn gab es noch Wachposten, die Personen über die Grenze ließen. Sie waren bestechlich. Frau K. versuchte es auch auf diese Weise, aber sie geriet an den falschen Wachposten, - oder sie wurde verraten. Jedenfalls wurde sie trotz Bestechung an der Grenzkontrollstelle nicht durchgelassen, sondern abgeführt. Sie kam in Untersuchungshaft und wurde zu zwei Jahren Gefängnis verurteilt. Daß sie früher frei kam, verdankt sie einem Freund an höherer Stelle, der sich für sie einsetzte.

Über das Gefängnis erzählt sie nichts Gutes. Über die Nächte, die sie dort verbringen mußte, kann sie heute noch nicht sprechen.

Wirtschaftslage

DDR-Witze:
"Was gab es früher, das Huhn oder das Ei?" "Früher gab es beides."
Ein Mann geht mit einem Kranz durch die Stadt. Er wird gefragt, wer denn gestorben sei. "Niemand", sagt er, "es gab gerade welche".
Die DDR kam ins Guinness-Buch der Rekorde. Sie hatte die meisten Kinder pro Banane.
Die vier (fünf) Feinde der DDR: Frühling, Sommer, Herbst und Winter (und der Imperialismus).

Mißwirtschaft ist ein typisches Kennzeichen des Sozialismus:

Armaturenwerk Zöblitz

15.3.84
Nur, wenn es einen nichts angeht, ist es auch eine lustige Geschichte, die mir die Zöblitzer erzählten:
Das Armaturenwerk Zöblitz sollte auf Ölbetrieb umgestellt werden. Drei Tankbehälter wurden in Bulgarien bestellt. Als sie auf dem nächstgelegenen Bahnhof angekommen waren, waren sie dort infolge ihrer Größe nicht ausladbar. Man wich auf den Armeeladebahnhof nach Reizenhain aus. Der bestellte Kran mußte unverrichteter Dinge wieder abfahren, ebenso der bestellte Panzerkran. Die Behälter waren zu schwer.

Schließlich bestellte man einen größeren Baukran, der schaffte es, die Behälter zu heben, aber es stellte sich heraus, daß die bereitstehenden Tieflader für den Transport der Behälter zu schwach waren. Man kann sich vorstellen, wie das Spiel weiterging.

Ein Jahr brauchten die Monteure, um die Kessel aufzustellen und die Leitungen zu schweißen. Danach kam der Minister vorbei, wirklich nur vorbei, er stieg gar nicht erst aus seiner Luxuslimousine (die Parteiführung bevorzugte Westwagen) aus. Er schickte zwei Sekretäre mit den Unterlagen in den Betrieb. Von ihnen ließ er erklären, daß die Energiesituation es erfordere, den Betrieb wieder auf Kohleheizung umzustellen. Er ordnete entsprechende Maßnahmen für den Braunkohlenbetrieb an.

Die Schweißer schweißten die Rohre wieder ab, die sie gerade angebracht hatten. Zwei der großen Öltanks (ohne Öl) konnte man lange noch stehen sehen, wenn man an der Fabrik vorbeifuhr. Inzwischen haben die Monteure begonnen, einen Öltank zu zerschweißen. So erfüllt der Betrieb wenigstens seinen Schrottplan.

(Inzwischen wurde im Fernsehen gemeldet, daß die Sowjetunion wieder mehr Öl in die DDR liefere....und so weiter).

Zehn Unterlegscheiben

Januar 1984

Im Erzgebirge gibt es ein Ferienheim, das einem Leiziger Betrieb gehört.

Dieser Betrieb stellte Heizkessel her, solange jedenfalls, wie er die dafür benötigten Rohstoffe aus dem Ausland bekam. Später bekam er nichts mehr (aus dem Ausland) und stellte Plattenheizkörper her.

"Dieser Betrieb ist ein typischer VEB-Betrieb", sagten die Arbeiter. "Unordnung von A bis Z. Überall im Betriebsgelände liegen Schrotthaufen. Ehe man sich geeinigt hat, wer wofür zuständig ist, ist Feierabend."

Aber vielleicht war das nur so ein Arbeiterscherz.

Eines Tages brauchte das erzgebirgische Ferienheim Kleinmaterial für die handwerkliche Instandhaltung des Gebäudes.

"Wenn ich in den Stammbetrieb fahre", sagte der Meister, "bringe ich auch gleich Schrauben und Unterlegscheiben mit".

Im Lager des Leipziger Betriebes verlangte er zehn Unterlegscheiben. Aber nicht sofort. Die Damen der Verwaltung machten gerade Frühstück, und es war ihnen egal, woher der Bittsteller kam und ob er seinen Zug noch erreichen wollte. Kaffeepause ist Kaffeepause, da wagt man eigentlich nicht zu stören, gar wenn man etwas will, wie unser Meister aus dem Erzgebirge, da wartet man schon lieber geduldig. Schließlich gibt es noch weitere Züge, spätestens am nächsten Tag.

Als die Damen Kaffee getrunken hatten, verlangte nun der Meister des Ferienheimes zehn Unterlegscheiben.

"Das geht nicht", sagte die Dame, "dazu brauchen Sie eine Genehmigung der Hauptverwaltung. Außerdem geben wir nur 1000er Schachteln ab".

"Ich brauche aber nur 10 Stück", sagte der Meister, "die allerdings dringend". Das Ansinnen, einer 1000er Schachtel 10 Stück zu entnehmen, weil das doch gar nicht auffalle, wies die Dame im Lager empört zurück.

"Beantragen Sie erst einmal eine Genehmigung", sagte sie.

Mit dem Ferienheim war das sowieso so eine Sache. Es fehlten nicht nur 10 Unterlegscheiben. Auch der Heizkessel war defekt, obwohl der Stammbetrieb des Ferienheimes ein Heizkesselproduzent gewesen war.

"Viel Spaß macht es sowieso nicht, sich hier zu erholen", sagte der Meister. "Die Betten für die Gäste sind russischer Herkunft. Holzgestelle, die regelmäßig zusammenfallen, und darauf eine Matratze, in der Mitte hoch und an den Rändern geht es abwärts. Also, wenn man nicht zusammenbricht, so fällt man heraus. Zwei Stück davon nennen sich Ehebett. Da kann man nur ganz ruhig drin liegen, genauer gesagt, oben drauf".

"Aber nicht nur die Betten sind defekt", sagt der Meister, "auch die Natur, in der sich die Leute aus dem Stammbetrieb erholen sollen. Die Abgase des nordböhmischen Industriegebietes dringen herüber. Die Bäume gehen ein. Außer Ebereschengebüsch wird hier bald nichts mehr stehen".

Betten, Heizkessel, Unterlegscheiben kann man vielleicht später einmal austauschen, aber die Natur nicht.

"Was sollen wir tun?", fragte der Meister.

Im Fotogeschäft am Markt

April 1984
Ein Mann, der Käufer sein möchte: "Ich möchte Fotoecken für meine Fotos."
Ein Mann, der Verkäufer sein sollte: "Wir haben keine Fotoecken, aber beruhigen Sie sich, wir haben auch keine Fotoalben."

Klavier

28.3.84
Ich wollte Noten kaufen und ging deshalb in das Fachgeschäft *Melodie* am Karl-Marx-Städter Rosenhof. Die gewünschten Noten gab es nicht.
Ich sah Klaviere stehen. Bislang waren die Wartezeiten auf ein Klavier den Wartezeiten auf einen Trabant sehr nahe gekommen, also man mußte mit mindestens zehn Jahren rechnen.
Schüchtern fragte ich, ob es Klaviere gäbe.
"Ein Klavier ist noch da", antwortete die Verkäuferin.
Mir wurde ganz heiß vor Schreck. Es war kein Markenklavier und kostete deshalb auch nur ein Drittel des üblichen Preises.
"Das nehme ich", sagte ich beglückt.
Doch das Glück dauerte nur zehn Minuten, solange nämlich, bis die Verkaufsstellenleiterin kam. Diese teilte mir mit, das Klavier sei schon verkauft.
Von dem unverhofften Glück, das ich beinahe gehabt hätte, zittern mir noch heute die Knie.
"Vielleicht", sagte die Verkaufsstellenleiterin, "bekommen wir noch einmal Klaviere vor der Wahl am 6. Mai. Es kommt darauf an, ob der Herstellerbetrieb genug Benzin zum Transport hat."
"Verkauf ab Betrieb ist nicht gestattet", fügte sie noch hinzu.

Motor

Januar 1984
Ein ungarischer Freund schrieb mir. Er war Zahntechniker und brauchte einen Motor, der in der DDR bislang hergestellt wurde. Ich ging also los.
In dem zuständigen Fachgeschäft, das die medizinischen Einrichtungen belieferte, sagte man mir, sie hätten keine solchen Motoren und bekämen auch keine, nicht einmal für Polikliniken. Vor einem

dreiviertel Jahr hätte es noch welche gegeben. Diese Motoren würden auch nicht mehr in Potsdam, sondern jetzt in Treffurt hergestellt. Ich sollte im Einzelhandel nachfragen.

Ich fragte im Einzelhandel nach. Die jüngeren Verkäuferinnen erinnerten sich nicht, je solche Motoren gesehen zu haben. Eine ältere sagte, es habe schon einmal solche Motoren gegeben, aber das sei länger her.

Ich rief eine Handelsfirma an. Sie sagten, diese Motoren wären nur noch für den Export bestimmt, nicht einmal beim Großhandel in Leipzig gäbe es welche. Außerdem würden sowieso zu wenige hergestellt, einmal hätte die Herstellerfirma keinen Draht, dann würde wieder etwas anderes fehlen. Es sei aussichtslos. Vor einem dreiviertel Jahr hätte man noch etwas machen können, aber jetzt ...

Zu spät geboren?

Womit bohren die, die nach uns kommen?

Exportauftrag

Oktober 1982

"Wir mußten heute alle ran", sagte eine Ingenieurin aus Karl-Marx-Stadt, "auch das Büro. Unser Betrieb hat einen Exportauftrag über hunderttausend Zwirnrollen für die BRD bekommen und diese mußten heute bebändert werden. Also wir mußten ein Papieretikett um jede Rolle machen.

Sie werden es nicht glauben: Das machten wir mit der Hand. Deshalb mußte auch jeder mithelfen. Wir hatten alle Angst, es könnte ein Papierband kaputtgehen, denn wir haben pro Zwirnrolle nur ein Papieretikett von der westdeutschen Firma geliefert bekommen".

"Wissen Sie", sagte die Ingenieurin nebenbei, "daß es in Karl-Marx-Stadt Betriebe gibt, die nur für den Schrott arbeiten, weil sie ihre Produkte nicht verkaufen können? Die Stammbetriebe in Karl-Marx-Stadt produzieren und liefern ihre Produkte an einen Teilbetrieb, der außerhalb von Karl-Marx-Stadt angesiedelt ist und dessen Aufgabe darin besteht, die gelieferten Produkte zu verschrotten. Das wissen die Arbeiter der Lieferbetriebe allerdings nicht.

"Wir haben eine Reihe gut bezahlter Arbeitsloser", kommentierte der Direktor eines solchen Stammbetriebes die Lage unter vier Augen.

Ernährungsengpaß

24.9.82

Eigentlich ist es mir peinlich, davon zu berichten. Später sagte man, die Krise sei nur ein Planungs- und Leitungsfehler gewesen. Vor solchen Fehlern bekommt man aber Angst, und es ist die Frage, wie oft sich solche Planungsfehler wiederholen können. Die Fehlplanung und -leitung vom Sommer 1982 zeigte verheerende Auswirkungen auf das Alltagsleben eines durchschnittlichen Karl-Marx-Städters.

Gestern war sozusagen ein glücklicher Tag. Es gelang mir, zwei Stück Butter zu kaufen. Diese gab es in der Mensaverkaufsstelle der Hochschule am Wurststand. Wurst gab es sowieso keine, weil gerade Donnerstag war. Die Wurstlieferung kommt dienstags, und am Mittwoch ist die Wurst alle. So kann man am Donnerstag am Wurststand schon andere Waren verkaufen, wenn welche da sind.

Die Verkäuferin verteilte die Butter stückweise an Kaufwillige, die in Schlange zunächst vor, dann im Laden standen. Das Verteilen der Butter war einfacher als das Verkaufen, es gab sowieso nur einen Karton Butter. Die ganze Aktion war in kurzer Zeit erledigt.

Kürzlich besichtigte ein Hochschulbeauftragter den großen Laden neben der Mensa, die Mensakaufhalle, und fragte, ob die Verkaufsstelle wüßte, daß das Semester bald beginne und man 5.000 Studenten erwarte, die in diesem Laden (nahe der Studentenwohnheime) einkaufen möchten. Dafür sei er eingerichtet worden.

Das wüßten sie schon, sagte die Verkaufsstellenleiterin, aber Tatsache sei auch, daß sie nicht einmal genug Marmelade geliefert bekommen hätten. An der Bestellung der Waren würde es jedenfalls nicht liegen, wenn sie keine zu verkaufen hätten.

Als makaberen Scherz kann man dann die Zeitungsmeldung betrachten, mit Staatspräsident Kaysone Phomvihane aus Laos sei ein Wirtschaftsabkommen abgeschlossen worden. Wir sollten uns erst einmal selber helfen!

In Berlin herrsche kein Mangel, erzählte dagegen meine Freundin am Telefon, Berlin habe Versorgungsstufe 1.

In Karl-Marx-Stadt unterstützte man sich gegenseitig so gut man konnte und gewann dadurch Freunde. Bekanntermaßen sind die nachbarlichen Beziehungen um so besser, je schlechter die Versorgungslage ist. Während sich die Nachbarn in Kanada meist gar nicht kennen, bilden die russischen Nachbarn eine Großfamilie. Und manch ein Emigrant sehnt sich nach der Wärme der zwischenmenschlichen Beziehungen in der alten Heimat zurück.

Fettarme Butter

Mit meinen Nachbarn stand ich auch auf vertrautem Fuß. Wir versuchten, alle Schwierigkeiten des Lebens gemeinsam zu meistern.

Ich hatte meine Nachbarin gebeten, mir aus dem Stadtzentrum zwei Stück normale, d.h. fettarme (das ist normal), Butter mitzubringen. Sie brachte ein Stück Ersatzbutter.

Ich war in meiner Arbeitszeit, während meine Nachbarin nach Butter suchte, auch nicht untätig gewesen, und hatte ihr ein Buch von Strittmatter besorgt, da ich besonders gute Beziehungen zum Buchhandel hatte. Nicht nur Butter, auch Bücher waren Mangelware. So sagte ich scherzhaft:

"Tausche Strittmatter gegen Ersatzbutter. In den Zeitungsannoncen steht immer "mit Wertausgleich". "

Vor zwei Wochen bekam ich auch kein Fleisch am Wochenende zu kaufen. Aber das lag an mir. Ich ging einfach zu spät zum Fleischer, da war das Fleisch schon ausverkauft. Nun überlege ich, ob nicht das Einkaufen auch ein Ganztagsjob ist, zumal mein Gewerkschaftsvorsitzender sagte, daß die Lage nicht besser würde - und er müßte es ja wissen, er gehört zu den informierten Kreisen.

Die Ansteher

In der Sowjetunion gab es schon lange den Berufsstand des "Anstehers". Wenn sich irgendwo eine Schlange bildete, dann stellte sich so ein Berufsansteher hinten an und wartete, bis ein Mensch kam, der es eilig hatte. Dem verkaufte er seinen Platz in der Schlange. Am besten hatten es dort die Kriegsveteranen, die konnten vorn an die Schlange gehen und somit Waren, nicht nur Plätze, weiterverkaufen.

Einige Rentner in der DDR verdienten sich auf diese Weise auch schon seit langem etwas Geld zur Rente hinzu, von der sie ja nicht recht leben konnten. Ich meine nur, die Berufsgruppe der Ansteher sollte sich lieber aus Leuten rekrutieren, die besser zu Fuß sind als Rentner.

Bei meinem Aufenthalt in Moskau verblüffte mich immer die "offensichtliche" Bildungswut der Menschen. Sie lasen, überall hatten sie ein Buch in der Hand: auf den endlosen Rolltreppen hinab zur Metro (die als möglicher Luftschutzraum gedacht war und deshalb besonders tief gelegt worden war), beim Schlangestehen, in Bussen.

Ich führte diese Neuerung in der letzten Woche bei unserem Fleischer ein, nachdem ich durch das Erlebnis vor zwei Wochen schlauer geworden war. Meine bisherige Devise "Lieber nichts essen als Schlangestehen" hatte ich im Interesse meiner Familie ins Gegenteil verkehrt, da diese Devise ja auch nicht langfristig durchzuhalten war. Ich stand also mit einem Buch beim Fleischer an, und die Zeit verging auf diese Weise sehr schnell, sogar zu schnell, denn ich hatte noch nicht einmal meine ganze Französischlektion gelernt, als ich schon an der Reihe war.

Schulgespräch

Als meine Tochter heute aus der Schule kam, erzählte sie, man habe ihnen wieder einmal erklärt, warum es in der DDR besser wäre als in der Bundesrepublik.

"Da bin ich aber gespannt", sagte ich.

"Die Grundnahrungsmittel sind bei uns billiger als in der BRD."

Wie sollen das die Kinder begreifen, dachte ich, wo sie doch wissen, daß wir um die Wurst kämpfen.

"In welchen Fächern habt ihr das gelernt?", wollte ich wissen.

"In *Heimatkunde*. Aber auch in *Rechtschreibung*, da gab es so einen Text, sogar in *Musik* hat die Lehrerin darüber gesprochen."

"Wäre es nicht besser gewesen, ein Lied zu lernen", fragte ich.

"Bloß nicht", antwortete meine Tochter, "Pionierlieder, Armeelieder und so", und gibt eine Kostprobe :

Laßt euch grüßen, Pioniere,
Kinder aus der ganzen Welt,
ihr, in Afrika geboren,
wo die Freiheit Einzug hält,
ihr aus Frankreich, ihr aus Polen,
ihr von Finnlands tausend Seen,
ihr aus Lenins großem Land,
Tor und Herz euch offenstehn.

"Noch eine Strophe?", fragte sie. Ich schüttelte den Kopf.

Zeitungsnotiz:

Neue Sorte Tafelbutter kommt in den Handel (Berlin ADN)

Wie die Pressestelle des Ministeriums für Handel und Versorgung mitteilt, wird im Verlaufe des dritten Quartals 1982 eine neue Sorte Tafelbutter mit 70% Fettgehalt zum Preise von 2,30 Mark je 250 g in das Warenangebot aufgenommen. Damit werden künftig folgende Buttersorten im Einzelhandel angeboten:

Tafelbutter, 74% Fettgehalt, 250 g, 2,40 Mark;
Tafelbutter, 70% Fettgehalt, 250 g, 2,30 Mark;
Frische Landbutter, 60% Fettgehalt, 250 g, 2,00 Mark;
Frische Rahmbutter, 45% Fettgehalt, 250 g, 1,75 Mark.

Dieses im Fettgehalt differenzierte Angebot entspricht besser den Erfordernissen einer gesunden Ernährung.

(Vielleicht stimmt das sogar, aber man muß die WAHL haben.)

Das Polenpaket

Als es den Polen wirtschaftlich sehr schlecht ging, waren Hilfsaktionen in aller Welt für Polen gestartet worden waren. Auch wir packten Pakete. Die Adressen erhielten die Kinder in der Schule.

Das war vor dem großen Ernährungsengpaß in Karl-Marx-Stadt.

Von einem polnischen Jungen bekamen wir eine Antwort. Er war ein armer Kerl. Er berichtete von Augenoperationen, die er schon zu überstehen gehabt hatte, und von der Freude, die meine Kinder ihm mit ihrem Paket gemacht hätten. Wir wollten ihm sofort noch ein Päckchen schicken, kauften Schokolade, Bonbons, Zucker, Kekse, Wurstdosen, Fleischkonserven. Alles stand in einem Karton bereit, nur die Adresse des Jungen war nicht mehr aufzufinden. Der Karton stand einige Monate in der Küche.

Inzwischen hatte sich die Ernährungslage bei uns auch sehr verschlechtert, Butter und Fleisch waren Mangelware. Als die Schokolade knapp geworden war, langten die Kinder als erste in den Karton. Danach holte ich die Wurstbüchsen heraus, eine Fleischbüchse und dann den Zucker. Wir verbrauchten schließlich alles selbst.

Erst als der Karton leer war, fanden wir die Adresse wieder. Sie hatte sich in einem Schulbuch versteckt.

Befriedigung

1983

Aus der Apotheke eines kleinen Städtchens

Für alle Apotheken in der DDR gab es eine Dienstanweisung, die besagte, die Kunden seien so zu bedienen, daß sie die Apotheke befriedigt verlassen könnten. Das, so denkt man, sollte eigentlich normal sein. Wozu also eine solche Dienstanweisung?

Des Rätsels Lösung lag im Sortiment. Viele Medikamente waren nicht lieferbar, viele fehlten. Für die Herstellung mancher Medikamente wurden nur im Westen verfügbare Rohstoffe benötigt, für die es im Osten kein Geld gab. Als besonderer Kader konnte man einen C-Schein durch den Arzt beantragen und auf diesen rare Medikamente erhalten. Für Nicht-C-Schein-Besitzer gab es stattdessen besagte Dienstanweisung.

In früheren Jahren genügte eine einstündige Versammlung der Apothekenangestellten pro Monat in der Apotheke der kleinen Stadt in Thüringen, um neue Medikamente und ihre Verwendungen vorzustellen. Später benötigte man eine lange Dienstversammlung pro Woche, um alle Medikamente kennenzulernen, die ersatzweise für die fehlenden Medikamente verabreicht werden sollten. Als die Zahl der fehlenden Medikamente immer größer wurde, fertigte man Listen an, auf denen die fehlenden Medikamente aufgeführt wurden, daneben die ersatzweise zu verordnenden Medikamente. Da sich niemand diese Vielzahl von Medikamenten merken konnte, wurden die Listen im Flur der Apotheke aufgehängt.

Kam nun ein Patient mit seinem Rezept, so mußte die Apothekenangestellte erst einmal auf den Flur hinaus gehen, um auf den Listen nachzuschauen, ob das Medikament gerade lieferbar war oder nicht. Nicht jeder Kunde war mit dem angebotenen Ersatzmedikament einverstanden, - und deshalb war es nötig, eine Dienstvorschrift zu erlassen, daß alle Kunden die Apotheke befriedigt zu verlassen hätten. Nur konnte man den Patienten diese Befriedigung nicht verordnen.

In der Apotheke

5.12.1983

Obsidan (Betablocker) könne nur für einen Monat ausgegeben werden. (Vermutlich enthielt es importierte Bestandteile). Somit müßte ich jeden Monat zum Arzt gehen? Wie sollte der Arzt das schaffen, er war völlig überlastet. Man mußte stundenlang warten.

Es gab eine Anordnung, sagte der Apotheker, daß für bestimmte Rezepte nur eine Monatsration ausgegeben werden durfte. Für jeden Monat war ein neues Rezept erforderlich.

(Mangelwirtschaft. Der Mangel wurde verwaltet.)

15.1.1984

"Vom Blasen- und Nierentee kann ich Ihnen nur ein Paket geben, wir haben nur wenig Tee bekommen. Der Tee ist ganz knapp."
"Aber ich habe eine Nierenentzündung."
"Tut mir leid, die haben andere auch."

* **

Die Frau vor mir möchte ein Schlafmittel.
"Schlafmittel haben wir nicht."
Die Frau: "Ich dachte, Schlafmittel wären frei verkäuflich."
Apotheker: "Ja, aber wir bekommen zur Zeit keine vom Handel. Schlafmittel sind vergriffen."
Gut, daß ich ohne Schlafmittel schlafen kann.

***

Ich sah, wie jemand Papiertaschentücher kaufte. Sofort zugreifen, dachte ich, und sagte: "Ich möchte auch Papiertaschentücher." Ohne Mengenangabe. Das wagte ich nicht.

"Sechs Päckchen pro Person", sagte die Apothekenhelferin.

Da kann ich mir nur ein bißchen Schnupfen leisten, dachte ich. Man sollte seine Kinder immer zum Einkaufen mitnehmen. Manchmal gab es etwas, auch in der Apotheke. So konnte man die zu erwerbende Menge vervielfachen. Schließlich bekommen Kinder auch Schnupfen.

Lustige Geschichten

Schon alltägliche Begebenheiten wurden in der DDR zu "Lustigen Geschichten", waren dem Spott der Bevölkerung preisgegeben, da oftmals, zu fortgeschrittener DDR-Zeit immer öfter, der Anspruch der Parteilinie dem gesundem Menschenverstand widersprach.

Gefährliche und ungefährliche Weihnachtslieder

Dezember 1983

Der Sohn einer meiner Freundinnen ging auf eine sprachorientierte Spezialoberschule in Dresden, das sogenante "Rote Kloster". Er lernte dort intensiv Russisch und zusätzlich Tschechisch.

Vor Weihnachten hatten die Schüler den Wunsch, im Musikunterricht Weihnachtslieder zu singen. Das brachte große Probleme für die Musiklehrerin mit sich.

Weihnachtslieder, in denen die Worte "Christuskind" oder "Jesus" und ähnliche vorkommen, dürften nicht gesungen werden, sagte sie.

Das war nun schwierig. Wer überblickt schon alle Strophen vorher? Was soll man machen, wenn doch plötzlich eine christliche Vokabel auftaucht? Das Lied abbrechen?

Auch das geschah. Daraufhin arbeitete die Lehrerin eine Liste "Ungefährlicher Weihnachtslieder" aus, die "Gefährlichen Weihnachtslieder" wurden umgetextet.

Zu alter Melodie wurden nach getippter Vorlage neue Texte gesungen. "Weihnachtsfreude" wurde zu "Winterfreude" - es war ein Gaudi ohnegleichen für die Schüler des "Roten Klosters", denn sie nahmen die Sache nicht ernst. Das Erziehungsziel wurde der totalen Lächerlichkeit preisgegeben.

Wen wundert es da noch, daß im Erzgebirgsladen in Karl-Marx-Stadt Weihnachtsengel als Jahresendfiguren angeboten wurden oder die Betriebe ihre Weihnachtsfeiern als Jahresendfeiern bezeichneten?

Für Devisen wurden die Jahresendfiguren im Ausland allerdings als Weihnachtsengel verkauft.

Teppichverkauf in Hagenow

Frau N. wohnt in Hagenow. Eines Tages ging sie am Konsum vorbei und sah zufälligerweise, daß dort Teppiche abgeladen wurden. Sah es und erzählte es weiter. Es war aber schon Ladenschluß.

Frau N. brauchte einen Teppich, sie lief schon lange danach. Das ging auch anderen Leuten in Hagenow so. Am nächsten Tag bildete sich deshalb bereits vor Ladenöffnung eine Schlange vor dem Konsum. Allen voran Frau N.

Als die Verkäuferin die Menschenmenge sah, fragte sie die Leute, wonach sie denn anständen.

Die Leute sagten, sie wollten Teppiche kaufen.

Die Verkäuferin antwortete, es gäbe im Konsum aber keine Teppiche zu kaufen.

Frau N. beharrte, sie wüßte aber, daß es Teppiche geben müsse. Schließlich habe sie gesehen, daß gestern vor dem Konsum Teppiche abgeladen worden seien. Ein Wort ergab das andere. Frau N. beleidigte die Verkäuferin, worauf diese konterte, daß sie unter solchen Umständen den Laden gar nicht öffnen, sondern die Polizei holen würde, was sie auch tat.

Alle Leute blieben stehen, sie wollten unbedingt Teppiche kaufen.

Die Polizei erschien und stellte fest, daß Frau N. die Leute zur Unruhe angestiftet und die Verkäuferin beleidigt hätte und verhängte eine Ordnungsstrafe von 50 Mark.

Frau N. sagte unbeirrt, sie wolle aber einen Teppich kaufen und ging zum Abschnittsbevollmächtigten (ABV), um sich zu beschweren und die Angelegenheit klären zu lassen.

Dem ABV kam die Geschichte spanisch vor und er untersuchte deshalb das Lager des Konsums. Dabei stellte er fest, daß im Lager des Konsums Teppiche lagerten, die aber schon alle mit Zetteln versehen waren, wer diese bekommen sollte. Das war unzulässig, denn Waren durften nur bei geöffnetem Laden verkauft werden. Da der Laden seit der Ankunft der Teppiche aber noch nicht geöffnet worden war, müßten die Teppiche, so entschied der ABV, an die Wartenden verkauft werden.

Die in der Schlange stehenden potentiellen Teppichkäufer waren glücklich und sammelten 50 Mark, die sie Frau N. zur Bezahlung des polizeilich verhängten Ordnungsgeldes übergaben.

Zufallskauf

Ganz anders erging es Professor C. im Karl-Marx-Städter Warenhaus, in dem sich auch oft Schlangen an Ständen bildeten, an denen noch gar keine Waren eingetroffen waren, oder in dem sich

160

Schlangen bildeten, ohne daß der Käufer am Ende der Schlange überblicken konnte, was eigentlich verkauft wurde, so daß er seinen Vorgänger fragen mußte, wonach er eigentlich anstehe.

Professor C. stand im Karl-Marx-Städter Warenhaus in der Haushaltswarenabteilung, als dort plötzlich Kaffeemaschinen in den Verkauf kamen. Jeder in der Schlange vor Professor C. schaltete sofort auf den neuen Artikel um. Professor C., der zunächst mit sich rang, kaufte schließlich die vorletzte Kaffeemaschine, obwohl er eigentlich gar nicht beabsichtigt hatte, eine zu kaufen. Die Gelegenheit erschien ihm jedoch einmalig.

DSF

1982

DSF ist die Abkürzung für Deutsch-Sowjetische-Freundschaft. Hatte man die erweiterte Oberschule (und das Abitur) hinter sich, war man sowieso Mitglied der DSF. Aber nicht jeder machte das Abitur.

Nun war für jedes Arbeitskollektiv vorgeschrieben, wieviele der Mitarbeiter (Prozentsatz) in der DSF zu sein hätten (am besten natürlich alle, aber solches ließ sich nur an Schulen, Hochschulen und in Parteigremien durchsetzen).

Kehren wir noch einmal in unsere Apotheke in der kleinen Stadt in Thüringen zurück. Von den zwei noch nicht in die DSF eingetretenen Kolleginnen mußte laut Weisung von oben noch eine geworben werden. Aber beide wollten nicht. Da war guter Rat teuer, bis dem Apothekenleiter die halbtags arbeitende Putzfrau einfiel. Sie hieß Marie und wurde zum Chef gebeten.

"Du mußt mal hier unterschreiben, Marie", sagte der Chef zu ihr. Marie hatte Mühe mit der Unterschrift. Erst als sie den DSF-Beitrag von einer Mark zahlen sollte, wurde sie böse.

Politische Geschichten

"In den Gesellschaften des posttotalitären Systems ist jegliches politische Leben ausgerottet. Die Menschen haben keine Möglichkeit, sich öffentlich zu äußern, geschweige denn, sich politisch zu organisieren. Die Lücke, die entsteht, wird voll mit dem ideologischen Ritual gestopft."
(Václav Havel, "Versuch in der Wahrheit zu leben")

Wahlkampf

1984

Die Kandidaten der Nationalen Front wurden bei jeder Wahl mit etwa 99% gewählt, obwohl man das nicht für möglich hält, bedenkt man allein, wie viele Bürger einen Ausreiseantrag gestellt hatten.

Eine gewisse Erklärung der 99% liefert die Tatsache, daß anerkannte Gegner gar nicht zur Wahl aufgefordert wurden, also gar keinen Wahlschein bekamen und somit nicht wählen konnten. Ihre Existenz wurde bei der Berechnung des Wahlergebnisses völlig ignoriert.

Durfte man wählen (die Bürger sagten "falten", da der Akt des Wählens nur in der Faltung von Listen bestand), wurde es dem Wähler nicht leicht gemacht, dagegenzustimmen. Erst einmal war die Wahlkabine sehr diskret im Hintergrund plaziert, zweitens wurde jeder aufgeschrieben, der hineinging, was sich die wenigsten im Berufsleben Stehenden leisten konnten, und drittens wußten nicht alle Leute, wie man überhaupt dagegenstimmen konnte. Glattes Durchkreuzen des Wahlzettels galt als Ja-Stimme. Als Nein-Stimme galt zum Beispiel die Faltung von falschen Zetteln. Einer meiner Freunde steckte eine Speisekarte in die Wahlurne, eine sichere Gegenstimme. Wer keine Taschenspielertricks konnte (vor versammeltem Wahlgremium) und nicht auffallen wollte, hatte keine (andere) Wahl.

Obwohl das Wahlergebnis schon vorprogrammiert war, gab es Wahlversammlungen vor der Wahl und einen Wahlkampf. Bei den angesetzten Wahlversammlungen waren die Wahlhelfer allerdings meist unter sich. Manchmal jedoch kam ein Bürger, zum Beispiel einer, der schon vor fünf Jahren ein neues Fenster für seine Wohnung bestellt hatte und es immer noch nicht bekommen hatte, zur Wahlversammlung und drohte dort: "Wenn ich mein Fenster nicht bekomme, gehe ich nicht zur Wahl."

Also wies die Partei den Glaser an, sofort das überfällige Fenster herzustellen und gab ihm vielleicht auch ein Glaskontingent dafür. Meist lag ja das Bummeln nicht am Glaser, sondern am Glasmangel. Jeder Glaser hatte nur ein bestimmtes Kontingent an Glas, das auch fest für Staatsbauten eingeplant war: Fenster für die NVA, für die

Polizei usw. Kaum ein Stück Glas fiel für den täglichen Bedarf der Bürger ab.

Auf entsprechende Weise konnte man auch zu einem Klosett oder Waschbecken kommen. Bekannt ist auch, daß vor Wahlen und Parteitagen das Angebot in den Läden größer war, daß man also zum Beispiel Unterwäsche aus der eigenen DDR-Produktion kaufen konnte, die sonst nur nach Westdeutschland geliefert wurde.

Aber zu einer Westreisegenehmigung konnte man auf diese Weise nicht kommen. Einer meiner Freunde, ein seriöser Hochschulprofessor, der Verwandte ersten Grades in Westdeutschland besuchen wollte, probierte es. Laut Verordnung wäre er reiseberechtigt gewesen, aber er bekam keine Genehmigung, vielleicht weil er an einer Lehr- und Erziehungsanstalt beschäftigt war, für die besondere Bedingungen galten.

Mein Freund ging also nicht zur Wahl. Die Wahlhelfer kamen am Vormittag mit der Pappurne zu ihm und forderten ihn auf zu wählen. Dazu ist zu bemerken, daß die Bürger angehalten waren, recht frühzeitig zur Wahl zu gehen. Es gab auch diesbezügliche Wettbewerbe in den Betrieben und Verpflichtungen wie:

"Wir wählen alle bis 10 Uhr."

Wer nach 10 Uhr kam, war schon verdächtig.

Als nun die Wahlhelfer mit der Pappurne zu meinem Freund kamen, da erreichten sie nichts, nur daß sich seine Frau mit ihm solidarisch erklärte und auch nicht wählte. Das konnten die Genossen nicht verstehen. Daß mein Freund nicht wählte, war wiederum schlecht für weitere Reiseanträge, denn der "große Computer" weiß alles.

Ähnlich erging es auch einem einfachen Handwerker im Erzgebirge. Er war zusätzlich aus dem FDGB ausgetreten, da er mit der Haltung des FDGB zur polnischen Solidarnoč nicht einverstanden war. Dieser Mann durfte nicht an der sibirischen BAM (Eisenbahn) mitarbeiten, obwohl er sich freiwillig dazu gemeldet hatte.

Nachsatz: Den Balken, der nach der Wahl für den Einbau des weiter oben beschriebenen Fensters benötigt wurde, brachte eine Tante aus der Bundesrepublik mit. Es handelte sich glücklicherweise um ein sehr kleines Fenster.

Der Panzer

Stolz erhoben stand ein Panzer in Karl-Marx-Stadt auf einem Podest, dort wo sich Frankenberger und Dresdener Straße kreuzen. Er war grün und sah häßlich aus. Er sollte einer der "Befreiungspanzer" von 1945 sein, russischer Herkunft selbstverständlich. Andere Befreiungen (die Amerikaner standen 1945 am Stadtrand von Chemnitz) wurden nicht gefeiert.

Entsprechend war die Inschrift auf dem Sockel. Turnusmäßig wurde Blumenablegen staatlicherseits organisiert.

Es gab aber auch Leute, die keine Blumen hinlegten, denen der Panzer im Weg war, wohl rein symbolisch. Sie legten eines nachts eine Sprengladung unter den Panzer, die die Räder des Panzers wegschmetterte.

Danach hatte der Panzer grün angestrichene Holzräder und wurde rund um die Uhr bewacht, von der gegenüberliegenden Polizeikaserne aus, in deren Gelände extra ein Wachturm gebaut worden war, in den man nicht hineinsehen, aber aus dem man heraussehen konnte (schwedisches Glas).

In der Kaserne gab es einen Extraladen für Obst und andere Raritäten, die einem normalen Bürger nicht zugänglich waren. Dort konnten die Panzerbewacher einkaufen, wenn sie nicht gerade Dienst hatten.

Leiter

1984

1. Eine *Leiter* besteht aus Holzbalken und Sprossen, man könnte sie zum Äpfelpflücken verwenden, aber das weiß jeder.
2. *Leiter* ist auch ein Ersatzwort für Hierarchie, in der es speziell
3. die einzelnen *Leiter* gibt: Gruppenleiter, Abteilungsleiter, Themenleiter, Bereichsleiter, Betriebsleiter - in der sozialistischen Industrie und anderswo.

Betrachten wir einmal speziell einen sozialistischen Leiter in der Industrie. Dieser mußte in der Partei sein, wollte er nicht auf der ersten Sprosse der hierarchischen Leiter steckenbleiben. Ein Parteiloser konnte es maximal bis zum stellvertretenden Abteilungsleiter bringen (wenn er fachlich gut und sympathisch war).

Parteilose Abteilungsleiter gehörten der Vergangenheit an. Die Partei hatte alle staatlichen Einrichtungen und damit den gesamten

Staat durchorganisiert. In Sinne der Leiter (2.) wurden die Meldungen und Befehle (wer hat was zu denken und wer hat was zu sagen) von oben nach unten weitergegeben. Und hier war die Partei wirklich das Sprachrohr, sozusagen die Flüstertüte.

In Betrieben wurde auf Versammlungslisten von Leitungsgremien vor jeden Namen das Wort "Genosse" gesetzt. Es traf so gut wie immer zu.

Es konnten aber auch Leitungsfehler entstehen.

Als im Funkwerk einer großen Stadt eine Abteilung zu einem Bereich wurde (eine Sprosse hochkletterte), weil sie so wichtig war, wurde jeder Abteilungsleiter zum Bereichsleiter und jeder Gruppenleiter zum Abteilungsleiter. Somit trat der Fall ein, daß Parteilose zu Abteilungsleitern geworden waren, was aber nicht sein durfte. Man legte den Betreffenden nahe, in die Partei einzutreten. Manche nahmen sich das so zu Herzen, daß sie einen Aufnahmeantrag stellten. Die Nichteintrittswilligen wurden für andere wichtige Aufgaben abberufen. Sie bekamen dasselbe Gehalt, aber den Status eines Gruppenleiters. So war die Ordnung wieder hergestellt.

"Architektur"

Die Plattenbauweise war ein architektonischer Sündenfall der DDR und der sozialistischen Bruderländer. In jeder Stadt wurden sogenannte Neubaugebiete angelegt, graue Betonsilos, die jedes Stadtbild zunichte machten und heute noch zunichte machen. Dresden wurde verdorben, Berlin wurde verdorben... Die DDR-Bürger waren damals aber trotzdem froh, wenn sie nach jahrelangem Warten an der Reihe waren und vom Wohnungsamt eine sogenannte Neubauwohnung zugewiesen bekamen. Aller Wohnraum war "bewirtschaftet" (das heißt er wurde vom Staat nach gewissen Kriterien, wie Kinderanzahl und Wichtigkeit des Antragstellers, vergeben), auch der private. Als alleinstehende Assistentin an der TU Dresden, die ich einmal war, versprach man mir 15 Jahre Wartezeit auf eine Einraumwohnung. Ich wohnte auch als Diplom-Mathematiker weiterhin in Untermiete bei Wirtsleuten (einem Ehepaar), die ihr drittes Zimmer vermieten mußten.

Die architektonischen Sünden dieser Zeit wären nur mit viel Geld und Dynamit zu beseitigen. Aber wohin sollten die vielen Menschen ziehen, wenn es die Plattenbauten nicht mehr gäbe? Es ist anzunehmen, daß sich dieses Problem im Laufe der Zeit von selbst löst.

Man kann deutlich Ost- und Westeuropa anhand der Plattenbau-
komplexe unterscheiden. In jeder größeren Stadt Osteuropas stehen diese
grauen Ungeheuer und zeugen vom vergangenen Sozialismus.

Golanhöhen

23.3.84

Im Karl-Marx-Städter Volksmund, der den überdimensionalen
Kopf, das Denkmal für Karl Marx (der nebenbei bemerkt, niemals
in Chemnitz geweilt hat), als NISCHEL bezeichnete, hieß das Neu-
baugebiet, das etwas erhoben auf einem Höhenzug lag, "Golanhöhen".

Als wir gerade unser Zweifamilienhaus wegen der Brikettheizung
satt hatten, wurden wir zum Kindergeburtstag auf die Golanhöhen
eingeladen.

Es war sehr weit, und am Schluß endete die Straße vorzeitig. Wir
fuhren ohne Rücksicht auf Verluste (d.h. auf das Auto) weiter auf
stark befahrenen Feldwegen, an denen rechts und links Neubauten
standen, graue Betonklötze, alle sechs Stockwerke hoch.

Warum gerade sechs Stockwerke hoch, das hatte uns ein Karl-
Marx-Städter Architekt schon erklärt. Es war wegen des Fahrstuhl-
engpasses. Höher durfte ein Gebäude ohne Fahrstuhl nicht gebaut
werden. Wir begannen den Aufstieg zum sechsten Stock.

Innen bestand der Neubaublock nicht nur aus Beton, sondern
vielfach aus Pappe und Luftlöchern. Die Stufen im Treppenhaus
schlossen nicht an die Mauer an, sondern endeten mit breiten Spal-
ten.

In der Wohnung waren die Wände nur Leichtbau, die Küche befand sich im Wohnzimmer, abgeteilt durch Pappwände, deren Öff-
nung mit einem Vorhang zu verschließen war. Eine weitere Kammer war vom Wohnzimmer abgetrennt, diese diente als Schlafzimmer, obwohl sie die Größe einer mittleren Speisekammer hatte. Das
Leben dort schien nicht so einfach. Toilette im Bad natürlich. Die
Fernheizung wurde perspektivisch schon als Ofenheizung geplant.
Der Balkon war in dieser Wohnung nur auf dem Papier konstruiert,
aus Ersparnisgründen aber nicht gebaut worden. Loggias wurden
nicht mehr geplant, hatte uns ein Architekt verraten, weil man sie
später nicht weglassen konnte.

Dann kamen wir in das Kinderzimmer (zu bemerken ist dabei, daß die Bewohner die Wohnungsgröße nicht etwa wählen konnten, sondern sie wurde zugeteilt): 14 qm, Doppelstockbett, zwei Schränke, eine Regalwand, der Familieneßtisch, der nicht ins Wohnzimmer paßte, und noch ein winziger Schreibtisch. Da war das Zimmer voll, bis auf ein paar kleine Lücken auf dem Teppich. Dorthin drängten sich nun auch noch meine zwei Kinder zu den schon vorhandenen. Insgesamt waren es sechs Kinder, und es sollte Geburtstag gefeiert werden.

Alle Kinder nahmen am Tisch Platz, die Erwachsenen zwängten sich an den Couchtisch im Wohnzimmer.

Nach dem Essen blieben die Kinder am Tisch sitzen - es gab auch keine andere Möglichkeit - und spielten Karten, bis ihr Temperament schließlich doch mit ihnen durchging und sie unters Bett und hinter die Möbel krochen und Verstecken spielten. Beinahe hätte es ein Unglück gegeben, als eines der Kinder auf einen Schrank kroch, denn es war ein "moderner" Schrank, d.h. ein Schrank, der in Einzelteilen geliefert wurde und vom Käufer selbst zusammengebaut worden war. Der Käufer erhielt dafür 0,8 % des Verkaufpreises Rabatt für's Aufstellen, ob er wollte oder nicht. Die Möbelfirma hatte keine Leute, die das Aufstellen übernehmen konnten.

In diesem Fall war dem Käufer die Verankerung der Teile nicht ordnungsgemäß geglückt, was aber dank der Warnung des Geburtstagskindes rechtzeitig bemerkt wurde.

Das Spiel wurde abgebrochen, es war neubauungeeignet. Zu fortgeschrittener Stunde benahmen sich meine Kinder wie zu Hause, redeten laut und knallten mit den Türen.

Da setzten die Ermahnungen der Gastgeber massiv ein:

"Was sollen die Leute unter uns denken."

"Macht keinen Lärm im Treppenhaus!"

Nichts ist Kindern unangenehmer als in Enge ruhig sitzen zu müssen.

"Wenigstens von oben können keine Beschwerden kommen", bemerkte ich.

"Um so mehr müssen wir uns beschweren", klagten meine Bekannten. "Die Lüftungsrohre klappern ständig, und neuerdings haben sich Tauben unter dem Dach eingenistet. Sie machen ungeheuer viel Dreck und Lärm. Über unserem Schlafzimmer sitzen sie dicht gedrängt und brüten die nächste Generation aus. Das Dachgeschoß ist nur 80 cm hoch, und niemand wagt sich dorthin. Die Bauarbeiter haben viel Gerümpel stehen lassen. Es ist gefährlich. Wenn jemand Gift legen würde, müßte er dann später die Kadaver der Tauben beseitigen, denn so viele kann man nicht liegenlassen. Das macht niemand. Es wird auch zu schlecht bezahlt."

"Der Müllschlucker ist auch ständig verstopft", erzählte der Hausherr. "Zuletzt hat jemand einen offenen Regenschirm hineingeworfen. Es wundert mich nicht, daß sich kürzlich eine Ratte bis in den sechsten Stock verirrte. Ich mußte zur Selbsthilfe greifen."

Ich wußte aus anderen Neubauten, daß sich die Ratten in den ferngeheizten Kellern besonders wohl fühlten und daß man die mühsam angepflanzten Büsche vor den Häusern wieder entfernte, um den Ratten keine zusätzlichen Schlupfwinkel zu bieten.

Auf dem Heimweg schauten wir noch bei Neubaubekannten vorbei, die zwei Stockwerke tiefer wohnten. Der Ehemann saß vor dem Fernseher, neben sich einen Kasten Bier. So vertrieben sich viele Neubaubewohner die Zeit. Die Neubauten trugen dazu bei, daß die DDR-Bürger zu den zweittüchtigsten Trinkern auf der Welt wurden (laut Statistik).

Die Ehefrau des Bekannten klagte darüber, daß sie gar keinen Kontakt zu anderen Neubaubewohnern hätten. Mit unseren Freunden hatten sie sich wegen des Telefons gezankt. Sie hingen zusammen an einer Leitung.

Der Gasdurchlauferhitzer sei kaputt, hörten wir, die Wohnungsverwaltung habe keine neuen, und das Waschbecken mit Sprung sei auch nicht ersetzbar. Ich wußte, daß es längere Bestellzeiten für Sanitärartikel gab: für ein Waschbecken vier Jahre, für ein Klosett zwei, für eine Badewanne unendlich viele.

"Gut, daß es hier Westfernsehen gibt", sagte der Bekannte. "ARD und ZDF. Aber das Bild ist schlecht, Überreichweite im Herbst, Russenton vom Fernsehen der nahegelegenen Russenkaserne als Störung."

In der Umgebung des Neubaublocks gab es eine Schule, etwas weiter eine Kaufhalle. Keine Gaststätte, kein Café, nichts. Die Innenstadt war weit entfernt, und abends versagte auch der Stadtverkehr.

Hier könnten wir uns niemals zu Hause fühlen, denke ich. Hier hätte ich das Gefühl, das Leben zu verpassen. Und schließlich: Zu leben, ohne einen grünen Baum vor dem Fenster zu haben, muß auch schrecklich sein.

Als wir aus dem Haus traten, empfing uns eine rote Staubwolke trockener Erde, die vom Wind hochgewirbelt wurde. Zwischen den Häusern gab es noch keinen grünen Halm, es sah aus wie auf einer Baustelle, obwohl die meisten Häuser schon vor mehr als einem Jahr bezogen worden waren. Die inzwischen gesetzten Bäume waren schon wieder abgebrochen worden.

Wir gingen zu unserem Auto zurück, das wir zwischen gleichförmigen Häusern wiederfinden mußten. Obwohl wir uns hier nur am Rande der Stadt befanden, hatte ich den Eindruck, als wären wir am Rande der Zivilisation.

Plattenbauten

Ein Architekt berichtet

November 1983

"Der Architektenberuf ist ein schwerer Beruf in unserer Zeit. Wir dürfen in Karl-Marx-Stadt keinen Stahl mehr verbauen, wir haben kein Holz, kein Glas. Beim Farbanstrich müssen wir uns nach dem richten, was die Baufirma gerade hat. Nach eigenen Vorstellungen kann man nur noch für gewisse Auftraggeber projektieren, wie z.B. für die NVA (Nationale Volksarmee), die SED, die Polizei. Nur die SED-Schulungsheime werden in Ordnung gehalten, die anderen verfallen.

Wir dürfen keine Hochhäuser mehr bauen, da keine Fahrstühle mehr zur Verfügung stehen. Stellen Sie sich vor, wie die Leute in den sechsten Stock ohne Fahrstuhl einziehen müssen!

Obwohl nicht mehr in die Höhe gebaut werden kann, kann in Karl-Marx-Stadt auch nicht in die Breite gebaut werden, da kein Land mehr zur Verfügung steht. Zwar gäbe es in Karl-Marx-Stadt noch genügend Lücken in der Stadt zu bebauen, die noch von den Kriegsschäden herrühren, aber die zur Lückenbebauung notwendige Tiefbaukapazität und -fähigkeit stehen nicht zur Verfügung. Die Folge ist: Das neue Betonplattenwerk hat nicht mehr genug Arbeit, und der Wohnungsbau geht zurück."

Der befreundete Architekt, dessen größter Wunsch es war, einmal im Leben die *Akropolis* zu sehen, ärgerte sich, als das einem jungen Kollegen angeboten wurde, der sich gar nicht darum bemüht hatte und der erst seit kurzem in der Firma arbeitete. Er war ein Genosse im Jugendtouristikalter (unter 35 Jahren). Diese Reisen wurden bewährten Genossen vom Reisebüro angeboten. Nach welchem Schlüssel, das war geheim.

Er war erbittert über das Zweiklassensystem in der DDR: "Nur die Genossen der führenden Schicht haben den Sozialismus. Die anderen halten den Sozialismus für die Genossen aufrecht!"

Die Verhinderten

Um im Sozialismus ein Satiriker zu werden, mußte man nur die Gabe haben, das tägliche Leben genau zu beschreiben. Die Satire stellte sich sozusagen von selbst ein.

Glaubensfreiheit

Frühjahr 1983

Ein kirchlich gebundener Schulabsolvent aus Oelsnitz suchte eine Lehrstelle. Er hatte im Schulabschlußzeugnis (10. Klasse) einen Notendurchschnitt von 1,5. Trotzdem bekam er keine Lehrstelle, was normalerweise kein Problem gewesen wäre. Schließlich wurde er - durch Vermittlung eines Bekannten - als Transportarbeiter bei der Reichsbahn eingestellt.

Schilda

Februar 1984

Schilda liegt im Erzgebirge, manche nennen es auch Pobershau. Weshalb? Seit einiger Zeit züchtete man in Pobershau Pferde. Nur was für ein Pferdestall!

Der Pferdestall war ursprünglich ein Rinderstall. Als man die Rinder in einen "zeitgemäß" überdimensionalen Rinderstall verlegte, weil man auch in Schilda die Großraumviehwirtschaft und Großraumfleischproduktion eingeführt hatte, was natürlich ganz falsch war, wie man inzwischen erkannte, da kaufte der im Ort ansässige VEB-Brückenbaubetrieb den nunmehr leerstehenden Rinderstall, um darin seine großen Fahrzeuge unterzustellen. Der Betrieb erlaubte einem Tischler, in einem Teil des Rinderstalls sein Holz zu lagern.

Man riß die Kanalisation aus dem Rinderstall heraus und legte eine schöne dicke Betondecke hinein. Danach bekam der Brückenbaubetrieb von der alles lenkenden Partei den Auftrag, den Rinderstall an die LPG zurückzugeben, da nun in der LPG Pferde gezüchtet werden sollten und kein Pferdestall zur Verfügung stand.

Also räumte der Tischler seine vielen sorgsam gestapelten Bretter wieder aus, mit dem Räumen der untergestellten Fahrzeuge ging es schneller.

Aber die Kanalisation war weg. Die LPG wollte auch keine wieder einbauen. Man kam zu dem Entschluß, daß Holzspäne als Streu genügen müßten, um das Wasser im Stall aufzusaugen. Ein wenig Stroh wurde auch gestreut. Die Einheimischen meinten zwar, man sollte wenigstens Lattenroste und eine Abflußrinne bauen, aber die hatten nichts zu sagen.

Das Ergebnis ist klar: Die Tiere erkrankten, und wir warten darauf, daß der Stall dem VEB Brückenbau als Garage angeboten wird.

In Schilda gab es auch einen großen Textilbetrieb. Dieser schloß, weil er keine Baumwolle mehr zur Verarbeitung hatte. Geplant war eine Umstellung der Produktion auf die Produktion von Holzknöpfen für Möbel.

Die Lackiererei in Schilda schickte ihre Leute halbtags in den VEB-Leuchtenbau als Gastarbeiter. Grund: keine Farbe mehr.

Die private Herstellung von Skiern mußte ebenfalls eingestellt werden. Grund: kein Eschenholz mehr. (Skier waren ein Engpaß im Handel, das hatten wir schon vermutet.)

Die Verhinderten

Als ich meinen Freund K. traf, war er voll des Hohns.

"Ich suche eine Stelle", sagte er. "Nachdem ich nun drei Jahre den Einsatz eines Hybridrechners an der Universität vorbereitet habe, wurde er gestrichen. Die Analogrechner, auf denen ich früher die Kundenwünsche befriedigten konnte, wurden aber zugunsten des neuen Rechners bereits abgeschafft. In die Industrie möchte ich nicht gehen, denn dort weiß der Vorgesetzte nicht, was er mit einem Mathematiker anfangen soll, da er meist weniger gebildet ist als seine Angestellten. Im Lohnbüro von Betrieben kommen zwar viele Mathematiker unter, das bezeichne ich aber als versteckte Arbeitslosigkeit. Einer Differentialgleichung würde ich da nie wieder begegnen. Dies nenne ich Sabotage des Geistes", sagte er. "Der Abkapselung nach außen steht die geistige Degeneration im Inneren an der Seite." Mein Freund war sehr aufgebracht.

"Die DDR-Bürger sind ein Volk von Verhinderten", fuhr er fort "körperlich und geistig Verhinderte. Körperlich, weil der Bewegungsradius der Bürger drastisch eingeschränkt ist, und geistig, weil nur die Partei lenkt. Die Partei denkt für alle. So sind die übrigen Bürger, Arbeiter und Intellektuellen nur Empfehlsempfänger. Auf diese Weise können kleine Fehler von oben ins nahezu Unermeßliche (unten) gesteigert werden. So viel Schaden, wie sich durch die zentrale Lenkung des Staates ergibt, könnten einzelne Leute (unten) gar nicht anrichten. Ist das Sabotage von oben? Ich werde dir einige Beispiele vom Lande erzählen, wo ich kürzlich zu Besuch war."

Geschichten vom Lande

Auf dem Lande waren bekanntermaßen alle privaten landwirtschaftlichen Betriebe zwangsweise zu LPGs (Landwirtschaftliche Produktionsgenossenschaften) zusammengefaßt worden. So war auch hier die Parteileitung eingezogen, denn der Vorsitzende einer LPG war natürlich auch Genosse der Partei.

LPG-Planwirtschaft

Nehmen wir zunächst die Schönwetterperiode vom Mai 1982:

Alle Bauern mähten ihre privaten Wiesen und Gärten und machten Heu für ihr privates Kleinvieh. Anders die LPG des Dorfes. Dort stand gerade Silofutter auf dem Plan. Das Gras trocknete schneller, als es siliert werden konnte. Trockenes Futter läßt sich aber nicht in Silos stampfen, selbst wenn man es noch einmal naß macht. Trotz aller Anstrengungen, das Gras niederzutreten, trotz daraufgestellter Traktoren, ließ sich das Futter nicht in Silos pressen.

Als das Wetter umgeschlagen hatte, stand "Heu" auf dem Programm. Es regnete, das Gras blieb naß und mußte mit Gebläse getrocknet werden, was einen großen zusätzlichen Energieaufwand bedeutete. In dieser Zeit hätte man Silofutter herstellen können. Was ist das für ein Plan?

Die älteren Bauern lachten (heimlich), sie hatten früher eigene Bauernhöfe und hätten sich eine solche Mißwirtschaft nur bei Strafe ihres betrieblichen Untergangs leisten können. Den jüngeren LPG-Arbeitern war es egal. Sie fühlten sich für nichts verantwortlich.

Unweit des Dorfes wurde ein kleiner Flugplatz gebaut. Dort sollten die neuen Düngerflugzeuge aus Polen landen. Aber ehe der Flugplatz fertig war, stand fest, daß Polen keine Düngerflugzeuge liefern würde. Sie hatten sie anderweitig verkauft.

Die LPG besaß aber noch ein altes Düngerflugzeug.

"An dem", sagten die Bauern, "verdienen die Wächter am meisten". Es wurde rund um die Uhr bewacht. Es soll ja Leute gegeben haben, die mit einem Düngerflugzeug nach Westen abgehauen sind. Der Pilot brauchte nach Schichtschluß etwa eine Stunde, um das Flugzeug vorschriftsmäßig flugunfähig zu machen.

Er schraubte ab, was abzuschrauben ging, entnahm die Zündkerzen und verkettete, was zu verketten ging, zum Beispiel das Steuerwerk. Bei Flugantritt dann wieder die umgekehrten Handlungen. Glücklicherweise mußte der Pilot in besagtem Jahr nicht allzuoft starten, da Düngemittel gespart werden sollten. Zum Kauf von Düngemittel brauchte man nämlich Devisen und Devisen waren rar.

Besuch vom Lande

Februar 1984

Auf dem Land war es so wie an der Hochschule oder in der Produktion. Man mußte nur die Vokabeln austauschen. Einige Beispiele dafür sollen genügen.

Auf dem Land hatten die LPG-Bauern, die eigentlich keine mehr waren, sondern Arbeiter in der Pflanzen- oder Tierproduktion, eine Versammlung.

Thema: Düngereinsparung.

"Das Paradoxe dabei ist", erzählten sie, "daß zur Zeit auf unseren Feldern gerade Dünger gestreut wird. Das Streuflugzeug hat zur Zeit freie Flugstunden, die genutzt werden müssen. Anweisung von oben.

Die Kartoffeln sind natürlich noch nicht im Boden, aber man weiß ja, auf welche Felder sie kommen werden."

"Wenn es stark regnen sollte", sagten die Bauern, "dann ist der Dünger allerdings weg. 50 cm genügen schon, dann liegt der Dünger unter den Kartoffeln."

"Aber warum streut ihr denn jetzt Dünger?", fragte ich.

"Wir streuen nicht", sagten die Bauern. "Die Partei läßt streuen."

"Das war auch so mit der Getreideernte im letzten Jahr. Es regnete, und wir wollten das Ernten verschieben, aber die Partei hatte schon die Erfüllung der Ernte in der Zeitung gemeldet, und so fuhren wir auf die Felder. Bei einem so schweren nassen Boden gingen fast alle Mähdrescher kaputt, - und außerdem war das geerntete Getreide naß. Einige Frauen waren mehre Wochen Tag und Nacht beschäftigt, das Getreide umzuschaufeln, damit es nicht 'kocht'".

"Warum setzt ihr euch nicht zur Wehr?", fragte ich.

"Weil es nichts nützt, aber vielleicht die Prämie kostet. Außerdem müssen ehemalige "Großbauern" wie wir sowieso vorsichtig sein, sonst heißt es gleich, die Großbauern wollen wieder regieren."

Frühjahr 1988

Es fehlt immer etwas im Sozialismus.

Der LPG-Vorsitzende hatte im Frühjahr 1988 genügend Ställe zur Verfügung, genügend Ferkel (die in den vorangegangenen Jahren ein Engpaß waren wegen der unqualifizierten Aufzucht) und

174

auch genügend Kartoffeln (an denen es im letzten Jahr auch mangelte). Kartoffeln sogar im Überfluß. Aber er hatte kein Heizmaterial, keine Kohlen, und da die Schweine keine rohen Kartoffeln fressen, konnte er sie nicht verfüttern. Die Schweine wurden auf diese Weise von dem Kartoffelüberschuß nicht fett.

Es fehlt immer etwas im Sozialismus.

(Als die LPG Kohlen hatte, hatte sie keine Ferkel. Als sie Ferkel hatte, sollte gerade Diesel gespart werden, und die Gülle konnte nicht abtransportiert werden. Als sie Diesel hatten...)

Wenn Parteigäste die große Schweinemastanlage in Thüringen besichtigen wollten, da wurden notfalls sogar Stangen in den Stall wegweisend eingeschweißt, um den Weg in den hinteren Teil des Saustalls zu versperren. Wenn die Gäste vom Weg abkämen, könnten sie in die Schweinerei Einblick nehmen.

Soll ich noch die Geschichte erzählen, als der Strom ausfiel und somit auch die Ventilatoren, und die Schweine in den hinteren Stallteilen alle erstickten? Oder wie die Gülle den Boden verseuchte und das Trinkwasser in unserem Dorf ungenießbar gemacht hat?

BRUNNENVERGIFTER

im mittelalter
wurden brunnenvergifter
mit dem tode
bestraft

unsere brunnen sind
alle vergiftet
jahrelange überdüngung
der felder
gülleaufbringung in der nähe
der dörfer

für babys und kleinkinder
ist unser wasser nicht mehr
brauchbar

die brunnenvergifter sind schnell
aus der partei
die immer recht hatte
ausgetreten

am ende ist es keiner
gewesen
haltet den dieb

im mittelalter wurden brunnenvergifter
mit dem Tode
bestraft

Pfarrer Steiger
Montagsdemonstrant von Leipzig

176

Nachricht vom Lande

Oktober 1982

In der Zeitung *Der freie Bauer* steht ein Artikel mit der Überschrift: *80 kg Kartoffeln sichergesellt.*

Es geht um das Kartoffelstoppeln, das in diesem Jahr nicht erlaubt ist. Ein entsprechendes Verbot wurde von der LPG-Leitung ausgesprochen. Überall auf den Feldern wurden Warnschilder aufgestellt, Kartoffelstoppeln sei nicht erlaubt. Die Pioniere der Schulklassen sollten eigentlich auf den Feldern stoppeln gehen, aber es wurde nicht viel daraus. Die meisten Kartoffeln, die die Erntemaschinen nicht erfaßt hatten, blieben somit liegen und wurden später eingeackert. Einige Dorfbewohner hielten sich in Anbetracht des Irrsinns dieser Verschwendung nicht an das Kartoffelstoppelverbot und wollten lieber ihre eigenen Schweine damit mästen, als die Kartoffeln verderben zu lassen. So trat der Dorfpolizist als Ordnungshüter in Aktion und stellte 80 kg Kartoffeln bei Kartoffelstopplern sicher, d.h. er beschlagnahmte sie bei *in flagranti* ertappten Dieben.

Davon berichtete *Der Freie Bauer* stolz am nächsten Tag. Durch diesen Artikel hoffte man auch, weitere Kartoffeldiebe abzuschrecken. Ehrlich gesagt, hielt dieser Artikel die Dorfbewohner nur davon ab, die Kartoffeln bei Tageslicht zu stehlen. Sie gingen nachts mit der Taschenlampe übers Feld, und da genug Kartoffeln herumlagen, lohnte sich das auch noch. Jedem im Dorf war bekannt, daß die Volkswirtschaft gerade auf die privaten Erzeuger von Schweinefleisch angewiesen war, und so empfanden die Dorfbewohner das Kartoffelstoppelverbot und den besagten Zeitungsartikel als blanken Hohn. "Wem nützen die Schilder auf den Feldern eigentlich?", fragten die Dorfbewohner. Darauf läßt sich schwerlich eine Antwort finden.

Menschen im Sozialismus

Roberta

Es ist nicht gut, wenn man allzuwenig Ansprüche stellt und allzu bescheiden ist. Das sieht man am Beispiel Robertas.

Roberta mußte, bevor sie ihr Landwirtschaftsstudium an der Universität in Leipzig beginnen konnte, ein einjähriges Praktikum in einer LPG auf dem Lande machen. Hier begann ihr Leben.

Sie lernte einen Mann passenden Alters kennen. Daß er von Beruf nur Melker war und in einem Rinderstall arbeitete, das störte Roberta zunächst nicht, denn sie arbeitete auch in diesem Rinderstall - und Arbeit schändet nicht, das hatte sie zu Hause gelernt.

Allerdings hatten ihre Eltern das anders gemeint. Das erkannte sie erst, als sie zu ihrem neuen Freund in sein neues Haus - erbaut mit LPG-Krediten - einzog. Ihr Freund besaß nur drei Bücher: ein Lexikon und zwei Bücher über Rinderaufzucht. Die neue Schrankwand wurde nach seiner Meinung durch Robertas Bücher verunziert, und er räumte, obwohl Roberta sich nichts Schöneres als Bücher vorstellen konnte, die Schrankwand leer. Nun bemerkte Roberta auch, daß ihr Freund gar nicht hochdeutsch sprach, sondern den Dorfdialekt.

Aber Rickchen war schon unterwegs, da gab es kein Zurück mehr. Roberta weinte sich oft zu Hause aus, schreckte doch ihr Freund seit ihrer Schwangerschaft auch körperlich vor ihr zurück. Aber als Rickchen angekommen war, sah alles anders aus.

Von Eheschließung wollte Robertas Freund zunächst trotzdem nichts wissen, wäre doch dann die staatliche Unterstützung verloren gegangen, die Roberta als lediger Mutter zustand. Erst als er bei der Armee war, Roberta sonntags Kuchen und Wein in die Kaserne schleppte, und er von seinen Kumpels um Robertas langen blonden Zopf beneidet wurde, da war er mit der Eheschließung einverstanden. Außerdem fehlte Roberta ihm.

Roberta meisterte derweilen das Leben allein zu Hause. Sie war inzwischen in die LPG, als dem einzigem Arbeitgeber auf ihrem Dorf, eingetreten. Sie wollte nun nicht mehr direkt an der Universität studieren, sondern ein Fernstudium an der Fachschule in der Nachbarstadt beginnen. Dazu benötigte sie aber eine Delegierung des LPG-Vorsitzenden. Und damit sah es trübe aus.

Roberta hatte in ihrer raschen Art manche Verbesserung in der Kälberaufzucht durchgesetzt und auch ihre Meinung über gewisse Schwierigkeiten in der LPG deutlich gemacht. Der LPG-Vorsitzende sah das gar nicht gern. Er sagte zu Roberta, er könne sie nur zum Fachschulstudium delegieren, wenn sie in die SED einträte. Mit dieser Forderung gedachte der sonst nicht sehr intelligente, eher überaus bequeme LPG-Vorsitzende, Roberta aus dem Rennen zu nehmen. Mit seiner Entscheidung lag der LPG-Vorsitzende jedenfalls richtig im Sinne der herrschenden Klasse.

Schließlich löste Roberta das Problem dadurch, daß sie in die Bauernpartei eintrat.* Dagegen konnte der LPG-Vorsitzende nichts sagen, und sie wurde zum Studium delegiert.

Nach einem halben Ehejahr ließ sich Robarta scheiden. Die Richter waren ganz ihrer Ansicht. Ihr Ehemann und sie paßten nicht zusammen. Roberta war mutig und strebsam, ihr Ehemann wenig gebildet, ja sogar abergläubisch. Er haßte, sie liebte Bücher. Allerdings wußten beide das schon vor der Eheschließung.

Rickchen wurde fein herausgeputzt, und nun ging es auf die Fachschule in die nächste Kreisstadt zum Studium. Roberta hatte sich inzwischen zum Fachschuldirektstudium entschlossen, das war kürzer und amüsanter. Auf Rickchen nahm sie nun weniger Rücksicht. Rickchen mußte mit ins Studentenwohnheim ziehen und in die Tageskrippe gehen, während Mama lernte. Abends holte Roberta Rickchen ab, und danach störte sie ihre Mutter bei der Ausübung jeder Art von Vergnügen. Es war eine schwere Zeit für beide. Rickchen wurde ziemlich frech, sie mußte sich durchsetzen, und Roberta wurde ziemlich nachlässig, um nicht um jedes Vergnügen gebracht zu werden.

Rickchen hätte mit ihren roten Haaren und ihren zwei abstehenden Zöpfen als Vorlage für Pippi Langstrumpf dienen können.

Am Sonnabendvormittag traf sich Roberta oft mit ihrem neuen Freund. Sie brauchte als alleinstehende Mutter sonnabends die Lehrveranstaltungen nicht zu besuchen. Ihr Freund studierte an einer Hochschule, da konnte er sowieso leicht schwänzen.

Die Eltern machten Roberta Vorwürfe. Aber Roberta war kein übles Frauenzimmer. Als sie ihr Studium beendet hatte, zog sie mit Rickchen in ein anderes Dorf, wo sie die Leitung eines großen Rinderstalles übernahm. Sie bekam eine Wohnung von der dortigen LPG zur Verfügung gestellt, und letzte Nachrichten besagen, daß sie dem Kreistierarzt, der viel mit ihr zusammen arbeiten muß, den Kopf verdreht haben soll.

---

*In diese Partei traten auch Hochschulprofessoren ein, um dem SED-Eintritt zu umgehen. In zwei Parteien konnte man nicht gleichzeitig Mitglied sein.

Optiker in Thüringen

1984

Nachdem Klaus den Beruf eines Optikers erlernt hatte, sollte er sich weiterqualifizieren. Seine guten Noten gaben dazu Anlaß. Jeder sollte beim Aufbau des Sozialismus sein Bestes geben.

Also begann er, an einer Universität Mathematik zu studieren, beendete das Studium fünf Jahre später mit Auszeichnung und wurde Mitarbeiter der Sektion Mathematik dieser Universität. Er promovierte vier Jahre später, hielt Vorlesungen, betreute Studenten. Alles entwickelte sich planmäßig bis zu dem Tag, an dem er in den Kirchenvorstand seiner Kirche gewählt wurde.

Plötzlich hieß es, seine Vorlesungen würden auslaufen, ein Fachkollege wurde für die Übernahme der Vorlesungen bestimmt. Es kamen gesellschaftliche Schwierigkeiten hinzu.

Als die Vorlesungen ausgelaufen waren, zeigte Klaus, daß auch er nicht untätig gewesen war in der Zeit, in der die Genossen begannen, ihn zu ersetzen. Er kündigte und gab als Grund die Vorlesungssperre an. Der Sektionsdirektor gab vor, er hätte davon nichts gewußt, aber alle Beteiligten wußten, daß es unmöglich war, ohne den Sektionsdirektor Vorlesungen zu vergeben oder zu nehmen.

In einer kleinen thüringischen Stadt hatte man händeringend nach einem Optiker gesucht. Als Klaus sich für die Übernahme des Geschäftes gemeldet hatte, war er mit offenen Armen empfangen worden. Optiker waren rar.

Nun verdiente Klaus weitaus mehr als früher als Mathematiker an der Universität, hatte aber mit Mathematik nichts mehr zu tun. Und das war eigentlich schade. Seinen Doktortitel konnte er nur noch als Ladenschmuck und Aushängeschild verwenden, zu weiter nichts.

Einem Mathematikerkollegen, der ebenfalls promoviert hatte, erging es wesentlich schlechter. Der hatte keinen Beruf, jedenfalls keinen "praktischen". Er war nur Mathematiker und wurde als solcher je nach Parteidirektive "umprofiliert", d.h. er bekam ein neues Forschungsthema. Deshalb wechselte er mehrfach zwischen der Sektion Mathematik und der Sektion Rechentechnik hin und her.

Nachdem man von seinen Erfolgen bei Orgelkonzerten in Kirchenkreisen gehört hatte und über ein solches Konzert im Sommer 1983 sogar in einer Zeitung berichtet worden war, liefen auch seine

Vorlesungen an der Universität aus. Die Dienstreisen wurden gestrichen. In das westliche Ausland durfte er sowieso nicht reisen, da er kein "Reisekader" war, aber auch Reisen in das sozialistische Ausland wurden nicht mehr genehmigt. Plötzlich erschien bei ihm ein Genosse zwecks Übernahme der Kulturarbeit, die er jahrelang für die gesamte Sektion Mathematik geleistet hatte. Er wurde erneut "umprofiliert" und diesmal in die Sektion Automatisierungstechnik versetzt. Dort sollte er sich mit den Grundlagen der Computertechnik beschäftigen oder, wie er selbst kurz sagte, den Computer noch einmal erfinden. Das fand er in Anbetracht der weltweit existierenden Computer der x-ten Generation für unzumutbar.

Blumenverkäufer

Mir ist schon ein Gynäkologe begegnet, der von Beruf Gärtner war, der erst auf Umwegen zum Medizinstudium kam und später seine Patientinnen wie Blumen umhegte. Mir begegnete aber auch ein Mann, der erst nach dem Diplom zum Gärtner wurde - und nicht aus Liebe, sondern aus Notwendigkeit.

Die Geschichte dieses Mannes beginnt 1968 auf dem Wenzelsplatz in Prag, wo er, der Mathematikstudent aus Berlin, das Einrücken sowjetischer Panzer miterlebte. Er war wie die anderen Bürger auf dem Wenzelsplatz empört über das massive sowjetische Vorgehen und unterschrieb an Ort und Stelle einen Aufruf gegen den Einmarsch fremder Truppen.

Schon auf dem Heimweg erfuhr er, was es bedeutete, für die Freiheit eines Volkes gestimmt zu haben. Er wurde aus dem Zug geholt. Die Maschinerie lief an. Das Ergebnis war seine Exmatrikulation an der Humboldt-Universität.

Danach suchte er eine Arbeit, da es keinen Weg aus der DDR gab, die Mauer war schon sieben Jahre früher errichtet worden.

Schließlich fand er eine Möglichkeit bei einem Mathematikprofessor an der Akademie, der ihn - vielleicht aus Gutmütigkeit, vielleicht aus Opposition - anstellte. Er wurde Rechenknecht, wie er sagte. Ein Knecht war er wirklich, ein Mädchen für alles, aber er lernte viel dabei.

Nach einigen Jahren, in denen er seine Arbeitsfreudigkeit und Intelligenz genügend bewiesen hatte, gestattet man ihm, das Diplom nachzuholen. Später promovierte er - und war immer noch im Rechenzentrum des Akademieinstitutes beschäftigt - solange, bis es aufgelöst wurde.

Eigentlich wurde es nicht aufgelöst, es wurde nur nach Karl-Marx-Stadt verlagert, aber das kam einer Auflösung gleich. Ob das Institut nach Karl-Marx-Stadt ziehen mußte, weil man dort auch gern ein Akademieinstitut haben wollte oder weil es tatsächlich der Industrie näher rücken sollte, wie behauptet wurde, das weiß niemand. Tatsache ist jedoch, daß dieser Umzug des Instituts einer Neuformierung gleichkam.

Die Berliner suchten sich neue Stellen in Berlin. Unser Freund auch. Überall wurde er mit Hochachtung empfangen. Er war inzwischen ein bekannter Mann geworden und hatte sich auf wissenschaftlichem Gebiet einen Namen gemacht. Man versprach ihm eine Anstellung - solange, bis man seine Kaderakte in den Händen hielt. Dann bekam er eine Absage. Er war durch seine Tat auf dem Wenzelsplatz für alle Zeit gebrandmarkt.

Nachdem er das Spiel einige Male mitgemacht hatte, zog er seine Konsequenzen. Er brauchte nicht mehr zu kündigen, er war nicht mit nach Karl-Marx-Stadt gegangen. Nur seine Frau mußte noch kündigen. Dann stellten sie den ANTRAG, den Ausreiseantrag in die Bundesrepublik. Und nun kommen die Blumen ins Spiel.

Um sich und seine Frau zu ernähren, arbeitete er nicht, - wie viele andere Ausreisewillige - beim Kirchensteueramt, sondern er nützte seinen Garten (zum Glück hatte er einen) und die Gelegenheit aus, daß die Blumen aus den staatlichen Ostberliner Gärtnereien vom Staat nach Westberlin verkauft wurden und in Ostberlin permanenter Blumenmangel herrschte. Dieser Blumenmangel ging so weit, daß mancher Ostberliner Westgeld sparte, um bei dringenden Anlässen Blumen für Valuta im Interhotel *Forum* kaufen zu können (wie es einer meiner Freunde anläßlich der Entbindung seiner Frau praktizierte).

Unser Freund nutzte also die Marktlage und verkaufte Blumen - hier und dort -, es herrschte großer Andrang und es gab keine Absatzschwierigkeiten. Alles war ein wenig illegal, aber das konnte ihm, dem man sowieso schon den Personalausweis, das wichtigste Dokument eines DDR-Bürgers, weggenommen und nur ersatzweise eine Kennkarte gegeben hatte, mit der er auch die sozialistischen Grenzen nicht mehr überschreiten durfte, nicht mehr viel schaden.

Nach zweijährigem Blumenverkauf erhielt er die Ausreisegenehmigung. Vermutlich wirkte auch hier die gefährliche Notiz seines Wenzelplatzaufruhrs in der Kaderakte mit, diesmal beschleunigend im Sinne seines Antrages.

Alles, was man einmal getan hat, pflegte einer meiner Freunde zu sagen, wirkt sich irgendwann im Leben aus. Unser Blumenfreund ist ein lebendes Beispiel dafür.

Zwei Jahre hatten er und seine Frau die Blumenzahl in Ostberlin erhöht. Das war gut, - und daß es nicht länger sein mußte, war auch gut. Für ihn.

Aus dem Alltag

"In der Beschränkung zeigt sich erst der Meister", sagte Schiller. Im Kleinen - im Alltag - waren die DDR-Bürger Meister. Sie konnten buchstäblich aus nichts etwas machen. Im Großen sind sie um ihre Jahre, ihre Entwicklungsmöglichkeiten, ihre Freiheit betrogen worden.

Liegenschaftsdienst

27.3.84

Ich wollte gern einen Nachweis haben, daß ich ein Haus gekauft hatte. In früheren Jahren bekam man einige Wochen nach dem Kauf eine schriftliche Mitteilung vom Liegenschaftsdienst, man sei als Hausbesitzer eingetragen worden. Da ich keine solche Nachricht erhalten hatte, ging ich zum Liegenschaftsdienst, um mir eine Bestätigung ausstellen zu lassen.

Die Dame vom Amt sagte, ich könne gern in das Register einsehen. Ich sei als Hausbesitzer eingetragen, aber Bescheinigungen über Hausbesitz dürfe sie nur noch an Betriebe oder staatliche Institutionen ausstellen. Nicht an Privat.

"Da hätten wir was zu tun", meinte sie.

Ich bin nicht sicher, daß das die einzige Begründung war.

Das sehe ich am Fall meiner Schwester, die in Augsburg wohnte (vor 1961 "abgehauen" war) und in Dresden ein Haus geerbt hatte. Den Liegenschaftsdienst zu bemühen, wäre vergebliche Mühe gewesen. Er registrierte ihr Erbe nicht. Da meine Schwester aber einen Nachweis über ihr Erbe haben wollte, fragte ich eine Rechtsanwältin, die mir schrieb, sie dürfe meiner Schwester nicht mitteilen, daß sie ein Haus geerbt habe. Ihr Brief an mich könne aber als Nachweis für die Erbschaft dienen und würde in der Bundesrepublik anerkannt. So konnte man durch eine Mitteilung, daß man etwas nicht mitteilen darf, doch etwas mitteilen.

Im Laden an der Ecke - Vorweihnachtszeit

21.11.83
"Ich möchte eine Tafel Schokolade."
"Wir haben nur Milchtafeln ohne Schokolade."
Ich sah einen zerdrückten Schneemann.
"Und Schneemänner aus Schokolade ?"
"Die gab es gestern."
"Es ist auch ganz unbestimmt, ob wir in diesem Jahr noch einmal welche hereinbekommen."
Frohes Fest.

Selbstbedienungsgaststätte im Dresdener Hauptbahnhof

am 10.10.82, 21.30 Uhr
Es sah aus, als wollte die Selbstbedienungsgaststätte im Dresdener Hauptbahnhof schließen. Alle Regale waren leer, nur an der Kasse standen einige Teller mit jeweils zwei Scheiben Brot und zwei Scheiben Wiegebraten. Am Teeausschank stand:"Kein Tee", am Kaffeeausschank: "Keine Kaffeesahne". An den Tellern an der Kasse fehlte das Schild "Keine Butter", aber das sah ja jeder selbst. Zu trinken gab es Limo in Pappbechern. "Wie Arznei", sagten einige Studenten und schüttelten sich. Die Gaststätte schloß jedoch noch nicht, wie man hätte annehmen können, sondern sie sollte noch die ganze Nacht geöffnet haben. Nur war alles ausverkauft.

Das erinnert an einen Ostblockwitz, der in allen Varianten erzählt wurde: Jemand kommt in ein Warenhaus und fragt am leeren Verkaufsstand im dritten Stock: Gibt es hier Klaviere ? Die Verkäuferin antwortet: Hier gibt es keine Kaffeemaschinen, keine Klaviere gibt es im fünften Stock.

Koks

Anstelle des bestellten Kokses bekamen wir eine Karte: Koks sei leider nicht mehr für Privathaushalte lieferbar. Man könne stattdessen Briketts bekommen. (Steinkohle war, seitdem Polen gegen Devisen lieferte, auch nicht mehr zu haben.)

Ich erinnerte mich, daß mein Gärtnerei-Nachbar eine Karte bekommen hatte, auf der stand, Briketts seien nicht mehr lieferbar, er müsse stattdessen mit Braunkohle vorlieb nehmen.

Also, uns wollte man Briketts geben. Weiterhin stand auf der Karte, daß man mit uns, falls wir die Schwierigkeit der Situation nicht einsähen, ein Gespräch führen würde. Da wollte man uns dann die Schwierigkeiten erklären. Darauf verzichteten wir. Wir bestellten die doppelte Menge Briketts.

Dann, so überlegte ich, müßte ich die doppelte Anzahl an Aschekübeln haben, denn der Ascheausstoß ist bei Brikettfeuerung doppelt so hoch. Mülltonnen gab es nicht, nur auf Bestellung, und die kommen nicht vor Ende des Winters.

Nach Weihnachten passiert es dann. Alle Mülltonnen waren voll, und die Müllabfuhr arbeitete nicht, weil sie für die Einsparung von Treibstoff Prämien bekam.

Wir buddelten ein Loch in den Garten, der Keller war schon voll, und vergruben die Asche. Glücklicherweise war das Wetter günstig, - und dann ging das Kohleschippen weiter. Einen knappen Zentner brauchte der Heizkessel am Tag. Ich fühlte mich nicht mehr als Hausbesitzer, nur noch als Hausmeister. Knochenarbeit.

Der Antrag auf Gasheizung wurde abgewiesen, da wir weder Rentner, noch Verfolgte des Naziregimes seien, keinen Schichtdienst hätten und auch nicht in der SED-Kreisleitung seien.

Beim Gärtner

Juni 1983

Der Gärtner am Rand von Karl-Marx-Stadt war völlig überfordert. "Wir bekommen ein neues Preissystem", sagte er. "Die Stützung für Kohlen, Schädlingsbekämpfungsmittel u a m. entfällt, dafür werden wir vom Staat für jedes verkaufte Produkt unterstützt. Eine riesige Rechenarbeit."

Mit dem neuen System sollte der Anreiz geschaffen werden, möglichst viel in den vorhandenen Gewächshäusern zu erzeugen.

Besonders verbittert war der Gärtner, weil er anstelle von Briketts und Koks nun Braunkohle geliefert bekam. Bisher wurde ihm gesagt, daß sich der Transport von Braunkohle über weite Strecken nicht lohne und man veredeltere Produkte liefern wolle, aber nun waren Briketts und Koks knapp, und nun lohnte sich der Transport über weite Strecken doch.

"Für uns bedeutet das", sagte er, "daß wir in jeder Nacht aufstehen müssen, um Braunkohle nachzulegen."

"Mit dem alten Preissystem kamen wir zurecht. Reichtümer konnten wir bisher nicht erwerben, denn die Blumen - Orchideen, Nelken... - kosten noch dasselbe wie 1953. Nach dem neuen Preissystem werden die Blumen für die Bevölkerung sogar billiger. Blumen gehören zum sozialistischen Alltag. Allerdings wird es bald keine Gärtner mehr geben, die Blumen erzeugen, weil sich das Geschäft nicht mehr lohnt und weil wir keine Leute haben."

Der Lohn für eine Arbeitskraft in der Gärtnerei, an den der private Gärtner gebunden war, betrug 2,38 Mark/Stunde.

Ein Blumengeschäft in Karl-Marx-Stadt zu eröffnen (falls man die Genehmigung dafür bekäme), wäre aus einem einfachen Grund ausgeschlossen: Das Geschäft hätte keine Blumen zu verkaufen. Blumenläden konnten nur als Läden einer Genossenschaft existieren, die Blumen lieferte.

Beim Friseur

Dezember 1983

"Sie müßten wieder mal eine Dauerwelle haben", sagte die Friseuse.

"Dauerwelle mag ich nicht", erwiderte ich. Aber die Dame neben mir war zur Dauerwelle bestellt.

"Leider", sagte die Friseuse zu ihr, "können wir Ihnen heute keine Dauerwelle machen, da wir keine Wellflüssigkeit haben. Fixierflüssigkeit haben wir schon seit langem nicht, aber die können wir selbst herstellen. Wellflüssigkeit können wir nicht zusammenmixen. Vielleicht haben Sie Verwandte, die Ihnen welche schickt?"

Ich stellte meine Friseuse wegen der Dauerwelle zur Rede. Sie antwortete:"Der Chef hat gesagt, wir sollen nicht darüber sprechen. Nur mit den betroffenen Kunden direkt. Eigentlich sollte man das den Kunden schon bei der Anmeldung mitteilen, aber wer weiß schon, was später sein wird."

"Haben Sie Farbe?", fragte ich.

"Zur Zeit ja", antwortete die Friseuse.

Da erinnere ich mich: Der Farbenengpaß war bei der Kosmetikerin. Sie hatte keine Augenbrauenfarbe.

Beim Arzt

Ich wurde zur Blutabnahme in die Poliklinik bestellt. Ich hatte eine akute Nierenentzündung. Es mußten verschiedene Untersuchungen gemacht werden.

"Die Harnsäure- und Kreatinwerte können wir hier nicht bestimmen", sagte die Krankenschwester. "Sie müssen Ihr Blut in ein anderes Labor bringen."

Die Schwester suchte einen Stöpsel für mein Blutröhrchen. Sie fand eins. "Da haben wir noch mal Glück gehabt", sagte sie, "Gummistöpsel sind rar."

Ich bekam mein Blutröhrchen in die Hand gedrückt (mit Stöpsel, in Zellstoff verpackt, Gummi drumgewickelt) und fuhr los. "Das Labor werden Sie schon finden", sagte die Krankenschwester hoffnungsfroh zum Abschied.

Ich hatte einen Stadtplan von Karl-Marx-Stadt. Das Labor war sehr weit entfernt. Es war Januar, und es hätte sehr glatt und ganz kalt sein können. Wenn ich mit dem Bus fahren müßte, könnte das mein Ende sein, dachte ich. Schließlich habe ich eine akute Nierenentzündung. Aber glücklicherweise habe ich auch ein Auto.

"Was hätte ich gemacht, wenn ich kein Auto gehabt hätte?", fragte ich meine Freunde.

"Auslese gab es schon immer", sagten sie sarkastisch. "Nur die Besten haben Überlebenschancen."

"Ruinen schaffen, ohne Waffen"

Ich erinnere mich daran, daß nicht nur die Blumenpreise von einem früheren Jahr datierten, sondern auch die Mietpreise. Sie waren nämlich von 1936. Dafür konnte in der Gegenwart niemand die Häuser erhalten. Die "soziale" Wohnungsmiete schlug schließlich auf die (unschuldigen) Mieter zurück. Die Altbauten in den Städten verfielen, Gras wuchs in den Dachrinnen, und der Putz bröckelte.

Über Meißen, so sagte ein Bildhauer zu mir, der in der Denkmalspflege arbeitete, - über die ganze Stadt Meißen, sollte man ein Dach ziehen. Einzeln könne man die Häuser kaum noch renovieren, die Altbausubstanz sei schon zu angegriffen.

Nur die kleinen Privathäuschen wurden herausgeputzt, wenn das auch mangels Material recht schwierig war und wegen der unzureichenden Qualität der Farben ein Bemühen ohne Ende darstellte.

So ging das von der Partei sogenannte "Kulturerbe" im Frieden kaputt. "Ruinen schaffen, ohne Waffen", sagte der Volksmund.

Intellektuelle

"Das Kriterium der Wahrheit ist die Praxis." (Karl Marx)

Schriftstellerlesung

Schriftsteller der DDR waren besondere Leute. Sie hatten meist eine Patenbrigade in einem Betrieb, um sich mit der Praxis auseinandersetzen und sich über die Probleme in der Produktion an Ort und Stelle informieren zu können. Diese Brigade wurde über den Schriftstellerverband vermittelt, in dem normalerweise jeder Schriftsteller der DDR organisiert war.

Lesungen vor Produktionsbrigaden waren üblich, einmal weil der Schreibende Geld brauchte, weil er andererseits mit der Arbeitswelt in Kontakt kommen sollte und weil den Brigaden "kulturelle" Betätigung vorgeschrieben war.

Die Diskussionen nach der Lesung, bei der der Schriftsteller aus einem seiner Bücher vorgelesen hatte, waren oft für beide Seiten sehr interessant. Die Zuhörer kamen meist schnell auf ihre eigenen Probleme zu sprechen. Sie erwarteten von dem Schriftsteller - von höherer Warte sozusagen - eine Lösung ihrer Alltagsprobleme. Bei den Diskussionen war im allgemeinen ein "offenes Ohr" dabei, d.h. ein Stasimann, der nicht diskutierte, aber um so besser zuhörte oder mitschnitt und später Berichte schrieb.

"So einen Stasimann erkennst du sofort", sagte meine Freundin R. und ließ sich bei ihren Lesungen nicht stören. "Die schlimmste Lesung hatte ich im Frühjahr in einem Textilbetrieb im Erzgebirge."

Viele Frauen waren gekommen und hörten zu. In einem Textilbetrieb arbeiteten vorwiegend Frauen. Mitten in der Lesung aber kam der Betriebsdirektor, unterbrach die Zusammenkunft, verkündete, daß er in diesem Raum eine Sitzung habe und warf alle Anwesenden hinaus.

Die Frauen, die Gewerkschaftsgruppe und die Schriftstellerin beschwerten sich bei der Parteileitung - von wegen Kultur und Arbeiterklasse.

Eines schönen Nachmittags fuhr der Werksdirektor bei meiner Freundin R., der Schriftstellerin, vor. Zerknirscht und mit Blumenstrauß entschuldigte er sich bei ihr. Er wäre schon immer für Kultur gewesen, die Kultur zu unterstützen, sei sein innerstes Anliegen. Er hätte ja nicht gewußt, daß sie eine Schriftstellerin sei. Da sitzen ein paar Arbeiterinnen herum und unterhalten sich, habe er gedacht. Ob er sie zu einer neuen Lesung einladen dürfe. Kultur sei ein wichtiger Bestandteil des sozialistischen Lebens.

Einmal sei genug gewesen, antwortete meine Freundin. Sie wünschte, der Direktor eines Werkes hätte auch Achtung vor den Arbeitern, nicht nur vor der Kultur, die sie den Arbeitern vermitteln sollte. Sie sei selbst ein Arbeiterkind. Direktoren, die ihre Arbeiter nicht schätzten, schätze sie erst recht nicht. Zum Leidwesen der Arbeiterinnen fuhr sie nicht wieder in den Textilbetrieb.

Diskussion mit den Kulturschaffenden

November 1983

In einer Kreisstadt im Erzgebirge sollte eine Diskussion mit den Kulturschaffenden stattfinden. Die Künstler fragen, die Partei antwortet. Ein Forum in der Kreisstadt. Ein vertrauensvolles politisches Gespräch.

Jeder Künstler, der eine Einladung bekommen hatte, bekam danach auch eine Frage zugestellt. Diese sollte er während des Forums stellen. Der erste Sekretär des Kreises und sein Stellvertreter, der stellvertretende erste Sekretär des Kreises also, ließen inzwischen Antworten ausarbeiten, die sie dann während des Forums auf die Fragen der Kunstschaffenden des Kreises geben wollten.

Eine freie Diskussion angeblich. Jeder mit einem Zettel, von dem er den Text ablas. Wir fragten uns, ob es auffallen würde, wenn auf Frage Nr. 17 beispielsweise die Antwort auf die Frage Nr. 18 abgelesen würde.

Die Fragen waren sehr primitiv.

Der Graphiker aus Oelsnitz gab seine Frage zurück. Wenn er eine Frage stellen wolle, sagte er, würde er sich selbst eine ausdenken. Solche Fragen waren aber nicht vorgesehen.

Gestutzte Flügel

"Man hat mir die Flügel gestutzt, bevor ich fliegen gelernt habe", sagte die junge Schriftstellerin Renate zu mir. Ihr neues Buch, ein

Band Erzählungen, der gerade erschienen war, wurde in der Presse heftig angegriffen. "So sind unsere Frauen nicht", hieß es dort. "Die Frau im Sozialismus ist selbstbewußt, selbständig, nicht leidend, sondern leitend".

Natürlich konnte man die leitende Stellung der Frau im Sozialismus anhand von statistischen Daten sehr schnell widerlegen. Die leidende durch eigene Erfahrungen aber untermauern. Die Kritik der Zeitung war auch nicht ernst zu nehmen, wie jeder wußte. Über eine Geschichte von Renate, die von den Leiden einer Frau handelt, deren Mann zum Trinker wird, schrieb die Presse, so etwas komme nicht vor, da in diesen Fällen die staatlichen Organe helfend eingriffen. Die Schriftsteller hätten die fröhliche Realität des Sozialismus zu schildern.

"Wenn sie aber nicht fröhlich ist, was dann?", fragte Renate.

Insbesondere attackierte man ihre LPG-Geschichten. "So ist unsere Jugend nicht. So ist unser Landleben nicht", schrieb die Presse und schlug vor, die junge Schriftstellerin für sechs Wochen auf eine Muster-LPG zu schicken, damit sie die Realität kennenlerne. Renate hielt entgegen, daß sie seit ihrer frühen Jugend auf dem Lande wohne und ihre Eltern LPG-Mitglieder gewesen seien.

"Seit ich meine Geschichten auf Lesungen dem Publikum vortrage", sagte sie, "habe ich viel dazugelernt. Die Zuhörer kommen mit ihren Problemen zu mir und erwarten, daß ich darüber berichte."

Sie erzählte, ihre Geschichten seien nur mäßig kritisch. Über ihre Erlebnisse als Mitarbeiter des Kulturhauses in der nahegelegenen erzgebirgischen Kreisstadt habe sie nichts berichtet. Diese Berichte hätte niemand gedruckt. Niemand hätte geglaubt, daß der Bürgermeister für manche Feierlichkeit im Kulturhaus glatt 20.000 Mark aus der Staatskasse bezahlte, während an anderer Stelle das Geld fehlte.

Renate wurde "freie" Schriftstellerin, d.h. Schriftstellerin ohne Nebenberuf, weil sie ihren Job im Kulturhaus nicht mehr ertragen konnte.

Kürzlich bot ihr die Kreisleitung, Abteilung Kultur, an, das Leben des ersten Sekretärs der Kreisleitung gegen ein beträchtliches Honorar niederzuschreiben. Seit kurzem legte man nämlich auch in der DDR wert auf Geschichte. Geschichte, die bei der Arbeiterklasse begann und bei Parteisekretären endete. Renate lehnte dankend ab, auch auf die Gefahr hin, ihr Leben weiterhin nur mühsam fristen zu können.

Sie verlegte sich auf ein historisches Thema, um nicht mehr mit den sozialistischen Problemen konfrontiert zu werden. Denen konnte sie jedoch nicht entfliehen, denn bei fortgeschrittenem Literaturstudium stellte sich heraus, daß sie Bücher benötigte, die es in DDR-Bibliotheken nicht gab.

Um einmal in eine Bibliothek nach Westberlin fahren zu können, mußte sie viele Anträge schreiben und Gutachten einreichen, und als sie schließlich die Genehmigung erhielt, wurde sie ohne Geld nach Westberlin geschickt, denn Devisen waren in der DDR knapp. Der DDR-Reisepaß galt als Fahrkarte im Westberliner Stadtverkehr, und Schnitten konnte sie von Ostberlin mitnehmen. Wie sie sich in Westberlin fühlte, ist einfach zu erraten, nämlich so, wie sich viele DDR-Bürger fühlten: als Mensch zweiter Klasse.

Ihrem Antrag, nach Paris zu fahren, wo ihre historische Romanfigur lange Zeit gelebt hatte, wurde nicht stattgegeben. Man vertröstete sie auf eine Jugendtouristikreise mit dem Reisebüro. Aber eine solche fand nicht statt.

"Flügel stutzen lassen?", fragte ich.

"Schwingen wachsen lassen", sagte sie.

Internationaler Leihverkehr

November 1983

Eva R., Mitglied des Schriftstellerverbandes der DDR, benötigte für ihre Arbeit an einem Buch einen französischen Artikel. Titel, Zeitschrift, Jahrgang - alles bekannt.

Eva füllte einen Fernleihschein aus in der für sie zuständigen Kreisbibliothek in einer kleinen Stadt in der Nähe von Karl Marx Stadt, in der sie wohnte. Nach zwei Monaten bekam sie die Nachricht, dieser Artikel sei in keiner DDR-Bibliothek vorhanden.

Sie wandte sich an den Schriftstellerverband und bat um Hilfe.

"Das machen wir", sagte der Leiter der zuständigen Bezirksabteilung des Schriftstellerverbandes. Nach einiger Zeit bekam Eva die gewünschte Unterstützung: einen Brief der Abteilung des Schriftstellerverbandes, in dem Evas Bitte begründet wurde und darum gebeten wurde, ihr den Artikel über den internationalen Leihverkehr zur Verfügung zu stellen. Dieses Schreiben schickte Eva nun an die Staatsbibliothek nach Berlin mit der Bitte, ihr diesen Artikel zu besorgen, denn nur die Staatsbibliothek war berechtigt, Bücher im internationalen Leihverkehr anzufordern. Die Staatsbibliothek schickte diese Anfrage aber zunächst an die zuständige Bezirksbibliothek im Bezirk Karl-Marx-Stadt, diese informierte die Kreisbibliothek, in der die Schriftstellerin zuerst nachgefragt hatte, da diese für das Ausfüllen des internationalen Leihscheins zuständig war. Die Leiterin für den internationalen Leihverkehr der Kreisbibliothek benachrichtigte Eva und sagte, sie habe gehofft, ein solcher Fall werde niemals eintreten.

"Das kostet Devisen", sagte die Bibliothekarin. Eva hatte aber keine. Sie schrieb für DDR-Verlage.

In diesem Falle, sagte die Bibliothekarin, müsse Eva eine Bestätigung des Verlages bringen, für den sie das Buch schreibe, daß der Artikel für ihr Buch auch wirklich benötigt würde.

Auf Evas Anfrage schickte ihr Verlag eine solche Bestätigung aus Leipzig. Nun wurde der internationale Leihschein ausgefüllt. Dieser ging an die zuständige Bezirksbibliothek, von dort an die zuständige Stelle der Staatsbibliothek in Berlin. Es ist zu vermuten, daß diese Bibliothek zunächst einen Antrag auf Bereitstellung von Devisen stellen mußte, bevor sie eine Anforderung an die Bibliothek in Paris schicken konnte, die den Artikel besaß.

Es ist uns nicht bekannt, ob die Staatsbibliothek die Erlaubnis erhielt, den Leihschein nach Paris zu schicken. Seit Evas erstem Bemühen um den französischen Artikel war ein Jahr vergangen. Wird sie das geplante Buch unter diesen Umständen schreiben können?

Schulgeschichten

Den "Versuch, in der Wahrheit zu leben" (Václav Havel), konnte sich kein Schüler leisten. Vom ersten Schultag an lernten die Kinder, mit der Lüge zu leben. Sie hatten zu unterscheiden, was zu Hause gesprochen wurde, und was in der Schule erzählt werden konnte. Sie hatten keine unbeschwerte Schulzeit, sondern sie waren einem allgemeinen Druck ausgesetzt, der sie verbiegen wollte und dem sie sich widersetzen mußten. Sie hatten in Lüge und Wahrheit gleichzeitig zu leben und zu unterscheiden, wann Lüge und wann Wahrheit erzählt wurde und zu entscheiden, wann Lüge und wann Wahrheit erzählt werden sollte.

Belehrung in der Schule

Am ersten Schultag wurde meine Tochter gefragt, was das Schönste in ihrer Zuckertüte sei, die sie zur Einschulung bekommen hatte. Ehrlich antwortete sie: "Die Westschokolade". Seitdem wußte sie, daß man in der Schule nicht alles sagen durfte - denn die Lehrerin reagierte heftig -, und daß es zwei Meinungen gab: eine für Zuhause und eine für die Schule. Das lernte sie im Alter von 6 Jahren und 4 Monaten.

Die Lehrerin drängte die Kindern: "Wenn ihr mich lieb habt, dann geht nicht in den Religionsunterricht."

Ihre Vorschriften reichten bis zu: "Butter darf nicht zum Braten verwendet werden (wegen des Mangels). Es soll Leute geben, die so etwas machen!"

Mein Sohn trug eine Plakette *100 Jahre Telefon in Deutschland* (gespendet vom Westbesuch) am Anorak. Die Klassenlehrerin entfernte in der Schulgarderobe heimlich das Schild und steckte es in die Jackentasche des Kindes. - Eine Deutschland-Plakette war nicht erlaubt.

Was mir in der nicht Schule gefällt

Mein Sohn zählte auf:

Pioniernachmittage und die Anwesenheitspflicht,
Brigaden in der Klasse,
Schrott-und Papiersammlungen,
schriftlich beantworten zu müssen: Was mache ich für meine Klasse?
Solibeitrag bezahlen,
Solibasar,
ins Pionierhaus gehen müssen,
die politischen Wochengespräche, bei denen abgehakt wird, wer eine Antwort gegeben hat,
Wandzeitung machen müssen,
Appelle,
Offizierswerbung,
Einführung in die Sozialistische Produktion,
Staatsbürgerkunde,
Leistungssport,
Zivilverteidigung.

Später, wenn du in einem Betrieb arbeitest, wird es auch nicht besser, ergänzte ich. Da gibt es:

Brigaden, die im Wettbewerb stehen,
DSF,
FDGB,
Zivilverteidigung,
Kampfgruppen,
Subotniks,
Solibeitrag,
Wandzeitungen,
Wettbewerbe um den Titel "Kollektiv der sozialistischen Arbeit",
Wettbewerbe um den Titel "Kollektiv der DSF",
Versammlungen,
Demonstrationen auf Bestellung,
Meetings als Pflicht.

Das reicht, seufzte mein Sohn - keine Hoffnung auf Besserung.

Offizierswerbung

Januar 1984

Spätestens ab der sechsten Klasse begann die Offizierswerbung in der Schule. Man hatte den Eindruck, als wären Jungen nur dazu geboren, Offiziere in der Nationalen Volksarmee zu werden.

Keiner wurde ausgenommen, nichts wurde unversucht gelassen. Keiner, das war übertrieben. Jungen mit Westverwandten wurden nicht bemüht. Die Westverwandten wirkten sich hier positiv aus, später waren sie bei der beruflichen Entwicklung aber ein entschiedenes Hindernis. Ein Mensch mit Verwandten ersten Grades in Westdeutschland durfte nicht überall arbeiten, er wurde kein Reisekader und wahrscheinlich überhaupt kein Kader, d.h. staatlicher Leiter.

Wer keine solchen Verwandten hatte, dem bot die Armee nach abgeleisteten Dienstjahren eine Anstellung als staatlicher Leiter, ob der Betrefffende wollte oder nicht, ob er konnte oder nicht. Solche Stellen wurden für ehemalige Offiziere freigehalten. Also eine lukrative Aussicht. Trotzdem meldete sich kaum einer.

Ihr müßt eine Begründung abgeben, wenn ihr euch nicht als Berufsoffizier verpflichtet, warnte die Lehrerin. Sie besuchte jeden Offizierskandidaten (also jeden Schüler ohne Westverwandte) zu Hause, um ihn und seine Eltern davon zu überzeugen, daß er Berufsoffizier werden sollte. Auch wenn die Eltern NEIN sagten, wurden die Gespräche mit dem Schüler weitergeführt. Man drohte ihm Nachteile im späteren Leben, wie Studienplatzentzug, an, falls er sich nicht freiwillig melden sollte. Gespräche wurden unter vier und mehr Augen geführt. Das ging so lange, bis sich der vorgegebene Prozentsatz an Schülern gemeldet hatte. Dann atmeten alle auf, auch die Lehrer.

Solibasar

Januar 1984
"Morgen muß ich ein Dreipfundbrot mit in die Schule bringen", sagte mein Sohn. "Wir machen Solibasar."
In der Pause wurden Fettschnitten an andere Schüler verkauft. Das Speckfett besorgte die Lehrerin. Eine Schnitte kostete 25 Pfennige, ein Brot 52, das machte einen Gewinn von 20 Pfennig pro Schnitte. Das Geld wurde als Solidaritätsspende abgeführt.
Jeder Schüler zahlte allerdings schon jeden Monat eine Solispende, und auch die Eltern zahlten in den Betrieben eine Solispende, die wurde gleich vom Gehalt abgezogen.
In der Schule gab es in jeder Klasse eine Wandzeitung, da konnte der Schüler seine "Stellung im Wettbewerb" sehen und wieviel Altpapier, wie viele Flaschen er gesammelt hatte. Die Altstoffe wurden nicht mehr wie früher mit in die Schule gebracht, sondern der Schüler trug sie selbst zum Händler und brachte nur das Geld mit in die Schule. Manche Mutter war schon versucht, ihrem Kind Geld zu geben, um ihm das Sammeln zu ersparen, aber die Bescheinigung des Händlers über die abgelieferten Altstoffe mußte in der Schule vorgelegt werden.
Manchmal gab es auch große Solibasare, auf denen selbstgefertigte Topflappen, Schnittbrettchen, alte Bücher und selbstgebackener Kuchen verkauft wurden.
Die Kuchen wurden von den Müttern gebacken, kostenlos natürlich. Reihum. Der Kuchen wurde stückweise verkauft, Hygienebestimmungen traten hier nicht in Kraft.
Was niemand wußte: Was geschah mit dem Geld, wozu wurde es verwendet? Befürchtungen wurden wach, wenn man von Waffenlieferungen an Entwicklungsländer hörte. Bevor man Geld spendet,

sollte man wissen, wozu es verwendet werden wird. Auch eine positive Absicht konnte sonst ins Gegenteil verkehrt werden.

Die Schule in der DDR

(1988 aufgeschrieben von meiner Tochter Uta, im Alter von 15 Jahren)

Die Schule begann um 7 Uhr, da die Kinder gemeinsam mit den Eltern die Wohnung verlassen sollten. Für Kinder, deren Eltern in einer Fabrik arbeiteten, gab es den Frühhort. Dieser begann um 6 Uhr.

Jede Schulstunde begann mit dem sogenannten "Gruß":

Der Tafeldienst hatte zu melden: Herr/Frau ... (hier kam der Name des Lehrers oder der Lehrerin), ich melde, die Klasse Nr. ... ist zum Unterricht bereit."

Die Lehrerin/der Lehrer antwortete: "(Danke.) Für Frieden und Sozialismus seid bereit?"

Die Schüler brüllten: "Immer bereit."

Es wurde uns gelehrt: Die DDR besitzt das beste Schulsystem auf der Welt. Alle Kinder sind gleich und gleichberechtigt und gehen 10 Jahre gemeinsam zur Schule.

In der Schule konnte man deshalb nicht viel lernen. Die Schüler, die später einmal die EOS (Erweiterte Oberschule) besuchen wollten, wurden nach demselben Schulstandard unterrichtet, wie die, die am allerliebsten gar keine Schule besucht hätten.

Man brauchte fast keine Intelligenz, um auf die EOS zu kommen, vielmehr zählte die gute politische Einstellung.

Als Junge mußte man sich für drei Jahre zur Armee verpflichten, um auf die EOS zu kommen, obwohl die Schüler da noch minderjährig waren.

Grundbedingung für die EOS-Aufnahme war

- zu den Jungpionieren gehört zu haben (1.-3. Klasse) - blaues Halstuch, weißes Hemd ,
- zu den Thälmannpionieren gezählt zu haben (4.-7. Klasse) - rotes Halstuch,
- und natürlich der FDJ (Freie Deutsche Jugend) rechtzeitig beigetreten zu sein - blaues Hemd mit Abzeichen.

Vorteilhaft bis zwingend war auch, der DSF, (Gesellschaft für Deutsch-Sowjetischen-Freundschaft) anzugehören und sich verpflichtet zu haben, später in die SED einzutreten, da aus jeder Klasse nur ein bis zwei Schüler auf die EOS zugelassen wurden.

Außerhalb der Schule hatte man viele, meist überflüssige Pflichten. Oft fanden Altstoffsammlungen statt, wobei Papier, Eisen, Glas, Plastik und Lumpen gesammelt wurden. Für diese Tätigkeiten, für die Solidaritätsspenden und für das Erscheinen (mit weißem Hemd und Halstuch) auf den Pioniernachmittagen bekam man an der Wandzeitung verschiedene Punkte zu seinem Namen geklebt. Damit die Klasse als solche auch viele Punkte bekam, wurden Solibasare, Fettschnittenverkäufe und Kuchenverkäufe organisiert, deren Erlös dann ebenfalls gespendet wurde. Auch sollte die Klasse möglichst freiwillig das Programm für irgendwelche Appelle übernehmen.

Appelle fanden in der Stunde oder in der Pause statt. Eine Klasse berichtete über die Mißstände im Kapitalismus (oder ähnliches), andere Klassen mußten mit Halstüchern, FDJ-Hemden und Wimpeln in Reih' und Glied dabeistehen, zuhören, klatschen und "Immer bereit!" schreien. Manchmal mußte man auch Lieder wie "Brüder zur Sonne zur Freiheit" oder "Über allem scheint die Sonne" singen.

Ob die Klasse oder die einzelnen Schüler genug für den Wettbewerb getan hatten, entschied der Gruppenrat. Der Gruppenrat bestand aus etwa fünf Schülern der Klasse. Es gab einen Vorsitzenden, einen Zuständigen für Sport und Technik, einen Agitator, einen Kassierer und ähnliches.

Jede Klasse hatte eine "Patenbrigade" in einem Betrieb, einer Fabrik oder bei der Eisenbahn. Diese Patenbrigade besuchte uns manchmal, schenkte der Klasse zu Weihnachten 30 Mark, dafür besuchten wir sie auch und brachten ihnen Blumen.

Von der 4. Klasse an, als Thälmannpionier, hatte man mehr Pflichten als als Jungpionier. Man mußte z.B. am ersten Mai im Klassenkollektiv mit der gesamten Schule demonstrieren gehen ("Heraus zum 1. Mai"), dabei Fahnen schwenken, Transparente zeigen und mit Winkelementen wedeln.

Die noch ernstere politische Erziehung begann in der 7. Klasse, wo viele neue Fächer, wie Stabü (Staatsbürgerkunde), ESP (Einführung in die sozialistische Produktion), PA (Produktionsarbeit) und ZV (Zivilverteidigung) hinzukamen.

In ESP lernte man, wie die Volkseigenen Betriebe (VEB) ihre Pläne übererfüllten, wie die Kollektive der sozialistischen Arbeit um ihre Titel kämpften; in PA ging man einmal in der Woche in einen Betrieb und schnitt dort Kabel zurecht oder stellte Hämmer her.

An der Zivilverteidigung nahmen Mädchen und Jungen gleichermaßen teil. Dabei mußte man, wenn man Pech hatte, mit Gasmaske und Uniform bei Regenwetter durch den Wald rennen oder durch den Schnee robben oder über Bäche hangeln. Auch lernte man, was zu tun wäre, wenn die Amerikaner den Atomkrieg begännen.

Außer dieser Ausbildung gab es aber auch TZ (Technisches Zeichnen) als neues Fach. Den Technischen Zeichner gab es hauptsächlich nur noch in den Ostblockstaaten als Beruf, da dort der Computer noch keinen (oder fast keinen) Einzug gehalten hatte.

Einiges andere war auch nicht zeitgemäß. Man lernte zum Beispiel noch jahrelang, mit dem Rechenschieber zu rechnen. Der Taschenrechner wurde erst viel später als in Westdeutschland eingeführt. Dieser war ein Einheitsrechner, den jeder kaufen mußte, auch die, die schon einen Taschenrechner besaßen, und er war sehr teuer (etwa 300 Mark).

Oft fanden Klassendiskussionen statt, meistens in der Klassenleiterstunde (eine Stunde, die für den Klassenlehrer reserviert war). Ein Thema der Diskussion war zum Beispiel die Stationierung von Atomraketen in der Bundesrepublik. Man lernte aber auch, daß es im Kommunismus kein Geld mehr geben würde, und daß man im Kommunismus eine neue Hose bekäme, wenn die alte kaputt sei. Auch Krankheiten würde es im Kommunismus nicht mehr geben.

Wer in die Kirche ging, hatte keine guten Aussichten auf eine zufriedenstellende schulische Laufbahn. Die Lehrerin bat uns, nicht in die Christenlehre zu gehen. Statt der Konfirmation gab es die Jugendweihe. Diese fand im Alter von 14 Jahren statt. Man mußte dabei schwören, der DDR, seinem Vaterland, immer treu zu sein, die sozialistischen Gesetze zu achten und beim Aufbau des Kommunismus zu helfen. Zur Jugendweihe bekam jeder ein Buch über die DDR geschenkt, ein Abzeichen, und durfte (mußte) nun in die FDJ eintreten.

Der Sonnabend war der schönste Tag der Schulwoche. Man hatte nur wenige Stunden, und diese waren einfach (Werken, Zeichnen). Doch auch diese Fächer waren politisch. Im Zeichenunterricht malten wir Panzer, Demonstrationen, blumenwerfende Pioniere ... Im Werkunterricht bastelten wir sowjetische Raketen usw.

Großer Wert wurde auf die sportliche Erziehung gelegt. In der Schule wurde man sehr gut durchtrainiert. Manchmal kamen sachkundige Gäste zur Sportstunde und suchten die am besten für eine bestimmte Sportart geeigneten Kinder aus. Das begann aber schon viel früher. Ich wurde im Alter von drei Jahren zum Eiskunstlaufen ausgesucht. Ich hätte dann dreimal in der Woche zum Training gehen müssen. (Wir lehnten das Angebot ab.)

Die zukünftigen Spitzensportler gingen in Sportschulen und bekamen gutes Essen und viele Vitamine.

Es gab auch viele Sport-Arbeitsgemeinschaften, wo man hingehen durfte und auch hingehen mußte. Es gab zum Beispiel eine Arbeitsgemeinschaft der Gesellschaft für Sport und Technik (GST), die viele Jungen meiner Schule besuchten. Dort wurden sie zwar intensiv auf die Armee vorbereitet, aber sie konnten auch schon mit 18 Jahren ihre Fahrerlaubnis erwerben.

Oft fanden auch Sportfeste und Wettkämpfe zwischen den Schulen statt.

Nach dem Unterricht mußten die zwei Schüler, die Tafeldienst hatten, die Tafeln wischen, die Stühle hochstellen, den Klassenraum lüften, den Müll hinunterschaffen und das Klassenzimmer fegen.

Einmal pro Woche mußten "Freiwillige" (jene, die zu wenig Punkte an der Wandzeitung hatten) das Klassenzimmer wischen.

Nach den Schulstunden gab es Mittagessen in der Schule. Dieses kostete 55 Pfennige und schmeckte auch so. Wenn es etwas "Gutes" zu essen gab oder gar eine Banane als Nachtisch, standen lange Schlangen vor der Essenausgabe (Eine Banane hat es nur zweimal in fünf Jahren gegeben).

In den ersten Klassen waren das Mittagessen und der anschließende Schulhort Pflicht. Wenn man trotzdem nicht hinging, kamen die Klassenleiterin und die Hortlehrerin zum Hausbesuch zu den Eltern (zu uns zum Beispiel).

Der Hort fand jeden Nachmittag statt, außer sonnabends. Das war eine schreckliche Zeit, weil wir in demselben Schulzimmer saßen wie am Vormittag, keinen Platz hatten und beaufsichtigt wurden. Der Hort endete um vier Uhr, wenn die Eltern wieder von ihrer Arbeit zurückkehrten.

Am Vorabend des 1. Mai

Wir fuhren durch die Stadt. "Lies doch mal die Losungen", schlugen die Kinder vor:

Von der Sowjetunion lernen, heißt siegen lernen.
Frieden ist das erste Menschenrecht.
Schluß mit der imperialistischen Hochrüstung.
Es lebe der unzerstörbare Bruderbund mit der Sowjetunion -
die Quelle unserer Kraft.
Es lebe der proletarische Internationalismus.
Meine Tat für unseren Friedensstaat.
Es lebe der 1. Mai, der Kampftag aller Werktätigen.
Marx lebt in uns und in unseren Taten.
Die DDR ist für immer in der sozialistischen Staatengemeinschaft
verankert.
Im Schrittmaß der 80iger Jahre verwirklichen wir die Beschlüsse
des X. Parteitages.
Alles für das Wohl des Volkes, alles durch die Kraft des Volkes.
6. Mai: Für Frieden und Sozialismus wählt die Kandidaten der
Nationalen Front.
Mit dem Gewehr in der Hand schützen wir den Frieden für unser
Vaterland.

"Es reicht", sagte Franziska. Dabei waren sie noch lange nicht an ihrem Ziel angekommen.

Vielleicht enstand deshalb der folgende DDR-Witz als Gegenparole? *Wo wir sind, ist vorn, und wenn wir hinten sind, ist hinten vorn!*

21. Mai 1984 - Staatsbürgerkunde in der Schule

Da ihr so wenig mitarbeitet, sagte die Lehrerin, beantwortet mir folgende Fragen schriftlich:

1. Wie stehst du zu einem militärischen Beruf?
2. Sage ich immer meine ehrliche Meinung?
3. Sind wir ein vorbildliches Klassenkollektiv?
4. Wie stehst du zu einer Funktion in der FDJ-Leitung oder in der GOL (Grundorganisationsleitung)?

Kein Schüler wußte, was mit den Antworten passieren würde. Manche dachten, die Zettel würden ohne Namen eingesammelt, als Umfrage. Andere dachten, man müsse seinen Namen angeben. Danach richtete sich der Grad der Wahrheit, mit dem die Kinder die Fragen beantworteten. Mein Sohn, der annahm, die Zettel würden ohne Namen eingesammelt, antwortete mit einer Spur Wahrheit, aber - Vorsicht! - nicht zu viel.

Die Zettel wurden nicht eingesammelt, sondern die Schüler, die ihre Antworten vorlesen mußten, wurden aufgerufen. Mein Sohn kam nicht dran, er hatte Glück.

22. Mai 1984

"Warum hast du immer das Halstuch im Ranzen?", fragte ich meinen Sohn. "Vorsichtshalber", antwortete er. "Seit ich einmal ohne Pionierkleidung beim Pioniernachmittag war und mich deshalb vor der Gruppenleitung der Klasse verantworten mußte, nehme ich das Halstuch immer mit. Zerknittert spielt keine Rolle, Hauptsache, es sieht rot aus und man hat es."

Was die mit uns gemacht haben

wir brauchen abschaffung des werkunterrichtes
abbau von feindbildern

wir wollen die fähigkeiten unserer kinder
freilegen und fördern
aber auch die der lehrer

wir müssen die ökologischen fragen betonen
partnerbeziehungen
ein wahrheitsgemäßes geschichtsbild

wir können vierzig jahre sogenannte
sozialistische Erziehung nicht einfach
durchstreichen

eine von diesen erzieherinnen saß mir
beim kaffee gegenüber...
was die mit uns gemacht haben

ich sah sie erstaunt an weil ich wußte
wer was gemacht hatte in all diesen jahren

Pfarrer Steiger, Montagsdemonstrant von Leipzig

Ein Auge für die Natur

Der Sozialismus nahm keine Rücksicht auf die Natur. Nur die rauchenden Schornsteine zählten. Sie galten als Zeichen des Fortschritts. Der Sozialismus war der größte Feind der Natur, ein gigantischer Umweltzerstörer.

Ein Auge für die Natur

Mai 1984

Ich habe einen Freund, der ein besonderes Auge für die Natur hat, denn er ist Gärtner. Er erzählte mir von seinem Heimatdorf:

Als ich kürzlich zu Hause war, sagte er, fand ich den Bach nicht mehr, der meine Kindheit verschönte. Es gab ein Mikroklima in dem kleinen Tal, das entlang des Baches eine immergrüne Zone schuf.

Eine Landwirtschaftsfachkraft hatte ausgerechnet, daß man, wenn man den Bach unterirdisch verlegen würde, das Ackerland vergrößern könnte, und die Bearbeitung der Fläche einfacher werden würde. Das Ergebnis der Verlegung: Der Bach bahnt sich bei Regenzeiten einen zweiten Weg an der Oberfläche, in Trockenzeiten fehlt die Feuchtigkeit des Baches, die sich auch durch Nebel bemerkbar gemacht hatte. Die Erde wurde brüchig, die Krume weggeschwemmt. Die Schönheit dieses Stückchens Erde ist dahin. Kein Bach, keine Blume, auch keinen Nutzen, nur Schaden.

Die Ackerfurchen am Hang zog man früher quer zum Hang. Es gab Buschdämme, regelmäßig gesetzt, die als Barrieren gegen das Abrutschen der Erde (Erosion) dienten. Ich traute meinen Augen nicht: Die Buschbarrieren waren abgeholzt worden, da die Bearbeitung des Feldes dadurch vereinfacher wurde, und die Furchen liefen hangabwärts. Das Ergebnis: Bei Regen wird die Erde entlang der Furche nach unten gespült, den Rest besorgt der Wind.

Ich habe in der Schule gelernt, daß die amerikanischen Farmer durch Abholzen der Waldstreifen zwischen den Ackerflächen großen Schaden in der Landwirtschaft anrichteten, sagte ich.

Wir machen alles noch einmal, antwortete mein Freund verbittert, vor allem die Fehler.

Freiberg

15.3.84

Freiberg hat als alte Bergstadt eine Tradition. Am Randes des Erzgebirges gelegen, beschäftigten sich die Bewohner vorwiegend mit Erzabbau. Freiberg erlangte seine Größe allein durch den Bergbau, der auch zur Gründung der Freiberger Bergakademie führte. Dort werden bergbautechnische Untersuchungen vorgenommen.

Das Gesicht der Stadt wird durch verschiedene Verhüttungsbetriebe geprägt. Obwohl sich mehrere Institute an der Bergakademie mit der Erzverhüttung und den dabei anfallenden Giftstoffen beschäftigten, waren alle Daten über die Umweltverschmutzung durch die Verhüttungsbetriebe geheim, jedoch war bekannt, daß unter anderem Blei in die Luft geblasen wurde, und zwar so viel, daß der Bevölkerung vom Verzehr der in und um Freiberg angebauten Erdbeeren abgeraten und davor gewarnt werden mußte, Gemüse in diesem Gebiet anzubauen.

In der Praxis sah es allerdings so aus, daß die Leute ihrem Garten doch nicht mißtrauten, den Feind von oben nicht sahen und weiterhin Obst und Gemüse anbauten und auch aßen.

In der Zeitung konnte man sogar lesen, das DDR-Getreide sei mit dem im Freiberger Kreis erzeugten Getreide verschnitten worden, d.h. das Freiberger Getreide war nicht genießbar, die Giftkonzentration sollte verringert werden. Man wollte oder konnte aber auf das Freiberger Getreide zur Ernährung der Bevölkerung nicht verzichten.

Das schlimmste ist, sagte ein Freiberger, daß man nicht weiß, woran man ist. Eine Doktorarbeit zum Thema Umweltbelastung durch die Freiberger Verhüttungsbetriebe, verfaßt an der Freiberger Bergakademie, wurde von offizieller Seite eingezogen.

Das erinnert mich an einen Freund in Berlin, der an der Erstellung eines großen Umweltsimulationssystems mitwirkte. Wenn die Cottbusser Umweltzentrale ihre Werte eingab, mußte er den Raum verlassen.

Kraftwerk Hirschfelde
Rauchende Schornsteine als Kennzeichen des REAL EXISTIERENDEN
SOZIALISMUS

Giftküche DDR

in leipzig und halle
es stinkt
es stinkt
in bitterfeld und lauchhammer
es stinkt
es stinkt
sozialismus stinkt
genossen stinken
diese wahrheit stinkt
mich an
....
giftküche ddr

Pfarrer Steiger
Montagsdemonstrant von Leipzig

204

Ost-West-Problem

1987

Eine Begegnung in der Budapester Oper

Die Budapester Oper ist ein imposanter Bau von Miklós Ybl. Zum 100. Geburtstag wurde sie renoviert und glänzt nun frisch vergoldet, mit neuen Stofftapeten, mit neuen Furnieren und gereinigten Wandgemälden. Das Opernhaus mit seinen Logengalerien unter einem riesigen glänzenden Kronleuchter ist eine Pracht. Für jeden Besucher wird es zu einem besonderen, lange nachwirkenden Erlebnis. Gäste werden gern im Parkett oder in den Logen plaziert, damit sie den gewaltigen Treppenaufgang, den Marmor, die Teppiche, die Leuchter erleben. Für einen Dauerbesucher reicht auch ein billiger Platz auf dem obersten Rang, Eingang von der Seite über eine nicht endenwollende Treppe, kein Fahrstuhl. Auch dort ist die Oper schön, man sitzt dem riesigen Kronleuchter näher. In der Pause kann man durch eine Seitentür auf der langen Treppe nach unten schlüpfen.

Das tat ich dann auch, als ich kürzlich in der Oper war. So begegnete ich ihm.

Er sah noch so aus wie vor 20 Jahren, blonde Haare, schlank, braungebrannt. Bergsteigerimage. Nur der Bart war neu. Seltsamerweise trugen viele DDR-Intellektuelle zu dieser Zeit (vor der "Wende") einen Bart. Daran, an ausgefransten Jeans und sogenannten Jesuslatschen (Riemchensandalen) erkannte man zweifelsfrei einen deutschen Touristen aus der DDR in den 80er Jahren.

Er kaufte Kaffee. Ich blieb ganz ruhig stehen und beobachtete ihn. Da sah er mich auch. Auch er erkannte mich gleich wieder.

Sofort waren mir die vielen Begegnungen gegenwärtig, als wir uns im Theater während unserer gemeinsamen Schulzeit getroffen hatten. Auch an die Studienzeit dachte ich, auch an das letzte Mal, als ich ihn im Theater traf und er mich übersehen hatte, weil er mit seiner Frau im Foyer stand.

- Ich kann es nicht glauben, sagte er. Du siehst aus wie früher.

Das fand ich sehr schmeichelhaft und erwiderte, daß er sich auch nicht sehr verändert habe.

Wir waren während der letzten Schuljahre vor dem Abitur sehr gut befreundet gewesen. Wir waren jung, ehrgeizig, begeisterungsfähig.

- Beinahe hätte ich deinetwegen Mathematik studiert, um dir möglichst nahe zu sein, sagte er.

- Aber keineswegs, sagte ich, du interessiertest dich für Chemie und später fandest du Physik am interessantesten.

Das letzte Jahr vor dem Abitur hatte er in Halle an der ABF (Arbeiter- und Bauernfakultät) verbracht. Er war ein sogenanntes Arbeiterkind, das gefördert werden sollte. Er war für ein Studium im sozialistischen Ausland vorgesehen und wurde auf der ABF darauf vorbereitet. Ich war kein Arbeiterkind und wurde nicht an die ABF delegiert.

- Vor kurzem gab mir mein Vater eine gut verschnürte Zigarrenkiste, darin waren alle deine Briefe, die du mir nach Halle geschickt hast.

- Ich habe dir jede Woche einen Brief geschrieben, aber die ABF hat uns wohl auseinandergebracht.

- Ich dachte, das wäre während des Studiums passiert. Dich umschwärmten viele Assistenten. Ich haßte sie. Da konnte ich nicht mithalten.

- Ich glaube eher, es waren deine Freundinnen. Ich hielt mich damals für die Größte. Aber als man mir erzählte, man habe dich mit einer neuen Freundin gesehen, da war das Gefühl für dich plötzlich erloschen, so als hätte es dich niemals gegeben. Von diesem Zeitpunkt an bin ich das Gefühl, allein zu sein, nie wieder los geworden.

- Warum hast du das nicht gesagt ? Du warst die Frau, mit der ich leben wollte.

- Eine späte Erklärung. 20 Jahre zu spät.

- Man kann nichts zurückdrehen. Ich bin übrigens seit zwei Jahren geschieden.

- Wie kommst du eigentlich in die Oper?

- Ich bin dienstlich in Budapest. Die Ungarn haben ein Gerät gekauft, das ich entwickelt habe. Das mußte ich übergeben und erklären. Die Opernkarte bekam ich von einem ungarischen Kollegen geschenkt. Er sagte, ich würde zu viel arbeiten.

- Das ist bestimmt richtig. Ich habe dich als unermüdlichen Studenten in Erinnerung. Weißt du noch, daß ich zum Prorektor gegangen bin, um dir einen Studienplatz zu besorgen, als ich hörte, daß noch Plätze frei seien?
- Ich erinnere mich nicht mehr genau daran. Ich weiß nur, daß ich plötzlich ohne Studienplatz dastand, als ich mich entschloß, nicht in der Sowjetunion zu studieren.
- Ich sagte dem Prorektor, du würdest ihr bester Physikstudent werden. Ich war schon immer mutig.
- Das wurde ich ja auch.
- Ja, aber ich wußte es nicht. Schade, du hättest dich mehr um mich kümmern sollen. Während des Studiums war ich ziemlich oft allein.

Als es zum zweiten Male klingelte, gab ich ihm meine Adresse. Wir verabredeten uns für einen der nächsten Tage.

Als Physiker im größten Optikwerk der DDR

20 Jahre sind eine lange Zeit. Ich wußte nur, daß er ein nationalpreisverdächtiger Physiker in einem der größten Unternehmen der DDR geworden war. Er hatte mehrere Geräte entwickelt, unter anderem ein Längenmeßgerät, ein spezielles Rasterelektronenmikroskop, das zweidimensional arbeitet.

Darüber berichtete er, als wir uns wieder trafen.
- Das Meßgerät interessierte auch die Amerikaner, und ich durfte nach New York fliegen und die Verhandlungen führen.
- Ich dachte, du seiest nicht in der Partei?
- Damals war ich es auch nicht. Aber da nur ich das Gerät wirklich kannte, durfte ich fahren. Später bin ich in die Partei eingetreten, vielleicht, weil ich hatte fahren dürfen. Sozusagen aus Dankbarkeit. Aber auch, um nicht von den gesamten Informationen, die nur über die Partei laufen, ausgeschlossen zu sein. Wenn man nicht in der Partei ist, ist man auch nicht über den Gang der Dinge im Betrieb informiert. Alle Beschlüsse werden in den Parteigremien gefaßt. Ich wollte meine Forschung möglichst selbst lenken. Ohne Parteimitgliedschaft hätte ich aber niemals bestimmendes Organ sein können. Das wollte ich aber sein.
- Habt ihr das Gerät in den USA verkauft?

- Nein, die Sowjetunion gestattete es schließlich nicht, das Gerät an die Amerikaner zu verkaufen, da sie meinten, es handele sich um ein strategisch wichtiges Gerät.

- Was hat dir die Entwicklung des Gerätes eingebracht?

- Ich hatte ein Patent bei der Entwicklung des Gerätes angemeldet. Ich bekam 5000 Mark. Die Hälfte mußte ich bei der Scheidung abgeben. Aus dem angekündigten Kollektivnationalpreis wurde leider nichts.

- Ich habe dich immer für tüchtig gehalten, aber das übertrifft meine Erwartungen, sagte ich.

- Ja, bis zur Scheidung war ich sehr tüchtig.

- Wer hat sich scheiden lassen?

- Ich habe die Scheidung eingereicht, aber erst nachdem meine Frau einen neuen Freund hatte. Als ich die Maschine entwickelt habe, war ich oft tagelang nicht zu Hause, habe im Betrieb geschlafen, zwei Schichten gemacht, ich war viel im Ausland. Vielleicht lag es daran.

- Das kann ich mir gut vorstellen. Ich hätte jedoch gedacht, daß du dich niemals scheiden läßt. Du warst so zuverlässig.

- Ja, ich glaubte auch, daß man nur einmal heiratet. Mein Leben hat sich seitdem verändert. Ich bin sehr verbittert, denn meine Kinder habe ich dadurch auch verloren.

- Wieso?

- Sie leben in der neuen Familie. Meine Frau hat diesen Mann, der ursprünglich mein Freund war, geheiratet. Meine Söhne wollen sogar ihren Namen wechseln, damit es in der neuen Familie keine Namensdifferenzen gibt.

- Das ist nur in der DDR möglich. In anderen Ländern kann man den Namen des Stiefvaters nur durch Adoption annehmen.

- Das ist auch kein Trost. Ich fühle mich gescheitert, verunsichert.

- Du mußt noch einmal beginnen. Wie lebst du im Moment?

- Die Wohnung, die ich vom Betrieb bekommen hatte, behielt meine Frau bei der Scheidung. Sie behielt auch alles andere, sie war ausgesprochen geschäftstüchtig. Ich war unglücklich und habe ihr alles gegeben. Schließlich war es auch für die Kinder. Ich bekam eine Einraumwohnung vom Wohnungsamt zugewiesen, viel zu klein, ein Raum mit Naßzelle. Der Kühlschrank und der Fernseher sind noch vom Vorgänger. Ich zahle sie ab.

- Genügt dir das?
- Für eine Person steht in der DDR nur einen Raum zur Verfügung. Der Wohnraum ist bewirtschaftet.

Amboß oder Hammer

- Hast du niemals daran gedacht, die DDR zu verlassen?
- Niemals. Ich denke, mein angestammter Platz ist hier. Ich darf das in mich gesetzte Vertrauen nicht enttäuschen. Außerdem sind da noch die Kinder, die ich wiedersehen will. Natürlich ist jetzt alles anders, ich sehe sie nur noch selten.
- Warum hast du dich dann nicht getrennt?
- Ich hänge an meiner Arbeit. Kein Swimmingpool im Westen könnte mir meine Maschine ersetzen.
- Du übertreibst. Welche Maschinen dieser Art gibt es im Westen?
- Die Japaner haben meine Maschine sehr schnell nachgebaut.
- Also.
- Verstehst du nicht, ich denke, daß man im Westen immer nur gezwungen ist, dem Geld nachzujagen. In der DDR kann ich am Wochenende meinen entomologischen Ambitionen nachhängen.
- Im Westen könntest du dir eine Wohnung kaufen.
- Ich glaube, es gibt für einen DDR-Bürger zwei Wege, will er nicht Amboß, sondern Hammer sein. Den einen hast du beschritten, du bist aus der DDR weggegangen, den anderen ich.
- Du bist in die Partei eingetreten, um zur herrschenden Klasse zu gehören, sagte ich.
- Vermutlich hast du recht, aber ich bin wie Alexis Sorbas. Ich hänge an einem Strick, den ich nicht kappen kann. Ich habe noch 20 Jahre Zeit, Maschinen zu bauen. Vielleicht gelingt es mir noch, Anerkennung für meine Arbeit zu bekommen. Aber es geht nicht nur um die Anerkennung. Ich möchte auch etwas für mein Land tun.
- Was heißt dein Land? Wir sind zu Kriegsende als Deutsche geboren. Für mich ist Deutschland meine Heimat. "Meine Heimat DDR", in das Lied stimme ich nicht mit ein.
- Meine Familie stammt aus dem heutigen Polen. Wir wurden 1945 ausgewiesen. Mein Vater war ein sehr bestimmender Mann. Was er sagte, wurde in der Familie gemacht. Er hatte auch positive Erfahrungen mit seiner Autorität gemacht. Seine Truppe hat er

nach dem Krieg aus Rußland heimgerettet. Zu seinen Leuten sagte er, wenn sie mit ihm kämen, müßten sie machen, was er sage. Sie könnten aber auch bleiben, und alles anders machen. Er kam aus Rußland zurück. Meine Eltern haben mir den Weg zu einem eigenen Urteil so schwer wie möglich gemacht. Es hat sehr lange gedauert, bis ich selbständig wurde.

Einen gewissen Spott konnte ich mir nicht verkneifen:

- Du hast deine Einraumwohnung. Was machst du, wenn dein Auto kaputt ist?

- Vielleicht bekomme ich für meine Patente wieder Geld. Alle Patente, die ich machte, werden auch genützt. Wenn man 14 Jahre auf ein Auto warten muß, hat man auch Zeit, dafür zu sparen.

- Das klingt aber nicht sehr optimistisch.

- Optimistisch bin ich gar nicht. Die Menschen haben die Natur nicht verbessert.

- Wo liegt denn deiner Meinung nach unsere Zukunft?

- In der Urgemeinschaft, denke ich.

- Was die Urgemeinschaft betrifft, kann ich dir nur mit einem Zitat eines polnischen Intellektuellen dienen: Wir sind zu viele geworden für die Höhlen.

Gratwanderung

- Bist du eigentlich Reisekader? So werden doch die Leute in der DDR genannt, die dienstlich nach dem Westen reisen dürfen.

- Nicht mehr - seit ich geschieden bin. Ich mußte unterschreiben, keinerlei Kontakte zum Westen zu unterhalten. Unsere Forschung ist geheim. Allerdings nicht so geheim, wie in anderen Abteilungen unserer Firma. Diese Leute dort sind absolut abgeschottet, bekommen aber dafür 300 Mark mehr Gehalt pro Monat.

- Nicht gerade viel für einen doppelten Zaun.

- Ich fühle mich nicht eingeengt. Die Freiheit liegt in uns. Es gibt Leute, die stoßen immer an. Erweiterst du den Freiheitsgrad, so stoßen sie trotzdem bald wieder an.

- Was sagen die anderen Mitarbeiter dazu?

- Ich war schon immer VVS-verpflichtet. Die Mitarbeiter unserer Abteilung sollten unterschreiben, daß sie keine Kontakte zum Westen unterhalten würden. Da haben sich viele eine neue Stelle gesucht. Es fing mit einer Laborantin an. Sie sagte, es gebe außer unserem großen bekannten Betrieb auch noch andere Betriebe, wo man Geld verdienen könne. Danach gingen viele weg. Unsere Abteilung ist nur noch zu zwei Dritteln besetzt. Wir warten auf neue Mitarbeiter. Wir haben Förderverträge mit der Uni.

- Auch eine Abstimmung mit den Füßen.

- Du denkst nur *daran*. Ich war oft in der Sowjetunion. Ich habe in Dubna an geheimen Forschungsprojekten mitgearbeitet. Ich glaube nicht, daß man mich einfach gehen ließe. Du weißt, daß sie schon Leute aus dem Westen gekidnappt und zurückgeholt haben. Ein Offizier, den sie beim Abhauen erwischt haben, wurde wegen Spionage zum Tode verurteilt. Spionage könnte man mir auch leicht zur Last legen.

- Was könntest du verraten?

- Auch wenn ich nichts verraten könnte, man könnte es denken. Daß es nichts zu verraten gibt, das ist auch schon Verrat.

Übrigens, rufe mich bitte nicht im Dienst an, mein Telefon läuft mit Tonband und wird abgehört. Kontakte nach dem Westen sind strikt verboten. Wenn mich jemand aus Westdeutschland anruft, muß ich auflegen. Telefongespräche in den Ostblock muß ich genehmigen lassen. Mein Telefon ist nur theoretisch ein Außenanschluß, praktisch aber ein Innenanschluß.

Als ich von der letzten Moskaureise zurückkam, sagte mein Chef, ich solle mich ZZ-verpflichten.

- Was bedeutet das?

- Das bedeutet, daß man auf sämtliche Westkontakte in Zukunft verzichtet, also auch nie wieder nach dem Westen fahren wird, auch nicht dienstlich.

- Hast du das unterschrieben?

- Nein. Die Arbeit in einem solchen Betrieb, wie dem meinen, ist eine Gratwanderung. Würde man alle Vorschriften erfüllen, wäre man arbeitsunfähig. Als mein Elektronenmikroskop entwickelt wurde, war ich ständig gezwungen, die Vorschriften zu übertreten. Angefangen von banalen Dingen, wie der Übertretung der Vorschrift, daß niemand in meiner Arbeitsgruppe Urlaub nehmen dürfe, bevor nicht die Testung des Gerätes abgeschlossen sei, bis zur Übertretung von Sicherheitsbestimmungen, bis zur Brüskierung der Partei. Als der Bezirksvorsitzende der Partei unser Gerät anschauen wollte - das Gerät war damals eine echte Sensation -, habe ich dem Genossen von der Bezirksleitung nicht gestattet, uns zu stören.

Wenn du gerade etwas Wichtiges machst, kannst du dir das erlauben. Später erinnert man sich aber wieder daran. Hätte ich den Mitarbeitern keinen Urlaub gegeben, hätten sie nicht mehr mitgearbeitet. Man muß ständig abwägen. Es gibt so viele innerbetriebliche Vorschriften, daß man sie gar nicht alle einhalten kann. Das fängt damit an: Wenn man eine Minute zu spät zum Dienst kommt (also 7 Uhr 01), so wird einem von der Betriebssicherheit der Ausweis abgenommen. Will man länger arbeiten, braucht man eine Genehmigung.

- Sicher ist es nicht so einfach, euren Betrieb zu besuchen.

- Das ist unmöglich. Man braucht eine Sondergenehmigung.

- In der Hochschule, an der ich in der DDR angestellt war, war sogar das Telefonbuch geheim, das innerbetriebliche wohlgemerkt.

- Was wäre aus uns geworden, überlegte ich laut, wenn wir zusammengeblieben wären. Wäre ich deinen Weg gegangen oder du meinen? Wäre ich in der Partei oder du in Westdeutschland? Diese Frage ist nur in soweit zu beantworten, als daß ich niemals ein GENOSSE geworden wäre. Wir werden uns nicht wiedersehen. Du darfst keine Auslandskontakte haben. Der Kontakt zu deiner früheren Klassenkameradin wäre für dich zu kompromittierend.

Sind wir Freunde, die Feinde sein sollten, oder Feinde, die Freunde sind?

Das System

1988

Begegnung

Ich will dich mit einem Besucher aus der DDR bekannt machen, sagte mein Freund István in einem Budapester Rechenzentrum.

Der Bekannte von István war ein Mitarbeiter der Akademie der Wissenschaften in Berlin, unter dessen Leitung ein Umweltsimulationssystem entwickelt worden war, das der ungarische Staat gekauft hatte. Er war in Budapest, um dieses System an die in Budapest dafür zur Verfügung stehenden Rechner anzupassen.

Ich gab einem sympathisch aussehenden Mann die Hand und überlegte, woher ich ihn kennen könnte. Ich war ihm schon einmal begegnet.

Moskau! Wir kannten uns von Moskau. Er war Aspirant an einem Lehrstuhl der Lomonossow-Universität, als ich dort ein einjähriges Zusatzstudium absolvierte. Nun fiel mir auch der Name ein:

"Hilmar V.", sagte ich.

Er lächelte.

"Wir haben schon einmal eine Doktorarbeit zusammen geschrieben", sagte er.

Das hatte ich völlig vergessen. Es stimmte auch nicht ganz. Ein sowjetischer Mathematikprofessor hatte uns beauftragt, für einen erkrankten deutschen Aspiranten aus zwei seiner gerade fertiggestellten Veröffentlichungen eine Doktorarbeit zusammenzustellen. Wir mußten uns um die Herstellung der Skripte kümmern, die Druckerei einer Zeitschrift davon überzeugen, daß die vorliegenden Veröffentlichungen in endlicher Zeit erscheinen mußten, was eine Voraussetzung für die Verteidigung der Arbeit war, das Autorreferat für die Dissertation schreiben, die Verteidigung der Arbeit und die Promotionsfeier organisieren...

Nun erinnerte ich mich ganz deutlich daran. Die Druckerei war nur mit äußerster Energie, persönlichem Engagement und Geschenken zu überzeugen gewesen. Ich hatte das Autorreferat für den Koreferenten an die falsche Adresse geschickt, was mir eine Rüge des zuständigen Akademik (Akademik = höchste Rangstufe eines sowjetischen Wissenschaftlers) eintrug, genauer gesagt, er hatte mich durchs Telefon angebrüllt: "WY WINOWAT" (Sie sind schuld). Ich war sehr beschämt gewesen.

Sogar an die Promotionsfeier erinnere ich mich noch genau, vor allem wegen ihrer Langsamkeit. In einer sowjetischen Gaststätte zu essen war kein Vergnügen. Die Gäste wurden tischweise bedient, also zuerst ein Tisch, bis dort alle Gäste zufriedengestellt waren, alle Gänge des Menüs erhalten hatten, danach der nächste Tisch. Es konnte also gut sein, daß man zunächst erst einmal ein- bis zwei Stündchen wartete, ehe sich etwas tat, obwohl an Kellnern und vor allem Kellnerinnen kein Mangel herrschte. Die Produktivität der Kellner war ziemlich niedrig, das lag daran, daß man für's Arbeiten genausoviel wie für's Nichtarbeiten bekam.

Dabei fällt mir ein ungarischer Spruch aus dieser Zeit ein:
Solange sie nur so tun, als ob sie uns bezahlen würden, solange tun wir auch nur so, als ob wir arbeiten würden.

Ja, es stimmte, wir kannten uns, aber es kam mir vor, als wäre das in einem anderen Leben gewesen.

Die Lomonossow-Universität in Moskau

Zu der Zeit, als wir zusammen in Moskau gewesen waren - das war in den 60er Jahren -, hatte man noch keine speziellen Anforderungen an die Aspiranten gestellt - wie etwa Parteizugehörigkeit oder Westverwandtenfreiheit. Diese Kriterien wurden erst später eingeführt. Wir hielten uns weitgehend von der DDR-Botschaft fern und hatten bald einen großen Freundeskreis in der MGU (MGU = Moskauer Staatliche Universität namens Lomonossow, auch Lomonossow-Universität).

Natürlich gab es auch DDR-Deutsche, die der DDR-Botschaft Wohlverhalten demonstrierten. Wir machten es anders als die Russischlehrer aus der DDR, die hier ein halbjähriges Praktikum zu absolvieren hatten, immer in Gruppe ausgingen und Russen nur beim Unterricht trafen. Wir lebten mit den Ausländern und Einheimischen in der MGU. Auch mit Franzosen und Arabern sprachen wir Russisch. Ich erinnere mich an einen Araber, der jeden Abend zu einem anderen "Freundschaftsabend" ging und erklärte: Die Woche begann mit einem französischen Abend (und einer Französin) und endete mit einem englischen (und einer Amerikanerin). Dieser Araber war uns im Sprachenlernen natürlich weit überlegen. Unsere Treffen fanden in größerer Runde statt und vorwiegend mit Einheimischen.

Die MGU bot die besten Wohnverhältnisse für Studenten und Aspiranten in der gesamten Sowjetunion. Wer dagegen einmal in ein Leningrader Wohnheim geschaut hatte, der konnte erst recht die MGU schätzen. In Leningrad wohnten sechs bis acht Studenten in einem Zimmer, auch später wohnte sie noch zu viert, wenn sie schon Aspiranten waren. Über die sanitären Anlagen dort schweigen wir, sie waren äußerst dürftig.

An der MGU waren jeweils zwei Zimmer zu einer Wohung (Kwartira) vereinigt, zu dem noch eine Dusche, ein WC und ein Korridor gehörten. Die Zimmer waren etwa acht Quadratmeter groß. Es gab auch Wohnungen, in denen eines der Zimmer größer war. In diesen wurden vorzugsweise Zusatzstudenten aus dem westlichen Ausland untergebracht, sie wären normalerweise mindestens mit drei russischen Aspiranten belegt worden. Es gab Fälle, in denen in dem Achtquadratmeterzimmer, das einem russischen Aspiranten zustand, seine ganze Familie lebte, einschließlich der Großmutter, die auf das Kleinkind aufpassen mußte, wenn Sohn und Schwiegertochter studierten oder arbeiten gingen.

Um solchen Fällen Einhalt zu gebieten, gab es den "Propusk", den Uni-Ausweis, den man an den verschiedenen Pforten der MGU vorzuweisen hatte. Diese Pforten waren in den Seitenflügeln der MGU untergebracht, kleine Pförtnerhäuschen, quasi Schleusen, in denen dicke Frauen mit weißen Kopftüchern saßen, die auf das Vorweisen der Propuske (Ausweise) achtgaben und somit auch zu "Moralhütern" wurden, denn Freundinnen oder Freunde durften nicht eingeschleppt werden. Nun gab es natürlich die vielfältigsten Methoden, diese Hüterinnen zu umgehen, zu hintergehen oder zu bestechen, so daß am Schluß doch dasselbe herauskam: Jeder, der in die Uni wolllte, schaffte es auch.

Als ich es endlich zu einem Quartier (Kwartira) in der Uni gebracht hatte, wohnte ich mit einer Mechanikaspirantin zusammen, die nur manchmal Verwandte bei sich unterbrachte.

Einige Male im Jahr gab es den *Sanitarni djen* (Hygienetag) im Wohnheim der Universität. Da wurden die *Tarakani* (Küchenschaben) und anderes Ungeziefer vergast. Das Parkett wurde maschinell mit rotierenden Drahtbürsten aufgeraut und mit gelber Lauge übergossen, die dann Pfützen in den Parkettvertiefungen bildete. Hier zeigte sich - wie auch an anderen Stellen - die mangelnde Erziehung zur Sorgfalt und zur Werterhaltung.

Walja

Am besten erinnere ich mich an Walja: eine dreißigjährige Juristin, dafür eingesetzt, auf die Deutschen an der MGU aufzupassen. Aber das wußte jeder. Walja war ganz sympathisch, und wir rätselten, was sie wohl in ihren Berichten schrieb. Walja hatte den Vorteil, daß sie nur Russisch konnte. Sie konnte zum einen nicht alles verstehen, was wir sagten, und zum anderen konnten wir mit ihr nur russisch sprechen und erlernten so die Sprache. Walja hatte meistens einen deutschen Freund. Das wechselte. Bevor ich kam, war es ein Berliner gewesen, der später an der Humboldt-Universität Professor wurde.

Eines der ersten russischen Worte, das ich intensiv lernte, war Bügeleisen, weil sofort nach meiner Ankunft mehrere Personen mein Bügeleisen ausleihen wollten. Walja war auch ein Genie im Borgen, besonders, wenn jemand auf Urlaub fuhr. Dann borgte sie sich die betreffende *Kwartira* und feierte fröhliche Feste.

Walja wohnte zu Hause mit ihren Eltern und ihrer Schwester in einer Dreizimmerwohnung, was für Moskauer Verhältnisse als gut galt. Diese Wohnung war zwar wie alle Mokauer Wohnungen zusammengeschludert, d.h. es gab keine Türschwellen, die Türen schlossen schlecht, und mit der Ausführung der gesamten Technik lag es im Argen. Das bedeutete aber nicht, daß wir Walja nicht gern auch einmal besucht hätten. Wir wurden von ihr und ihrer Familie mit sprichwörtlicher russischer Gastfreundschaft aufgenommen. Von unserem Abschiedsessen bei Walja habe ich den Verdacht, daß es ein ganzes Monatsgehalt gekostet hatte.

Waljas Eltern waren reizend. Ihr Vater machte jeden Sonntag ausgedehnte Wanderungen durch die großen Birkenwälder in der Umgebung (Prigorod) von Moskau, wobei man unter "Prigorod" ein Gebiet versteht, das etwa so groß ist wie die DDR, und sammelte Pilze. Pilzesammeln ist eine Leidenschaft der Moskauer und Pilzeinlegen auch. Bei Walja bekamen wir bei jedem Besuch sauer eingelegte Pilze angeboten, die ich in dieser Art nirgendwo anders gegessen habe. Einmal gab es auch Karpfen in Aspik, was höheres Organisationstalent voraussetzte, viel Wodka - mit dem auch das Essen eingeleitet wurde -, zu jedem Gläschen gab es einen Trinkspruch. Eine russische Einladung besteht aus Essen, Trinken, Trinksprüchen und Heimgehen. Man ißt und trinkt, solange man zu Gast ist. Obwohl die Ernährungslage in Moskau sehr schwierig war, bogen sich die Tische, wenn wir bei russischen Freunden eingeladen waren. Sie sparten zuvor, um uns bewirten zu können.

Waljas Liebe zu den Deutschen war zu groß, eines Tages kostete sie das ihre Arbeitsstelle. Die Berichte waren wohl zu geschönt gewesen. Sie flog raus, gammelte in der MGU herum, lebte vom An- und Verkauf deutscher Waren, womit sie mehr Geld verdiente als mit "ehrlicher" Arbeit beim KGB.

An Walja erinnert mich noch ein Ring. Sie bekam ihn von einem ihrer Verehrer und verkaufte ihn mir für 200 Rubel. Ich gab ihr zusätzlich einen westdeutschen Münzring mit dem eingeprägten Bild der Nofretete. Dieser Ring war für Walja eine Sensation, allerdings war der russische Brilliantring weitaus besser gearbeitet als der westdeutsche. Die Goldschnörkel zerbrachen, da Walja den Ring auch beim Waschen nicht ablegte, und die Münze fiel heraus.

Wir sind damals viel gereist. An eine Fahrt mit Walja über's Land erinnere ich mich noch genau. Ohne sie wäre diese Fahrt nicht möglich gewesen, denn ein Ausländer mußte sich alle Fahrten außerhalb Moskaus von der Ausländerbehörde genehmigen lassen, - und wer diese kannte, weiß, daß sie mehr zum Verhindern von Reisen als zum Genehmigen da war. Es gab auch einige gesperrte Städte (wie Gorki), in die Ausländer nicht reisen durften, aber dahin zog es mich gar nicht. Ich wollte nur einfach einmal aufs Land reisen.

Tarusa an der Oka

Walja hatte Verwandte in Tarusa, einem kleinen Dörfchen an der Oka. Die Oka ist ein Nebenfluß der Wolga, - und dahin fuhren wir zunächst. Walja kaufte die Busfahrkarten und warnte mich, ja nicht während der Fahrt im Bus zu sprechen, denn man würde an meiner Aussprache sofort erkennnen, daß ich eine Ausländerin sei, - und Ausländer im Überlandbus, das ginge nicht.

Wenn ich etwas gefragt wurde, antwortete Walja für mich, und ich spielte die Stumme. Walja hatte sehr viel Temperament, sie blieb keine Antwort schuldig, sie war teilweise sogar ungehalten fröhlich.

Die Umgebung Moskaus war nicht durch ein dichtes Straßennetz gekennzeichnet. Es gab ja auch nicht so viele Privatautos auf dem Lande, und schließlich reicht eine Straße zum Verbinden zweier Ansiedelungen, und diese muß auch nicht besonders komfortabel sein. Man konnte weit auf einer solchen Straße fahren, ehe man wieder auf ein Dorf traf. Nach langer Zeit wurde auch in einem solchen Dorf Pause gemacht. Die Toiletten für die Busreisenden bestanden aus mehreren Löchern nebeneinander, natürlich nach Geschlechtern getrennt, aber ansonsten ohne Zwischenwände.

Wir erreichten Tarusa, ein typisch russisches Dörfchen, bestehend aus Holzhäusern, zwischen Birken und Grashügeln. Ich erinnere mich noch an die endlosen Grashügel in den russischen Dörfern und meinen Wunsch, sie alle hinunterzulaufen. Tarusa war allerdings ein etwas prominenteres Dörfchen als die übrigen, weil dort neben anderen Swjatoslav Richter eine Datscha hatte. Obwohl ihm nachgesagt wurde, daß er ausländische Gäste durchaus als Zuhörer beim "Üben" gelten ließ, besuchten wir doch nur Waljas Verwandte, was ich jetzt sehr bedaure.

Die Eltern der Familie waren Lehrer. Alles hatte seine Ordnung in Haus und Hof. Am meisten erstaunte mich der zentrale Ofen in dem Holzhäuschen, der von allen Zimmern erreichbar und begehbar war. Im Winter schliefen die Bewohner auch wirklich auf dem Ofen, das war einfach die wärmste Stelle im Haus.

Das Gemüse beschränkte sich in Moskau auf *Ogurzi* = Gurken, auf dem Land auf Eigenanbau, denn Gemüse gab es überhaupt nicht zu kaufen. Waljas Verwandte bauten also Tomaten und Gurken im Garten an. Die Zubereitung war ganz einfach und allgemein so üblich: Die Gurken oder Tomaten wurden in Scheiben geschnitten und mit saurer Sahne (die gab es zu kaufen) übergossen. Das schmeckte.

Vom "echten" russischen Tee war ich sehr enttäuscht. Er bestand aus Sowarka (einem Teekonzentrat), das in einer kleinen Kanne auf dem Samowar stand, und mit kochendem Wasser aus dem Samowar aufgefüllt wurde. Der russische Tee enthält keine Bitterstoffe und kann deshalb auf diese Weise zubereitet werden. Ich war gewöhnt, sehr starken Tee zu trinken, und so wäre der Sowarka unverdünnt gerade für mich richtig gewesen.

Bei Waljas Verwandten genoß man alles in Maßen, - und der Lehrer, der unter Stalin im Lager (Gulag) gesessen hatte, erzählte nie etwas von sich. Er war ein schweigsamer Mann. Nur seine Frau erzählte, daß er viele Jahre in Stalins Lagern verbracht habe und seitdem schweige.

Eine Wasserleitung gab es nicht, aber einen Behälter mit Hahn, aus dem Wasser tröpfelte. *So* konnte man sich auch die Hände waschen. Die Gastgeber fragten immerfort, ob ich nicht *ustalni* - ermüdet - sei und waren sehr besorgt. Ich war aber gar nicht ermüdet und ging mit Walja an die Oka zum Schwimmen.

Wir kamen an einem Friedhof vorbei, der mich auch sehr interessierte. Um jedes Grab wurde auf dem Dorffriedhof ein Gartenzaun errichtet. Das sah sehr komisch aus. Es gab auch Bänke und Tische bei den Verstorbenen - zum Verweilen und Picknick machen.

Die Oka ist ein breiter Fluß mit großen Sandbänken, in dem man herrlich schwimmen kann. Wir entschlossen uns am Ende unseres Aufenthaltes, mit dem Schiff zurückzufahren und später in eine Elektritschka umzusteigen. Die Elektritschkas sind Vorortbahnen von Moskau und haben eine Reichweite von 200 km.

Die Elektritschkas

In den Elektritschkas ging es im allgemeinen ganz fröhlich zu. Die Moskauer beginnen und beenden in ihnen ihre Ausflüge in die weitere Umgebung der Stadt. In ihnen und in den U-Bahnen konnte man die unterschiedlichsten Menschen studieren, im Winter fielen besonders die Kinder auf, die von ihren Müttern in dicke Mäntel gezwängt wurden, in Schals und Tücher gehüllt waren, so daß man den Eindruck hatte, die Kinder könnten eher ersticken als erfrieren. In der Elektritschka wurden alle Produkte transportiert, die auf dem Land geerntet worden waren. Teilweise war kein Durchkommen in den Wagen.

Jasnaja Poljana

Mit der Elektritschka konnte man auch Jasnaja Poljana, den Landsitz von Tolstoi erreichen, wenn man zuerst die Moskauer und danach die Tulaer Vorortbahn benutzte. So erwiesen wir auch einmal Tolstoi unsere Reverenz und staunten über sein riesiges Anwesen, das er nur reitend durchmessen konnte. Vergleichsweise klein war sein Wohnhaus aus Holz. Selbstgefertigte Schuhe zeugen noch heute von seiner Ideologie. Er lebte zeitweise wie ein Bauer und gab seinen Leibeigenen die Freiheit.

Das Kloster Sagorsk

Ich erinnere mich an vernagelte russische Kirchen und an diejenigen, die noch "arbeiteten", wie man im Russischen sagte, d.h. "in Betrieb" waren, und an eine österliche Fahrt ins Kloster Sagorsk, wo ich nur mit Mühe dem Strom der Masse entgehen konnte, die sich drängte, das Kreuz des Propheten zu küssen. Dort sah ich auch, daß das "heilige" Wasser aus einem ganz irdischen Wasserhahn hinter einem Kreuz hervorquoll.

Noch heute bin ich erstaunt darüber, daß die russischen Kirchen so klein sind (man muß in ihnen stehen) und sich die russische Geschichte vor der Revolution (Zarenkrönungen, sogar Zarenmorde) auf so kleinem Raum abgespielt hat.

Die musikalische Kultur

Unvergleichlich war in Moskau zu dieser Zeit die musikalische Kultur.

David Oistrach spielte gern vor Studenten der Lomonossow-Universität. Dort reichten ihm die Studenten nach dem Konzert nicht etwa Blumen, sondern Zettel, auf denen stand, was sie noch gern hören würden. Das spielte Oistrach dann auch.

Swjatoslaw Richter hatte eine besondere Aureole, auch in Moskau. Karten für seine Konzerte wurden meist nur im Pack verkauft: eine Karte Richter und eine Karte Volklore-Ensemble gemeinsam. So kam ich auch zu einer Karte für die Erstaufführung eines Britten-Konzertes für die UdSSR, und noch heute ist mir diese Aufführung im Moskauer Konservatorium als außergewöhnliches Erlebnis in Erinnerung. Richter bekam als Dank keine Zettel, sondern einen riesigen Korb Maiglöckchen, - und wer weiß, daß eine Nelke auf dem Rynok (freien Markt) sechs Rubel kostete, kann allein an diesem Korb Maiglöckchen den Grad der Verehrung ermessen, den Swjatoslaw Richter in Moskau genoß.

Mittelasien

"Einmal waren wir zusammen in Mittelasien", riß mich Hilmar aus meinen Erinnerungen.

"Ja", sagte ich, "mit einer Gruppe ungarischer Aspiranten, die per Aushang in der MGU noch einige Leute zum Mitfahren suchten. Ich las den Anschlag und meldete mich gegen 24 Uhr bei einem Ungarn zum Mitfahren, was dieser ganz in Ordnung fand".

"24 Uhr war eine normale Zeit in der Uni, da konnte man noch jeden besuchen. Dafür gab es aber keine Vorlesung, die vor 9 Uhr begann."

"Die Reise nach Mittelasien war beeindruckend. Ich erinnere mich besonders an die Medresen und Moscheen mit ihren glasierten Ziegeln und Mosaiken in Samarkand, in Buchara an das Kaljan-Minarett, das auch als Leuchtturm für Karawanen diente, an die Zitadelle, die Zwingburg früherer Herrscher und den Sommerpalast des Emirs, der seiner auserkorenen Schönen als Zeichen seiner Wahl (für eine Nacht) einen Apfel zukommen ließ."

"In Buchara habe ich viele Dias im alten Teil der Stadt gemacht, Lehmbauten im Wüstensand, Gevierte, von einer Lehmmauer sorgsam nach außen abgeschlossen, in dessen Hof sich das eigentliche mittelasiatische Leben abspielte, in abenteuerlicher Weise erinnerten dabei Strommasten an die Neuzeit. In Buchara besuchten wir das Grab des Neffen Mohammeds und das erste 'Observatorium' Ulug Begs."

"Alte Usbeken auf Eseln mit ihren Kappen, die sie vor der Sonne schützen sollten, Frauen in bunten Einheitskleidern, die ganz im Kontrast zu der Eintönigkeit der Umgebung, der Wüste, standen, und neugierige Kinder in seltsamen Schuhen, von denen man auf die Vielzahl der Geschwister schließen konnte, die diese Schuhe schon vorher getragen hatten."

Als Nichtrussen waren wir sehr begehrte Gesprächspartner für die Usbeken gewesen, die zunächst nach unserer Herkunft fragten: "Otkuda wy?", und die dann die Geschichte ihrer Unterdrückung, vom Zaren bis zum Sowjetreich, zur Diskussion stellten. Man hatte schon damals den Eindruck, daß sich dieses Volk nicht ewig unterdrücken lassen würde.

"In der Stadt Chiwa waren wir nicht", erinnerte sich Hilmar, "da herrschte gerade die Cholera."

Kara Kum

"Wir sind nicht mit Euch zurückgeflogen über den damals noch sichtbar vorhandenen Aralsee, der nun austrocknet infolge der Baumwollbewässerung, die ein altes sowjetischen Projekt ist", fuhr er fort, "sondern zu viert noch an den heißesten Punkt des großen Reiches in der Wüste Kara Kum gefahren. Dieses Abenteuer kam uns teuer zu stehen, denn man konnte zwar mit dem Zug von Taschkent dorthin gelangen, also auf einer Bahnstation in der Nähe dieses Ortes aussteigen, aber nicht wieder zurückfahren, da es auf dieser Bahnstation keine Fahrkarten zu kaufen gab. Jeder Platz war ein Schlafwagenplatz und nicht für so kurze Strecken von 30 Stunden gedacht."

"Offensichtlich habt ihr es aber irgendwie geschafft", lachte ich.

"Ja, zunächst haben wir uns angesehen, was seit Anfang des Jahrtausends zerstört inmitten dieser Wüste herumliegt. Von Alexander dem Großen gegründet, war dieser Platz ja früher ein wichtiger Handelsknotenpunkt gewesen, der später von Dschingis-Chan zerstört wurde.

Wir gingen, ohne an den Rückweg zu denken los. 50 Grad im Schatten, welcher Europäer kann sich das vorstellen! Es fehlte nicht viel, und wir wären für immer in der Wüste geblieben, denn es erwies sich als sehr schwierig, von der Bahnstation, auf der wir angekommen waren, wieder zurückzufahren.

Wir lagerten vor dem Bahnhof im Wüstensand. Dieser Sand ist keine feste Masse, durch den Wüstensturm aufgewirbelt, behindert er das Atmen. Einmal am Tag kam ein Zug, mit dem wir mitzufahren versuchten. Aber die Schaffner ließen uns nicht einsteigen, da wir keine Fahrkarte hatten. Erst nach zwei Tagen gelang es zwei von uns, einen Schlafwagenschaffner beiseite zu drängen und mitzufahren."

"Diese Art des Reisens kann ich mir gut vorstellen", sagte ich. "In Samarkand rannten wir über den Flugplatz, um einen Platz im Flugzeug zu bekommen, obwohl wir Flugkarten hatten. Das Flugzeug war völlig überfüllt, denn es war das einzig nutzbare Verkehrsmittel, wenn man nicht direkt durch die Wüste reisen wollte. Die Usbeken saßen im Flugzeug nach Buchara mit großen Einkaufsnetzen auf dem Schoß, alle Gänge im Flugzeug waren mit Taschen von Großeinkäufen verstellt. Aber selbst beim Flug von Leningrad nach Tallin erlebte ich, daß der Pilot die Fahrgäste unter einer Masse von Andrängenden auf dem Leningrader Flughafen auswählte. Ich hatte Glück, er nahm mich mit. Das lag wohl an meinem deutschen Aussehen."

"Ich hatte also mit einem Freund in dem Wüstenort zurückbleiben müssen", erzählte Hilmar weiter. "Wir konnten nirgendwohin gehen, in keine Unterkunft, obwohl wir genügend Geld hatten. Man hätte uns sofort verhaftet, weil wir keine Erlaubnis hatten, an diesen Ort zu reisen."

"Ja, ich weiß" sagte ich. "Für jede Fahrt brauchte man eine Erlaubnis von der Ausländerbehörde in der Lomonossow-Universität, - und eine solche Erlaubnis von Iwan Pawlowitsch zu bekommen, das war harte Arbeit, denn ER arbeitete nicht. Erst wenn es für ihn anstrengender wurde, die Reise abzuwehren als zu genehmigen, erteilte er die Erlaubnis."

"Für die Wüste Kara Kum hätte er niemals eine Erlaubnis erteilt. Sie war ein 'geschlossenes Gebiet', für Ausländer gesperrt. Schon für nicht geschlossene Gebiete war es schwierig, eine Reiseerlaubnis zu erhalten.

Also, wir wagten uns dort nicht, irgendwohin zu gehen. Der Wüstensand war uns doch lieber als das Gefängnis."

"Wie seid ihr denn zurückgekommen?"

"Wir hatten Glück. Alle drei Wochen kam ein "Lumpensammler", der nahm alle Leute mit, die mitfahren wollten. Mit diesem Zug konnte die ansässige Bevölkerung reisen. Es war der dritte Tag, den wir vor dem Bahnhof verbracht hatten. Noch 36 Stunden bis Taschkent, dann waren wir gerettet! Was Wasser und eine Dusche bedeuten, weiß ich erst seitdem."

"Später haben wir nie wieder solche Experimente gemacht."

"Später wohntest du auch in der DDR."

Software

"Hast du gleich nach Beendigung deiner Aspirantur in Moskau an der Akademie in Berlin angefangen zu arbeiten?" fragte ich Hilmar.

"Nein, zunächst war ich neun Jahre dazu verurteilt, nicht zu denken. Ich nützte die Tatsache, in Moskau bei einem berühmten Physiker promoviert zu haben, nicht aus. Ich war auch kein Parteimitglied und wurde, ganz im Gegensatz zu dem *Ku-Fu* (Kultur-funktionär der DDR-Landsmannschaft an der MGU) nichts.

Wegen der einseitig durchlässigen Mauer - alle meine Verwandten wohnten in Westberlin - hatte ich mich für Berlin entschieden. Ich bekam eine Anstellung in einer Rechentechnikfirma.

Ich arbeitete dort, ohne eigentlich arbeiten zu dürfen. Für einen denkenden Menschen ist es das Schlimmste, nicht denken zu dürfen. Und man hatte von 7 Uhr 30 bis 16 Uhr 30 anwesend zu sein.

Das sah so aus: 9 Jahre Programmiereinarbeitung. Darunter verstand man das Abschreiben von IBM-Programmen, und zwar so, daß anschließend nicht mehr erkennbar war, woher die Programme kamen. Textausgaben abändern, übersetzen. Das konnte jede Hausfrau."

"Du übertreibst", sagte ich.

"Zweimal habe ich Fehler in Programmen entdeckt und die Programme abgeändert", fuhr er fort. "Weißt du, was man von mir verlangt hat? Ich solle die Fehler wieder hineinmachen. IBM-Programme sind heilig."

"Intelligenz war dort offenbar unerwünscht."

"Witzig war es bei uns schon, wenn man das so auffaßt", sagte Hilmar. "Wir hatten nur wenige IBM-PCs. Die meisten hatten aber kein IBM-Schild, sondern das IBM-Schild wurde durch ein Robotronschild abgedeckt."

"Eigentlich", setzte er beruhigend hinzu, "waren diese IBM-Geräte ja meistens auch nur nachgebaute Computer, aus Hong-Kong oder so."

"Ich hatte einen IBM-PC im Zimmer", erzählte Hilmar. Deshalb mußte unser Zimmer ständig abgeschlossen sein. Niemand sollte den IBM-PC sehen. Die Türklinke wurde sogar abmontiert, damit niemand unerlaubterweise hereinkommen konnte. Wenn wir Software brauchten, wurde ein Kollege zum Softwareklauen nach Ungarn geschickt. Die ungarischen Computerspezialisten hatten gute Verbindungen nach den USA, außerdem durften sie reisen. Softwareklauen war nichts besonderes im Ostblock.

Es ging uns immerhin besser als dem russischen Kollegen, der auf die Frage, warum er während seines Gastaufenthaltes keine Software kopiere, sagte, das sei sinnlos, da sie an der Universität in Rostow am Don gar keine PCs hätten."

Das Simulationssystem

"Später", berichtete Hilmar weiter, "wurde ich an einem Forschungsinstitut der Akademie angestellt. Meine Chance kam durch den Parteitag. Da wurde festgelegt, die Akademie der Wissenschaften solle rechentechnisch durchdrungen werden. Mehr Anwendung, mehr Praxis. Es gelang mir, als Rechentechniker in einem Forschungsinstitut angestellt zu werden. Obwohl ich mich wehrte, als solcher betrachtet zu werden, fand ich endlich in dieser Position das richtige Arbeitsgebiet.

In unserem Institut gab es ein Kollektiv von Biologen, Physikern und Mathematikern, das die Idee hatte, die Ökologie, die seit der Berichte des Club of Rome im Gespräch war, zu simulieren, also ein Simulationssystem zu entwickeln.

Alles, was man einmal getan hat, wirkt sich später an irgendeiner Stelle aus. Ich hatte in meinem früheren Rechentechnikbetrieb viel gelesen, von früh bis abends unverschämt viel gelesen, nicht nur Physik und Mathematik, auch allgemeine Naturwissenschaften und Philosophie. Mein Wissen hatte sich in neun Jahren des Lesens ungeheuer erweitert. So war ich in der Lage, die Gedanken der verschiedenen Wissenschaftler in meinem Institut zu ordnen, sie zu koordinieren und zusammenzufassen. Wir entwickelten ein Umweltsimulationssystem, basierend auf automatentheoretischen Grundlagen, in das die Ergebnisse der verschiedenen Wissenschaftsdisziplinen eingingen.

Mit unserem System kann die Lebensentwicklung bestimmter Gruppen simuliert werden. Es ist zum Beispiel möglich, auszurechnen, wie sich die Populationen bei Tieren verschieben, wenn sich die äußeren Umstände ändern. Man kann sagen, welche Auswirkungen eine Temperaturerhöhung um ein Grad auf das Leben dieser Tiere haben würde.

Aber nicht nur das kann simuliert werden. Das System gestattet auch Voraussagen darüber, wie sich die Umwelt durch Abholzen bestimmter Waldflächen verändern würde oder wie sich die Ernten verändern würden, wenn sich die äußeren Faktoren ändern."

"Ein erstaunliches System", sagte ich.

"Ja, es war ein unbeschreibliches Glück für mich, daß ich diese Anstellung in dem Forschungsinstitut bekam und endlich wieder denken durfte", sagte Hilmar.

"Weshalb bist du in Ungarn?", fragte ich.

"Unser System war ganz erfolgreich. Verschiedene Länder interessierten sich dafür. Ungarn hat das System gekauft. Ich bin hier, um die Software an die computermäßigen Gegebenheiten anzupassen. Das ist viel Arbeit."

"Hast du dich schon in Budapest umgesehen?", fragte ich Hilmar.

"Nein", sagte er, "ich möchte mit der Arbeit fertig werden. Ich habe schon viel Zeit verloren."

"Wieso hast du Zeit verloren?"

"Diese Geschichte erzähle ich nicht gern", sagte Hilmar, "aber vielleicht habe ich die Angelegenheit schon überwunden, so daß ich wieder darüber sprechen kann."

Reiseverbot

"Ich hatte ein halbes Jahr Reiseverbot." erklärte er.

"Nach Ungarn ?"

"Nein, ein generelles Reiseverbot. Das kam so: Ich nahm von einer Dienstreise nach Ungarn (ich bin nicht zum ersten Male hier) zwei Ausgaben der *Süddeutschen Zeitung* auf die Reise mit nach Hause. An der Grenze mußte ich den Koffer öffnen. Der Grenzgenosse durchwühlte ihn."

"Was haben Sie denn da", sagte er genüßlich, als er die zwei *Süddeutschen* fand.

"Ich war schon etwas mit den Nerven herunter nach meiner anstrengenden Arbeit in Budapest, so daß ich die Sache nicht so gelassen hinnahm, wie ich es hätte tun müssen. Wir kamen ins Diskutieren. Ich fragte den Grenzgenossen schließlich, ob er denn hinter dem stehe, was er mache. Nun, das war zu viel für den Mann vom Zoll. Nicht nur, daß er die Zeitungen und meine Personalien festhielt und alles den üblichen Dienstweg ging, nein, es handelte sich hier um etwas viel Schlimmeres.

Die Zollverwaltung schickte einen Brief an den Akademiepräsidenten mit der Bitte, Maßnahmen zu ergreifen. Laut Gesetzbuch konnte mich der Zoll nicht belangen. Die Strafmaßnahme erfolgte auf der Arbeitsstelle. Hier wurde nun die Tatsache, daß ich von einer Dienstreise zwei Westzeitungen mitgebracht hatte, hochgespielt."

"In Berlin sieht doch jeder Westfernsehen", sagte ich, "und deine Zeitungen waren von gestern."

"Das denkt der normale Mensch", sagte Hilmar, "aber nicht die Zollverwaltung. Und der Akademiepräsident durfte nicht normal denken.

Nun ging die Sache ihren Dienstweg nach unten. Der Akademiepräsident schrieb an den Rand des Schreibens vom Zoll: 'Maßnahme ergreifen'. Die nächstuntergeordnete Stelle schrieb an den Rand: 'Maßnahme ergreifen', - und so setzte es sich nach unten fort, bis der Brief bei meinem unmittelbaren Chef ankam. Der mußte nun tatsächlich eine Maßnahme ergreifen.

Er bestellte mich zu sich. Im Kollektiv wurde mit mir diskutiert, wobei ich mich besonders daran erinnere, wie die Herren dastanden, die Achseln hoben, sie mit einem Seufzer wieder fallen ließen und dabei ausstießen: 'Zeitungen - wie kann man nur, Zeitungen - wie kann man nur'."

Ich bekam ein halbes Jahr Reiseverbot. Das heißt, ich durfte nicht nach Ungarn fahren, um das Simulationssystem zu übergeben und an die ungarischen Gegebenheiten anzupassen. Da außer mir aber niemand das System zusammenfassend überblickte, konnte mich auch niemand vertreten. So ruhte die Übergabe des Systems. Erschwerend kam hinzu, daß unser Forschungsinstitut nicht direkt mit dem Ausland zusammenarbeiten durfte, und ich somit von einer Außenhandelsfirma der DDR, die mit der ungarischen Außenhandelsfirma Tesco zusammenarbeitete, für diese Arbeit nach Ungarn vermittelt worden war.

Nun gab es aber Verträge zwischen der betreffenden DDR-Außenhandelsfirma und der Firma Tesco in Ungarn, in denen die zeitmäßige Abwicklung der Arbeit festgelegt war. Die Außenhandelsfirma der DDR konnte ihren Jahresplan nicht erfüllen, weil ich nicht nach Ungarn fahren durfte. Schließlich ging es bei diesem Projekt um einige Millionen Forint. Das Schlimmste aber war, daß die Außenhandelsfirma der DDR die von mir zu erwirtschaftenden Mittel bereits verplant hatte. Die ungarische Firma drohte mit einer Vertragsstrafe.

Die DDR-Außenhandelsfirma rannte der Akademie das Haus ein. Man solle mich nach Ungarn reisen lassen. Nach fünf Monaten, das war im Dezember letzten Jahres, bekam ich die Reiseerlaubnis.

Man dachte, ich könne die Vertragsstrafe am Jahresende noch abwenden."

"Hättest du es nicht ablehnen sollen? Du hättest doch sagen können, daß du deine Strafe in voller Länge abbüßen möchtest."

"Ja, daran habe ich auch gedacht. Aber es ging ja um mein System, und ich wollte mit der Arbeit fertig werden."

"Was bekommst du dafür?"

"Wenn du das finanziell meinst: mein übliches Gehalt an der Akademie, das nicht allzu hoch ist, und einen Reisespesensatz in Ungarn, der zu niedrig ist, um dafür das Essen zu kaufen. Bei der letzten Reise wurden die Reisemittel (Forint) sogar nachträglich noch gekürzt, und ich sollte Forint zurückzahlen. Aber man muß ja nicht immer zu Mittag essen, ein paar Tage geht es auch einmal ohne", sagte Hilmar.

Essenmarken für Einstein

An dieser Stelle des Gesprächs erinnerte ich mich an einen Stapel von Ibusz-Essenkarten, die ich zu Hause liegen hatte, und die auf seltsame Weise in meinen Besitz gekommen waren.

Im letzten Sommer war ein sowjetischer Mathematiker auf einer der vielen in Budapest stattfindenden Tagungen gewesen. Er war von seiner Tagungsleitung mit Essenmarken des Budapester Reisebüros (Ibusz) ausgestattet worden. Er hatte kein Bargeld bekommen, jedoch eine Liste von Wünschen seiner Familie im Gepäck. So bot er die Essenmarken von Ibusz, die in vielen Budapester Gaststätten gültig waren, zum Verkauf an. Ein Ungar, der viele Jahre in Moskau studiert hatte, kaufte ihm die Essenmarken aus Gutmütigkeit ab. Da er sie selbst aber nicht verwerten konnte, verschenkte er sie schließlich an meine Kinder.

"Stopft euch voll, Kinder", sagte er, was sie auch taten. Jedes Menü endete mit einem Stück Schokoladentorte.

Von diesem Essenmarkenstapel bot ich nun Hilmar einige an. Ich kam mir vor, als hätte ich Essenmarken an Einstein verschenkt.

Hilmar bedankte sich.

"Als ich in Ungarn arbeitete, gab es gerade an der Akademie eine Gehaltserhöhungsrunde", sagte er, "mich hat man wie üblich nicht berücksichtigt, aber das hatte auch noch eine andere Bewandnis."

"Gibt es noch mehr solcher Geschichten?", fragte ich.

Antrag auf eine Besuchsreise

"Nur noch die eine: Ich wollte zur Silberhochzeit meiner Schwester nach Westberlin fahren - und, obwohl man es mir an der Akademie nahelegte, zog ich meinen Antrag auf die Besuchsreise nicht zurück. Ich bestand auf meinen Rechten, die sich aus dem Grundlagenvertrag zwischen der DDR und der BRD ableiten ließen und verlangte eine schriftliche Ablehnung, falls ich nicht reisen dürfte.

Nun, diese Leute legen sich nicht gern schriftlich fest. Ich war aber standhaft, denn ich hatte meine Schwester seit 1957, seit sie aus der DDR weggegangen war, nicht mehr gesehen."

"Was passierte danach ?"

"Ich war für mehrere Jahre *persona non grata* in unserem Institut. Ich wurde bei Gehaltserhöhungen nicht mehr berücksichtigt. Dienstreisen wurden abgelehnt. In dieser Zeit beschäftigte ich mich ausschließlich mit dem Simulationssystem und war froh, daß ich wenigstens denken durfte."

Als das Simulationssystem bekannt wurde, erinnerte man sich an Hilmar. Auch China war sehr an dem System interessiert. Eine Dienstreise nach China wurde Hilmar aber abgelehnt.

Er wurde auch nicht VVS-(= Vertrauliche Verschlußsache)verpflichtet. Das wirkte sich nun so aus: Wenn das Umweltinstitut aus Cottbus, das Umweltdaten aus der DDR sammelte, nach Berlin kam, um diese Daten in das Simulationssystem einzugeben, mußte Hilmar den Raum verlassen, da diese Daten geheim waren. Bevor er aber den Raum verließ, mußte er den Kollegen aus Cottbus erst einmal die Handhabung der Dateneingabe erklären (Bei den Daten drehte es sich meistens um Emissionsmessungen, die streng geheim gehalten wurden).

Hilmar, der sich selbst als Spätzünder im besten Alter bezeichnete, führte die Geheimhaltung in der DDR ad absurdum.

Als ich ihn ein halbes Jahr später wieder traf, fragte ich ihn, ob er noch immer aus dem Zimmer hinausgehen müsse, wenn die DDR-Umweltdaten eingegeben würden.

"Natürlich", antwortete er. "Die Umweltdaten sind immer noch geheim, ich bin immer noch nicht in der Partei. Ich bin immer noch ein innerer Emigrant. Nichts hat sich geändert."

Wasserhahnstory

Zum Abschied erzählte er mir eine letzte Geschichte, die Wasserhahnstory, denn ein Wasserhahn sei im Sozialismus ein ernstes Problem, mit dem man sich herumschlagen müsse und das viel Zeit koste, die anderswo für wichtigere Arbeit verwendet werden könnte. (An der Technischen Universität Dresden scheiterten nicht wenige wissenschaftliche Arbeiten am Mangel von Teilen bei den Versuchseinrichtungen.)

"Wenn ein Wasserhahn kaputt ist", fuhr Hilmar fort, "dann muß man den Haupthahn abstellen, denn es gibt keine Wasserhähne im Handel zu kaufen. Was macht man aber, wenn der Haupthahn kaputt ist, wie es bei uns der Fall war?

Es gibt spezielle Klempnerfirmen, die zuständig wären. Aber die kommen gar nicht erst, sie sagen gleich, sie hätten keine Hähne zum Auswechseln. Die einzige Möglichkeit, sie ins Haus zu bekommen, ist, die Wasseruhr zu zertrümmern. Für Wasseruhren sind sie nämlich auch zuständig, und die gibt es. Wenn sie einmal im Haus sind, dann muß man sie bitten, auch gleich noch den Wasserhahnschaden zu beheben, indem man ihnen vorsichtshalber eine angemessene Summe in die Hand drückt."

"Wie hast du es denn gemacht?", fragte ich Hilmar.

"Genau so", sagte er.

"Und wie soll das nun weitergehen?", wollte ich wissen.

"Der Sozialismus", antwortete Hilmar, "ist wie eine falsch zugeknöpfte Weste. Man muß sie erst einmal wieder ganz aufknöpfen, bevor man sie richtig zuknöpfen kann."

HAST DU DIE GESICHTER

gesehen
endlich frei
endlich frei

tränen
nullbock auf die ddr
ich warte nicht fünfzehn jahre
auf ein auto

heimat
ein fremdwort

vater staat
ein tyrann

mutter kirche
zu schwach

Hast Du die Gesichter gesehen?

Pfarrer Steiger
Montagsdemonstrant von Leipzig

Abkürzungen und Erläuterungen

Unvollständige Liste von in der DDR gebräuchlichen und hier verwendeten Abkürzungen

DSF - Deutsch-Sowjetische-Freundschaft
DV - Disziplinarverfahren
VD - Vertrauliche Dienstsache
FDGB - Freier Deutscher Gewerkschaftsbund
NSW - Nicht-Sozialistisches-Wirtschaftsgebiet
FDJ - Freie Deutsche Jugend
SD - Sektionsdirektor
KK - Konfliktkommission
Soli-Basar - Solidaritätsbasar
ZV - Zivilverteidigung
AGB - Arbeitsgesetzbuch
VP - Volkspolizei
ML - Marxismus-Leninismus
VBE - Vollbeschäftigteneinheit
VVS - Vertrauliche Verschlußsache
GO - Grundorganisation
GOL - Grundorganisationsleitung
ABF - Arbeiter-und Bauernfakultät
JP - Junger Pionier
SED - Sozialistische Einheitspartei Deutschlands
LPG - Landwirtschaftliche Produktionsgenossenschaft
KAP - Kooperative Agrar- und Pflanzenproduktion
VEB - Volkseigener Betrieb
ABV - Abschnittsbevollmächtigter
BGL - Betriebsgewerkschaftsleitung
EOS - Erweiterte Oberschule
Stabü - Staatsbürgerkunde
ESP - Einführung in die Sozialistische Produktion
PA - Produktionsarbeit
AG - Arbeitsgemeinschaft
NVA - Nationale Volksarmee
STASI - Staatssicherheitsdienst

IM - Informeller Mitarbeiter der Stasi
MGU - Moskauer Staatliche Universität
BAM - Baikal-Amur-Magistrale
ND - Neues Deutschland
GST - Gesellschaft für Sport und Technik
SP – Sozialistische Produktion
IBUSZ – ungarisches Reisebüro
UdSSR - Sowjetunion

Erläuterungen
Prawda (russisch) = Wahrheit (sowjetische Zeitung)
Wodka (russisch) = Wässerchen (sowjetisches Grundnahrungs-
mittel; als der Zar dereinst den Wodka verbot, wurde sein Krieg
verloren)
Kaderleiter (ostdeutsch) = Personalchef (westdeutsch)
Kaderakte (ostdeutsch) = Personalakte (westdeutsch)
Kadergespräch (siehe oben)
Reisekader – ein DDR-Bürger, der nach Westen reisen durfte
Bezirk (ostdeutsch) entspricht Land (westdeutsch), aber
andere Einteilung
Kreis - Bezirke wurden in Kreise eingeteilt
Robotron - Computerfirma der DDR
Pentacon - Kamerawerk der DDR
Kaufhalle (ostdeutsch) = Supermarkt (westdeutsch)
Volkssolidarität (Organisation in der DDR)
erweiterte Oberschule = Gymnasium (nur die letzten zwei
Schuljahre)
Einzelvertrag = Sonderarbeitsvertrag mit Sonderpensions-
anspruch für die Intelligenz, um sie in der DDR zu halten
Solidaritätsspende = Spende, die vom Staat eingesammelt wurde.
(Ein bestimmter Prozentsatz des Gehaltes wurde in jedem Monat
automatisch als Soli-Geld vom Staat einbehalten).
Reiseanlage – bei der Volkspolizei anzuforderndes Zusatzblatt
für den Personalausweis für den "visafreien" Reiseverkehr in das
sozialistische Ausland (zum Beispiel, um nach Ungarn fahren zu
dürfen)
Volkspolizei (ostdeutsch) = Polizei (westdeutsch)
Reichsbahn (ostdeutsch) = Bundesbahn (westdeutsch)

Ein Leben in zwei Diktaturen

Horst Pätzold
Nischen im Gras
Ein Leben in zwei Diktaturen
BDEG, Band 20, *3. Auflage 1999*
480 Seiten, mit 17 Fotos
ISBN 3-89622-014-4, DM 49,80/öS 364/sFr 46,-

Der geschilderte Lebensweg des Autors umfaßt die bestimmenden Etappen deutscher Geschichte im 20. Jahrhundert von der Weimarer Republik über die Zeit des Nationalsozialismus, die vier Jahrzehnte einer Diktatur des Proletariats in der DDR bis zur Wende und deren Auswirkungen bis 1996. Mit Einfühlungsvermögen und kritischer Distanz werden die Ereignisse der großen Politik auf das Leben eines dem ländlichen Milieu Verhafteten beschrieben, dem es, obwohl aus Gutsbesitzerkreisen stammend, nach Überwindung vieler Schwierigkeiten gelang, eine Hochschullehrerlaufbahn in der DDR zu ergreifen. Als sprachkundiger Spezialist auf dem Gebiet der Graslandkunde erfüllte er seinen Lebenswunsch, Lehre und Forschung auch in Ländern der Dritten Welt, in Afrika und Nahost, zu betreiben, wobei er den schmalen Grat zwischen Anpassung und aufrechtem Gang in den Nischen des Überwachungssystems suchte und fand.

Es ist eine ungewöhnliche Biographie, in der Begegnungen mit Menschen aller Schichten in unterschiedlichen Kulturen geschildert werden und in der die *humanitas* als Leitmotiv und Bekenntnis des Autors für Gegenwart und Zukunft zu erkennen ist.

Horst Pätzold, geboren 1926 in Koppelow, Kreis Güstrow/Mecklenburg, studierte Agrarwissenschaften an der Universität Rostock, an der er später den Lehrstuhl für Graslandkunde bekleidete. Er lebt heute als Rentner in Rostock.

"Das Buch ragt weit über die üblichen Memoiren prominenter Leute oder Darstellungen über die Situation in der DDR hinaus, nicht zuletzt durch klare, präzise und humanistisch geprägte Sprache, wie sie selten geworden ist in unserer Zeit. Wer an Geschichte interessiert ist, kann an diesem Buch ohne Schaden nicht vorbei."
Mecklenburger Kirchenzeitung

Politischer Umbruch und Neubeginn

Sven Abrokat
Politischer Umbruch und Neubeginn in Wismar von 1989 bis 1990

BDEG, Band 21
322 Seiten, mit zeitgeschichtlichem Bild- und Textanhang
ISBN 2-89622-016-0
DM 48,--/öS 350/sFr 44,50

In dieser Arbeit wird die politische Wende 1989/90 in der Stadt Wismar analysiert. Innerhalb weniger Monate veränderte sich das Leben in dieser mecklenburgischen Stadt grundlegend. Zeitzeugen werden befragt, so daß ein lebendiges Bild des Zusammenbruchs des Systems und der aktiven Umgestaltung entsteht. Beginn und Entwicklung der Opposition und ihre Aktivitäten können rekonstruiert werden. Die Aussagen werden mit den Quellen in verschiedenen Archiven und Dokumenten der Staatssicherheit der DDR in Bezug gesetzt. Mit einem Vergleich der Wende in Parchim, einer anderen mecklenburgischen Stadt, werden Ähnlichkeiten, aber auch Unterschiede in der Entwicklung festgestellt.

Der Autor legt mit dieser Studie eine umfassende Darstellung der tiefgreifenden historischen Prozesse des Zusammenbruchs der DDR vor.

Sven Abrokat, Dr. phil., geboren in Wismar, studierte Pädagogik, Sport und Geschichte an der Universität Rostock.

Reinhold Krämer Verlag
Postfach 13 05 84, 20105 Hamburg
www.kraemer-verlag.de